新能源学科前沿丛书之十一

邱国玉　主编

环境与能源法学

Environment and Energy Law

金自宁　薛　亮　编著

科学出版社
北　京

内 容 简 介

本书立足于环境法的能源关切和能源法的生态化变革，重点介绍和讨论了：环境与能源法共通的理念，能源开发利用与生态环境保护之间必须相互协调；环境与能源法共同的基本原则，如可持续发展原则、污染者负担（受益者补偿）原则、公众参与原则、风险预防原则和利益衡量原则；环境与能源法通用的基本制度，如环境影响评价制度、标准制度、税费制度、能效标识制度、清洁生产制度等；特别体现环境法与能源法融合趋势的专门立法，即循环经济法、可再生能源法和气候变化应对法。

本书针对非法学专业背景的研究生学习环境与能源法课程的需要而编著，也可供希望在较短时间内对环境与能源法的一般原理和相关规定、学科核心问题和前沿问题有所了解的读者参考，包括环境科学和法学专业的学生，环境与能源法律政策领域的相关实务人员、研究者和律师，以及其他对环境与能源政策和法律问题感兴趣的读者。

图书在版编目（CIP）数据

环境与能源法学/金自宁，薛亮编著. —北京：科学出版社，2014. 3
（新能源学科前沿丛书；11）
ISBN 978-7-03-040430-5

Ⅰ.①环… Ⅱ.①金… ②薛… Ⅲ.①环境法学-中国-教材②能源法-法的理论-中国-教材 Ⅳ.①D922. 681②D922. 671

中国版本图书馆 CIP 数据核字（2014）第 075120 号

责任编辑：张 震 刘 超 / 责任校对：郑金红
责任印制：徐晓晨 / 封面设计：无极书装

科 学 出 版 社 出版
北京东黄城根北街 16 号
邮政编码：100717
http://www.sciencep.com
北京教图印刷有限公司 印刷
科学出版社发行 各地新华书店经销
*
2014 年 3 月第 一 版 开本：720×1000 1/16
2017 年 2 月第四次印刷 印张：16
字数：300 000

定价：88.00 元

（如有印装质量问题，我社负责调换）

致　谢

本书在实验、资料收集、数据解析、案例研究和出版等方面得到深圳市发展和改革委员会新能源学科建设扶持计划“能源高效利用与清洁能源工程”项目的资助，深表谢意。

作 者 简 介

金自宁　北京大学副教授、北京大学法学博士

2005年起在北京大学深圳研究生院任教，讲授宪法、行政法、环境法等课程。2008年9月至2009年3月获Edwards Fellowship资助，成为美国哥伦比亚大学法学院访问学者。研究领域包括公法学基础理论、行政法学和环境法学。近年来聚焦于环境风险规制研究，主持“环境风险规制的行政法研究”(国家社科基金13BFX032)；“风险规制与行政法治”(教育部11YJC820047) 等项目。2005年以来，已发表专著《公/私法二元区分的反思》(北京大学出版社，2007年)，译著《行政法的范围》(中国人民大学出版社，2007)、《物理与政治》(三联书店，2008)、《风险规制与行政法》(法律出版社，2012) 和专业论文30余篇。

薛亮　西北政法大学经济法学院讲师

北京大学环境科学与工程学院在读博士生。近年来先后在国内核心期刊上发表《中国城市水务法研究述评》、《市政公用事业特许经营的经济法分析》、《“去城市看海”的法学思考》等十余篇学术论文，出版《产品质量安全法》(第一副主编)、《经济法》(参编)、《产品安全法》(参编) 等3部教材，主持“陕西省公用事业公私合作法律促进机制研究”(陕西省教育厅科研项目2013JK0091)、“基于生态文明的陕西污水处理业特许经营法律制度研究”(陕西省社科界重大理论与现实问题研究项目2013Z035) 2项科研项目，参与“深圳生态文化与生态设计研究”(深圳市哲学社会科学“十二五”规划课题125A037) 等科研项目。

总　　序

至今，世界上出现了三次大的技术革命浪潮（图 1）。第一次浪潮是 IT 革命，从 20 世纪 50 年代开始，最初源于国防工业，后来经历了“集成电路—个人电脑—因特网—互联网”阶段，至今方兴未艾。第二次浪潮是生物技术革命，源于 70 年代的 DNA 的发现，后来推动了遗传学的巨大发展，目前，以此为基础上的“个人医药（Personalized medicine）”领域蒸蒸日上。第三次浪潮是能源革命，源于 80 年代的能源有效利用，现在已经进入“能源效率和清洁能源”阶段，是未来发展潜力极其巨大的领域。

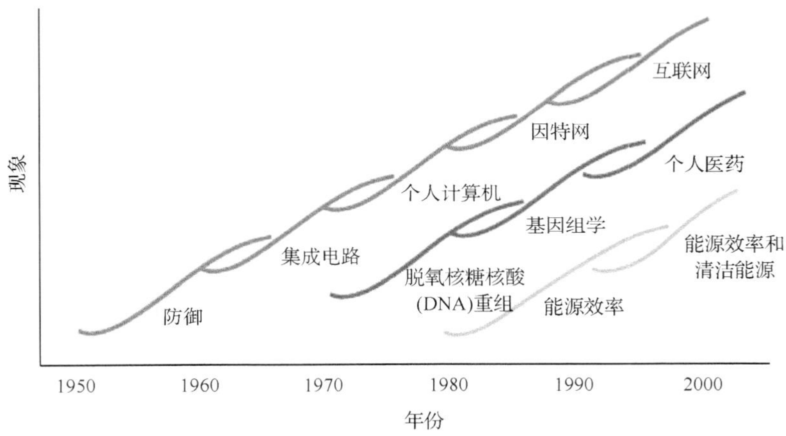

图 1　世界技术革命的三次浪潮

资料来源：http：//tipstrategies. com/blog/trends/innovation/

在能源革命的大背景下，北京大学于 2009 年建立了全国第一个“环境与能源学院（School of Environment and Energy）”，以培养高素质应用型专业技术人才为办学目标，围绕环境保护、能源开发利用、城市建设与社会经济发展中的热点问题，培养环境与能源学科领域具有明显竞争优势的领导人才。“能源高效利用与清洁能源工程”学科是北大环境与能源学院的重要学科建设内容，也是国家未来发展的重要支撑学科。“能源高效利用与清洁能源工程”包括新能源工程、节能工程、能效政策和能源信息工程 4 个研究方向。教材建设是学科建设的基础，为此，我们组织了国内外专家和学者，编写了这套新能源前沿丛书。该丛书包括 13 分册，涵盖了新能源政策、法律、技术等领域，具体名录如下。

基础类丛书：

《水与能：蒸散发、热环境与能量收支》

《水环境污染和能源利用化学》

《城市水系统与碳排放》

《环境与能源微生物学》

《Environmental Research Methodology and Modeling》

技术类分册：

《Biomass Energy Conversion Technology》

《Beyond Green Building：Transformation in Design and Human Behavior》

《城市生活垃圾管理与资源化技术》

《能源技术开发环境影响及其评价》

《节能技术及其可持续设计》

政策管理类分册：

《环境与能源法学》

《碳交易》

《能源审计与能效政策》

众所周知，新学科建设不是一蹴而就的短期行为，需要长期不懈的努力。优秀的专业书籍是新学科建设必不可少的基础。希望这套新能源前沿丛书的出版，能推动我国在“新能源与能源效率”等学科的学科基础建设和专业人才培养，为人类绿色和可持续发展社会的建设贡献力量。

北京大学教授　邱国玉

2013 年 10 月

前　　言

(Foreword)

本书的写作受两个目标驱动，一是现实应用方面，二是理论探索方面。

当前中国并不缺少环境法与能源法教材，但缺少为非法学专业学生专门编著的环境与能源法教材。就现实的目的而言，本教材作为深圳市“新能源学科建设”项目的一个组成部分，是专为“新能源学科”课程建设而编著，更具体地说，是为北京大学环境与能源学院“新能源学科”方向的学生而编著的。这些学生不是法学专业的学生，而是环境与能源专业的学生。这些学生学习环境与能源法的需要，明显不同于法学院学习环境与能源法的学生。在此，本人感谢北京大学环境与能源学院“新能源学科建设”项目的主持人、参与人及行政工作人员，假如不是他们使新能源学科建设项目从设想变为现实，本教材的写作可能会无限期地拖延下去。

环境与能源法学是新兴的、综合的法学领域。新兴，意味着其边界和实质内容仍不清晰。综合，则指的是环境与能源法并非是与民法、刑法、行政法、诉讼法等传统法律部门相并列的法律部门，而是和劳动法、经济法等法律部门一样，是横跨了民法、刑法、行政法等传统法律部门的、问题导向的学科领域。因此，在多数法学院的课程设计中，环境与能源法属于高年级课程。相应地，在法学院的教授们心目中，一个学生在学习环境与能源法之前，已经学过了法理学、民法学、宪法学、行政法学、刑法学和诉讼法学。所以，当这些教授们讲授环境与能源法学，撰写环境与能源法学教材之前，也总是自然地假定，其听众和读者已经具备了法理学、民法学、宪法学与行政法学、刑法学和诉讼法学的相关知识。这一假定，在“新能源学科”建设时，显然是不成立的。

若按法学院的“教科书”体系思路，似乎应当先给这些新能源学科方向的学生讲授法理学、民法学、宪法与行政法学、刑法学和诉讼法学，再开始讲授环境与能源法学。对于那些被学科分类规训得相当成功的头脑，或者用更具迷惑性的表达，那些已经习惯“像法律人一样进行概念化、体系化思考”的头脑而言，这似乎是最自然不过的反映。但是，在那些尚未丧失生活常识、仍未脱离生活经验的人看来，这显然是不可接受的方案。

在一本教科书内，在一个学期的时间里，向并无法学专业背景的研究生讲授环境与能源法学，这就是本书在现实应用方面的目的。

人们总是期待着一本书里包含着一些有用的信息。至于教材则被期待着提供一些基础知识。本书也希望满足这样的期待，但除此之外，本书还给困惑和疑问留下了位置：本书会介绍中国环境与能源法领域里一些待决问题和未决问题，这些问题中，有一些具有更多的理论色彩，如概念未得到清晰界定，已有理论的问题逻辑一致性尚未完全理顺等；另一些则具有更多的实践色彩，如制度的实效问题、复杂多元利益的平衡问题等。但是，贯穿本课程教学的一个基本理念是：这些理论问题从来不是与实践无关的纯粹理论问题，而且这些实践问题也根本不是与理论无关的单纯实践问题。

求知的最初动力就在于困惑和疑问，学习和研究的最初动力来自试图解决一个或一些真实世界中的问题。问题导向的学习与体系导向的学习，形成鲜明对比的地方就在于，前者能够很容易地把人带到理论与实践水乳交融的境界，因为从真实世界里的问题出发，理论将不再是空中楼阁，实践也不再是琐碎无意义的一盘散沙。感谢过去三年里来到课堂上与我一起探讨这些问题的学生们，那些北京大学环境与能源学院的研究生们，他们积极地参与和多样化的反馈一再地强化了我对此的信心。

在立足于并且服务于教学实践的同时，本书还有一个更为抽象和一般的目标：本书明确主张一种将环境法与能源法结合而非分割裂考虑的思路，并力图通过本书的具体内容展示这种新思路的可行性与优点。这就是本书在理论探索方面的目标。

环境与能源在客观上不可分割。环境与能源具有天然的关联，能源来源于自然界，能源开发利用过程就是人类向自然环境索取能量和排放废物的过程。自然环境所能提供的能源资源决定了能源供给总量的上限，自然环境的自我更新速度决定了能源供给不仅有数量（规模）的限制还有时间（速度）的限制。自然环境的自我净化或说生态平衡能力，划定了人类在开发利用和消耗能源过程中排放废物的数量和时间方面的界线。历史地看，能源消耗的大幅度增加与生态环境的急剧恶化也的确是同步发生的。就此而言，生态环境问题与能源利用问题其实是同一过程的两个方面，并且归根结底，是环境在制约着能源的产出与消耗。环境承载力和环境容量等概念就是对这种相生相克关系的理论化表达。

然而，长期以来，能源与环境却被人为地割裂开来。人们将能源法的功能定位为确保能源供应，片面追求能源最大限度的开发和利用，却忽视了能源的开发利用对生态环境的负面影响。同时，旨在保护生态环境的环境法，通常也只是在环境问题爆发后才事后追究作为环境问题成因的能源开发利用活动，并未深刻认识到环境问题从根本上说源自人类对能源的开发和利用，不从能源的开采、运输、加工、转换和利用过程入手，就无法从源头上解决环境问题。这种割裂能源开发利用与环境资源保护之关系的政策、立法及人类行为，不仅从生态环境角度来看已经使人类付出了高昂的环境代价，而且从能源供应角度来看也是无法持续的。

幸运的是，变化正在发生。近年来，正是因为以全球气候变化为突出代表的，与能源相关的环境问题的激化，能源相关的环境法律政策问题渐渐成为热点，而有望同时解决能源供不应求、能源相关环境污染两大问题的“低碳”发展理念也催生了能源法的生态化变革。

这些变化的背后，有着更深层次观念转变的支撑，即片面强调发展（特别是经济发展）到可持续发展观念的转变。可持续发展，本质上是以人与自然协调为条件的发展。自然先于人类，人类的存续依赖于自然。正如《寂静的春天》、《只有一个地球》等“绿色圣经”以生动的方式告诉我们的：最易受环境污染危害的，最易受环境退化威胁的，以及最易受不可恢复之损伤的，既不是哪一种资源、哪一种动物，也不是空气和江河湖海，而恰恰是人类本身。看起来，只有人类真正明白这一点，打破因现代科技高速发展而滋生的狂妄，才能真正理顺人口增长与资源约束、环境保护与经济发展等众议纷纭的复杂议题。

总之，忽视能源开发利用的环境法是不完整且“治标不治本”的，忽视生态环境保护的能源法是低效且不可持续的，环境法与能源法不应割裂，这就是本书内容的基本出发点。

本书内容包括前言和正文十三章。其中，北京大学在读博士生、西北政法大学法学院讲师薛亮，在我指导下撰写了其中的第九章、第十章和第十一章。我本人撰写了前言和第一章至第八章、第十二章和第十三章。在此，应当感谢北京大学环境与能源学院邱国玉教授提议由我联合指导其在读博士生，因此我才有机会与勤奋高效的薛亮同学合作此书。

最后，开始写作这本书时，适值北京大学环境能源学院第一批来到我课堂上的研究生毕业。这提醒我，我讲授这门课程已经三年了。就此而言，可以说这本书是一个总结：三年教学经验和研究心得的一个总结。但是，就本书中写到的，那么多仍然有待探索和思考的问题而言，也可以说本书仅仅是一个开始。

目　录

第 1 章　概　述

Introduction

> 齐田氏祖于庭，食客千人。中坐有献鱼雁者。田氏视之，乃叹曰："天之于民厚矣！殖五谷，生鱼鸟以为之用。"众客和之如响。鲍氏之子年十二，预于次，进曰："不如君言。天地万物与我并生，类也。类无贵贱，徒以小大智力而相制，迭相食，非相为而生之。人取可食者食之，岂天本为人生之？且蚊蚋噆（zǎn）肤，虎狼食肉，非天本为蚊蚋生人、虎狼生肉者哉？"
>
> ——《列子·说符》

1.1　环境与能源问题

人在自然中生存并发展。自从世界上有了人类，就有了人类对自然的索取和给予——索取的是人类生存所必需的营养，给予的是对人而言无用的"垃圾"。有了人类的自然界，和没有人类以前的自然界相比，肯定发生了改变。并且，只要人类继续存在下去，自然就不可避免地继续受人类的影响。

在近代工业革命之后，有了现代科学技术的武装，人类，这个既没有鹰的眼睛，也没有豹的速度和熊的力量，一直在大自然中挣扎求生的脆弱生灵，拥有了前所未有的利用大自然的能力，可以肆无忌惮地向大自然索取，以满足种种必要以及不必要的需求和欲望。遗憾的是，这种能力的增加，一开始并没有伴随"能力越大责任越大"的自制意识。于是，人类就来到了 U. 贝克

> 工业革命（the industrial revolution），又称产业革命或技术革命，即以机器生产逐步取代手工劳动，以大规模工厂化生产取代个体工场手工生产的一场生产与科技革命。大多数观点认为，工业革命源于英格兰中部地区，以 1765 年珍妮纺纱机的出现为标志。18 世纪中叶，英国人瓦特改良蒸汽机，是手工劳动向动力机器生产转变的一次重大飞跃。一系列技术革命随后传播到英格兰到整个欧洲大陆，19 世纪传播到北美地区，后来，传播到全世界。

（U. Beck）所谓的“风险社会”，也就是 A. 吉登斯（A. Giddens）所谓的“失控的世界”。

置身于失控的世界，人类终于意识到：现代科技和现代生产生活方式在给人类带来“物质享受的极大丰富”的同时，也给人类带来了空前的“风险”，环境污染、资源枯竭、生态恶化等问题，就是其中最突出的部分。二十世纪六七十年代，随着街头抗议、平民参与、议会游说、绿色组织的民间活动等大规模的环境政治运动在全球范围内兴起，人类面临的环境危机终于成为被普遍关注的议题。

世界范围内的相关话语，可以分为悲观和乐观两大论调。悲观论调又被称为“生存危机论”，这种论调在二十世纪六七十年代占据主导地位。悲观论调开始于 1962 年 R. 卡逊的《寂静的春天》。1972 年，罗马俱乐部发表的《增长的极限》亦属此类代表。

> 1968 年 4 月，来自美国、德国、挪威等 10 个国家的 30 多名学者在罗马集合，讨论当前和未来人类面临的困境问题，并成立了一个非正式的国际学术团体——罗马俱乐部。1972 年，以 D. 梅多斯（D. Meadows）为代表的一批俱乐部成员，发表了第一个研究报告，即轰动世界的《增长的极限》。20 世纪 70 年代正是西方经济快速增长的“黄金时代”，该报告对长期流行于西方的增长理论进行了深刻地反思，独树一帜地提出要关注“增长的极限”问题。该报告用 world3 模型对地球和人类系统的互动作用进行仿真，报告认为“如果世界人口、工业化、污染、粮食生产和资源消耗等方面现在的趋势继续下去，这个行星上增长的极限有朝一日将在今后一百年中发生。最有可能的结果将是人口和工业生产力双方有相当突然和不可控制的衰退。”1993 年，D. 梅多斯和 J. 兰德尔（J. Randers）发表了《增长的极限》的新版本：《超越极限》。《增长的极限》最新版本由 Chelsea Green 出版社于 2004 年 6 月 1 日出版，标题是《增长的极限：30 年后的更新》。

乐观的论调，主要表现为对“生存危机论”的批评。事实上，《增长的极限》一发表便引起广泛争议，出现了许多著名的反对意见，如 1973 年出版的《末日模型：对增长极限的批评》。1976 年，美国赫德森研究所还发表了《下一个 2000 年：关于美国和世界的远景描述》研究报告，逐条批驳《增长的极限》。

这类有关增长极限的争论可追溯到“马尔萨斯陷阱”与“ 萨伊定律”之争（有研究者称罗马俱乐部为“装备了计算机之后的马尔萨斯”。）。“马尔萨斯陷阱”是英国早期著名的经济学家马尔萨斯在 1798 年出版的著作《人口原理》中提出的：人口若不加以控制，将会以几何比率增加，而生活资料将以算术比率增加，人口的增殖力无限地大于土地为人类提供生产生活资料的能力。对此，法国经济学家萨伊（Say，1767～1832）则认为在一个完全自由的市场经济中，由于“供给创造自己的需求（products are paid for with products）[①]，因而社会的总需求始终等于总供给，不会生产过剩，也无就业不足的问题”。这就是经济学上著名的萨伊定律（Say's law of market）。

自 20 世纪 80 年代中期后，可持续发展成为国际环境政治领域的主导理念。1987 年发表的《我们共同的未来》和 1992 年召开的人类环境与发展大会，其基本思路就是“可持续发展”。这种思路综合吸收了悲观论调和乐观论调两面的意见：既要发展，又要环境，“鱼和熊掌兼得”。至于能不能达成、如何达成综合和兼顾的目的，在没有进行深入研究和具体分析之前，我们不能草率判断。

1.1.1 环境

1.1.1.1 什么是环境

“环境”是相对于某一个中心事物而言的，即围绕某个中心事物的外部条件和状况。一般意义上的“环境”是一个相对的、可变的概念，它因中心事物的不同而有不同的含义和范围。如爱因斯坦曾说过“我之外的一切都是环境”（The environment is everything that isn’t me)，即以“我”为中心来界定环境。

法律上的“环境”同样有到底以什么为中心的问题。一种观点以“人类”为中心，将法律上的环境理解为“人类环境”。1972 年联合国人类环境会议提出，“人类环境”指人类的外部世界，即人类赖以生存和发展的天然的和人工改造过的各种自然因素的综合体。

另有一种源自生态学的观点，以“生态”为中心，强调人类只是生态系统的一部分，则“环境”即生态学上的“生态圈”，又称为“生境”，指围绕生物界，并构成生物生存的必要条件的外部空间和无生命物质，如大气、水、土壤、阳光及其他无生命物质等，是生物的生存环境。

这两种不同理解，对“环境”的内涵外延界定不同，价值取向不同，在法律中体现为不同的立法目的和不同的制度安排。人类中心的法律会更强调人类对健康、安全和好的生活品质的需要，关注人类应当如何利用环境的问题。而生态中心的法律，会更强调生物多样性，主张动物，哪怕于人类并无益处，也和人类一样享有生存的权利。

若将“人类中心”和“生态中心”两种观点极端化，会推出两种截然对立的主张：人类中心的极端主张认为，人类的法律是为人类服务的，动物、植物、水、土壤和大气等一切环境要素，除对人类而言有益或有用外，就无法得到法律

---

① 供给创造自己的需求，意指生产的目的在于消费，不是自己就是别人消费，“无人为了生产而生产”。

的保护。这实际上意味着人类对地球上其他一切生命都有着生杀予夺的权利，将整个自然都视为满足人类欲望的工具或手段而已。而将生态中心的逻辑推到极端，亦可主张，作为整体的生态平衡才是法律保护的目标，人类只不过是这个目标中的一部分，并不受优先保护。这意味着，如果生态环境出现危机时，人类可能要接受必要的牺牲。

人类中心论符合大多数人未经反思的直觉，但理性反思很容易揭示其谬误："天地不仁，以万物为刍狗"，凭什么人类高万物一等？生态中心的主张是反直觉的，例如，当某种动物数量过多以至于物种之间失去平衡时，人们会采取捕杀等方法予以遏制；那么，当人口过剩造成生态失衡时，是否能以同样的方式解决？

其实，为什么一定要将这两种观点极端化到不可调和的地步呢？有生有死的人，只是生物圈的一个组成部分，食物链上的一环，这是不容否认的事实。同时，作为有限度的存在，人类并不能拔着自己的头发离开地面，而只能用人类的眼睛观察、用人类的头脑思考、并且用人类的心灵去感悟，这也是显而易见的道理。但是，这类事实和限度并不妨碍我们站在人类的立场上看待外部世界的同时，尊重这个世界上不以人类意志为转移的规律和法则，包括生态平衡、能量守恒、物质循环等。

在这个意义上，我们就可以将对"生态平衡"的保护纳入到对"人类环境"的保护之中：只要人类一方面从自然界取出的各种资源，不超过自然界的再生增殖能力，另一方面排放到环境里的废弃物不超过环境的纳污量，即不超过环境的自净能力，就可以作为整个生物圈的一个组成部分、一个环节，参与其生生不息周而复始的循环。

1.1.1.2 实证法上的环境概念

日本《公害对策法》（1967 年）和日本《环境基本法》（1993 年）均规定："本法所称'生活环境'，是指与人类生活有密切关系的财产，与人类生活有密切关系的动物和植物，以及这些动植物的生存环境。"韩国《环境保护法》（1978 年）第 2 条规定："本法所称'环境'系指作为自然状态的自然环境和与人类生存有密切关系的财产，与人类生活有密切关系的动物和植物，以及这些动植物所在的生存环境。"此两例均将环境与"财产"这一古老的法律概念相连。美国 1969 年制定的《国家环境政策法》并没有采用民法上的财产概念，而是直接使用了自然环境的概念，并如此描述自然环境："包括但不限于空气和水（包括海域、港湾、河口和淡水）；陆地（包括但不限于森林、干地、湿地、山脉、城市、郊区和农村环境）"。澳大利亚 1979 年制定的《环境规划与评估法》亦未采用财产的概念，而是将环境宽泛地定义为"影响人类、个人或社会群体的周围事物的所有方面"。

我国现行法律对“环境”的权威界定，见《中华人民共和国环境保护法》（以下简称《环境保护法》）第 2 条的规定：“环境是影响人类生存与发展的各种天然的和经过人工改造的自然因素的总体，包括大气、水、海洋、土地、矿藏、森林、草原、野生生物、自然遗迹、人文遗迹、自然保护区、风景名胜区、城市和乡村等。”据此，我国现行法律上的“环境”应该理解为人类生存与发展的自然环境。这就意味着，我国现行法律上的环境概念，是以人类的生存和发展为中心（而不是以生物圈或生态为中心）来界定的。

从上述规定还可看出，我国现行法上的“环境”，包括自然环境但不包括社会环境；包括环境介质、自然资源、地理景观等自然因素以及经人工改造过的自然因素（如人文遗迹、风景名胜等），但不包括“不是自然”或“不再自然”的人工产品，比如塑料袋和盆景等。

如此界定的“环境”，与民法上的“财产”既有联系又有区别：一方面，环境的某些要素或成分（如土地、森林）可以成为民商法上的财产；另一方面，环境还包括不一定属于财产的动植物以及大气、水流和海洋等动植物的生存环境。

思考讨论：

1）宠物属不属于环境？动物园的动物属不属于环境？

2）如果水资源是国家所有的“财产”，长江、黄河的水流到大海是不是国有资产的流失？

1.1.2 环境问题

环境法是人类尝试应对环境问题的工具之一，它因环境问题而产生，也随环境问题的演变而变化。

想要知道什么是环境问题，只要问一问：在什么情况下，我们会说，环境出了问题。

环境问题就是各种因素的影响超过了生态系统的自我调节能力，打破了其自成一体的平衡运行状态，引发了对人类不利的变化。环境问题可为人类感知表现形式包括环境污染和生态破坏两大类。

有研究者将环境问题演变史分为古代（工业革命前）、近代（二战前）和现代（二战后）三个时期，环境问题是在工业革命以后才爆发，并在二战后严重性显著上升。这种划分方法显然是对世界史研究中历史分期方法的直接借用。

考虑到环境问题对人类的不利影响在不同历史时期的扩大，尤其是影响的地域范围的扩大，可将工业革命以来的环境问题演变大致划分为三个时期。

1.1.2.1　局部环境问题时期（18 世纪中期至 20 世纪 60 年代末）

工业革命以后的数百年，是科学技术迅猛发展的时期，人类文明（在这个时期人类文明被理解为对自然的控制和征服）取得了辉煌的成就。这使得人类面对自然时有了前所未有的自信，或者说狂妄。一方面，人类对自然资源进行掠夺式开发，造成了生态破坏；另一方面，人类毫无顾忌地抛弃废弃物，造成了严重的环境污染。20 世纪 30 年代至 60 年代，发生了著名的八大公害事件，即马斯河谷烟雾事件、多诺拉烟雾事件、水俣病事件，四日市哮喘事件、米糠油事件、痛痛病事件、洛杉矶光化学烟雾事件和伦敦烟雾事件。正是这些频频发生的环境公害事件，推动了这一时期风起云涌的“环保运动”的发展。R. 卡逊的《寂静的春天》亦发表于这一时期（1962 年）。

总的说来，这一时期的环境问题，以工业污染为主，以点状污染为特征，污染损害影响虽然严重，但仍以地域为限。与此相对应，各国政府采取的控制措施也是分散的治理和局部的应对。也是在这一时期，环境立法渐成规模，学者们开始主张环境法可以成为独立的法律部门。

1.1.2.2　国际环境问题时期（20 世纪 70 年代至 80 年代）

到了 20 世纪 70 年代，局部环境问题并未得到解决，相反还在不断恶化：许多局部环境问题突破了区域和国家边界演变成国际问题。这个时期，发生了新八大公害事件，即意大利塞维索化学污染事件、美国三里岛核电站泄漏事件、墨西哥液化气爆炸事件、印度博帕尔农药泄漏事件、苏联切尔诺贝利核电站泄漏事件、瑞士巴塞尔赞多兹化学公司莱茵河污染事件、全球大气污染和非洲大饥荒。其中发生在 20 世纪 70 年代末到 80 年代初的非洲大饥荒，有 36 个国家受害，数以百万计的人被饿死，危害程度史所罕见，表明了生态破坏问题的危害程度可以远远超出环境污染。

这一时期，人们发现一地一国各自为政不足以应对跨地域的环境问题。一方面，各国立法只在本国国境内有效，很难达到“环境保护”的目的，尤其是强调整体性的生态保护方面。如生物多样性保护，典型的如迁徙鸟类、鱼类的保护，需要跨地域合作（如新加坡受保护的鸟飞到中国广东很可能被吃掉）。另一方面，各国往往从自身利益出发利用环境，却将环境污染的后果留给其他国家。比如国际河流上游国家建厂排污，污染排放物会流到下游国家。一个真实的事例是：在 2000 年前后，德国为了避免污染本国的空气，出台了高烟囱（200m）政策，结果在北欧瑞典，发现空气污染很严重，二氧化硫严重超标；事实上，瑞典不产煤，主要使用核电，因此科学家们分析认为，瑞典的二氧化硫超标应当归因于德国境内的污染物排放。

这一时期，国际间有关环境问题的争议增多，合作交流也在不断强化，国际环境法应运而生。同一阶段，受能源供应安全这一独立于环境的问题推动，原本不受重视的能源立法亦渐成规模。

1.1.2.3 全球环境问题时期（20 世纪 80 年代至今）

1984 年，美国科学家发现南极臭氧层出现空洞（事实上，20 世纪 50 年代起，科学家即开始跟踪臭氧层的变化，发现其厚度一直在变薄）。科学家们的研究成果表明，臭氧层空洞与人类大量使用氟氯烃（如空调制冷剂和定型摩丝的成分）存在因果关系。这是全球性环境危机的标志事件。

臭氧层存在于距离地面 12～40km 高空的平流层和中流层中，可以阻挡和吸收对生物有强大杀伤力的太阳紫外线，是人类出现在地球上的先决条件之一。如果地球没有臭氧层，地球上的生物演化很有可能往不同的方向发展，也许就不会出现动物和人类了。就现有的研究来看，臭氧层变薄与人类皮肤癌的发病概率存在正相关关系；同时，臭氧层变薄会损害人的免疫系统，使人类患白内障和呼吸道疾病的可能性增大。最新研究表明，臭氧层的变化也是影响全球气候变化的一个重要因素。

臭氧层破坏的影响，不会局限于地域或国家，而是会遍及全球。因此，南极臭氧层空洞的发现，极大地引发了人们对全球环境问题的关注，激起了对全球合作应对环境问题的呼吁。

这一时期，国际法体系中的环境法内容不断增加，并且各国国内环境法也有同化的明显趋势，反映了国际环境法对国内法的影响。例如，保护臭氧层的框架公约，在许多国家都引发了内容类似的，控制氟利昂的立法行动。同时，全球气候变化作为与能源利用方式紧密相关的环境问题，迫使人们开始反思割裂环境与能源的传统观念，由此推动了环境法与能源法开始走向整合。

1.1.2.4 我国的环境问题

在我国，环境问题始终伴随着经济的快速增长及居民生活水平的提高过程。虽然中央政府在较早阶段（20 世纪 70 年代末）就已经注意到了环境问题，并且正确地提出了事先预防重于事后补救的理念①。但是，在“以经济建设为中心”的号召下，我国经济社会的现代化历程实际上重复了西方发达国家“先污染后治理”的老路，我国 20 世纪 70 年代以来的经济持续高速增长，是以牺牲生态环境

① 1979 年《环境保护法》（试行）中已有损害预防原则。

和民众身体健康为代价的。根据《中国环境保护21世纪议程》，我国过半城市的空气质量不合格，酸雨区面积居世界首位；我国七大水系中42%的监控点位水质超过3类标准（不能做饮用水源），全国78%的城市河段不适宜作饮用水源，36%的城市河段为劣5类水质（丧失使用功能），50%的城市饮用水水源受到不同程度的污染。其他如垃圾围城、土地荒漠化、物种灭绝、森林消失、极端天气等生态环境问题也很严重。解决这些环境问题所需要的成本或可抵消这些年发展的成果，甚至有些对生态环境的破坏是不可逆的①。更加令人忧虑的是，各种“为经济发展而牺牲环境保护”的做法在实践中仍在继续，还远未得到有力的遏制。

整体看来，当前我国既有严重的局部环境问题，同时也面临着国际环境问题和全球环境问题。其中，局部环境问题主要与我国的工业化有关，尤其是近年来城市化进程加快，我国污染防治立法及实践发展速度相对滞后，导致局部环境问题相当严重。国际环境问题层面，我国既是别国污染行为的受害者，也是别国污染的制造者。全球环境问题中，我国作为一个大国，已经开始引起关注（或说已经成为众矢之的），特别是在气候变化议题中，中国作为一个碳排放大国，事实上已经成为国际社会的焦点之一。

1.1.3 能源环境问题

1.1.3.1 什么是能源

一般认为，能源是指能够提供某种形式能量的物质或物质运动。《大英百科全书》如此描述能源：“能源是一个包括所有燃料、流水、阳光和风的术语，人类用适当的转换手段便可让其为自己提供所需的能量。”我国的《能源百科全书》则将能源界定为：“可以直接或经转换提供人类所需的光、热、动力等任一形式能量的载体资源。”

能源根据产生方式可以分为一次能源和二次能源。一次能源指可以从自然界直接获取的能源，如煤炭、石油和天然气等。这三种化石能源中，天然气较为清洁，使用时无二氧化硫和粉尘排放，二氧化碳及氮氧化合物的排放量也大大低于煤炭和石油。二次能源指无法从自然界直接获取，必须经过一次能源转化才能得到的能源。电力是最主要的二次能源，因其转化的来源不同可分为火电（燃油或燃煤）、水电和核电。当前，火电在世界发电构成中占70%左右，水电约占20%。水电被认为是清洁能源，除大型水电工程建设对生态有影响外，水电开发

① 不断更新的数据可参见国家环境保护部每年发布的《中国环境状况公报》。

通常能大大减轻对环境的污染。核电亦被认为是清洁能源，但其发展面临成本控制和安全方面的障碍，特别受对核事故的担忧的影响。

就人类对能源的开发利用而言，从物质或物质运动中提取能源的技术是十分关键的。随着能源技术的发展，能够为人类利用和获取有用能量的来源在不断发展变化之中。这就意味着，能源的范围处在不断发展变化的过程之中。

各国法律上对能源的界定差异主要是对能源的外延划分不同。如1997年制定的《波兰能源法》将能源定义为经加工的能源，不包括未经加工的能源矿产资源。2001年制定的《克罗地亚能源法》将“能源”界定为：电力、热能、燃气、石油与石油衍生物①。《中华人民共和国节约能源法》（以下简称《节约能源法》）第2条对能源的定义是：“煤炭、原油、天然气、电力、焦炭、煤气、热力、成品油、液化石油气、生物质能和其他直接或通过加工、转换而取得有用能的各种资源”，这是较为宽泛的能源定义。

1.1.3.2 能源环境问题

人类生存、生活与发展离不开对能源的开发利用。从最早的钻木取火开始，对能源的控制、开发和利用不断增强人类控制、开发和利用环境的能力，提高了人类的社会生产力，显著地改善了人类的生活水平。但与此同时，人类对能源的开发利用也制造出了能源环境问题，即因能源开发利用活动而造成的环境污染和生态破坏问题。人类在获取和利用能源的过程中，必然会改变原有的自然环境或产生大量的废弃物。如砍伐林木来生火取暖或做饭，会造成植被和动植物生境破坏，同时燃烧过程又会产生烟尘等空气污染物。如果说，在前工业社会时期，这类问题由于影响范围较小而未引起广泛关注，那么，进入工业社会后，这类问题已经非常严重和显著以至于无可回避了。

没有对煤炭的利用，就无法想象人类工业化的开端；没有内燃机的发明和石油的应用，人类活动范围不可能空前扩大；以矿物燃料为转化来源的电力的普及对现代人生活生产的意义更是显而易见。由于这样的历史进程，现代社会已经深深地依赖于化石能源。然而，化石能源从开发到利用的全过程，均对环境有着不利影响。以煤炭为例，煤炭资源的开采会造成植被破坏，引发水土流失、水源污染、野生动物栖息地破坏等环境问题；煤炭的运输过程中有汽车尾气排放问题；煤炭燃烧过程会有硫氧化物、碳氧化物、颗粒物等污染物排放，污染土地、空气和水，导致酸雨现象、温室效应乃至全球气候变化等环境问题。

需要注意的是，在能源开发和利用的生命周期过程中，从能源资源的开采、加工和运输，到二次能源的生产（发电），以及电力的传输和分配，直至能源的

---

① 龚向前. 2008. 气候变化背景下能源法变革. 北京：中国民主法制出版社：9.

最终消费，各阶段都会对环境造成压力，引起局部的、区域性的乃至全球性的环境问题。即使是使用过程中无污染物排放或污染物排放量低的所谓清洁能源，在全生命周期中，对生态环境仍然可能带来不利影响。如地热资源被公认为清洁能源，但是在其开发利用中，地热水如直接排放，会污染地表水和土壤，其中的有害气体排放到大气中会污染大气，地热水超采也会造成地面沉降。

1.1.3.3 我国的能源环境问题

任何国家的能源供应与经济社会发展均会受到资源禀赋状况的制约。中国是世界上少数几个以煤为主要能源的国家，与石油、天然气等燃料相比，单位热量燃煤产生的二氧化碳排放比石油、天然气分别高出36%和61%。2005年中国的一次能源生产量为20.61亿吨标准煤，其中原煤所占的比重高达76.4%；2005年中国一次能源消费量为22.33亿吨标准煤，其中煤炭所占的比重为68.9%（1990年为76.2%），石油为21.0%（1990年为16.6%），天然气、水电、核电、风能、太阳能等所占比重总和为10.1%，而同年全球一次能源消费构成中，煤炭只占27.8%，石油36.4%，天然气、水电、核电等共占35.8%。另外，中国能源生产和利用技术目前仍较落后，造成能源利用效率较低，温室气体排放强度较高。中国目前的能源开采、供应与转换、输配技术、工业生产技术和其他能源终端使用技术与发达国家相比均有较大差距；中国重点行业落后工艺所占比重仍然较高。落后的工艺技术使中国的能源利用效率比国际先进水平约低10%，高耗能产品单位能耗比国际先进水平高出40%左右①。

与上述能源结构相对应，我国的能源环境问题目前最突出的是燃煤造成的煤烟型大气污染，其中以烟尘和酸雨危害最大。目前全国烟尘排放的70%，二氧化硫排放的90%，氮氧化物排放的70%是由煤炭燃烧造成的（见表1-1）。② 2006年，国家环境保护总局和国家统计局联合发布了《中国绿色国民经济核算研究报告2004》，报告表明，2004年我国平均每1万个城市居民中有6人因为空气污染死亡，2004年全国因环境污染造成的经济损失为5118亿元。2012年12月，环保组织“绿色和平”和北京大学公共卫生学院发表的一份题为《危险的呼吸——PM2.5的健康危害和经济损失评估研究》的报告③，指出，如果2012年北京、上海、广州、西安四城市空气质量相对于2010年没有改善，因PM2.5污染造成的“早死”人数将达8572人，因“早死”而致的经济损失达68亿元人民币。

① 数据来源于《中国应对气候变化国家方案》，2007年6月印发（国发〔2007〕17号）。

② 徐华清，郭元. 2012. 中国能源发展的环境约束问题研究. 北京：中国环境科学出版社：35.

③ 崔筝，何林璘. 2013. 致命呼吸. http：//magazine.caixin.com/2012-12-21/100475352.html [2013-6-1].

表 1-1 2000～2006 年我国火力发电行业二氧化碳和烟尘排放量

年份	二氧化硫			烟尘		
	全国（万 t）	火电（万 t）	占全国比例（%）	全国（万 t）	火电（万 t）	占全国比例（%）
2000	1995.1	720	36.09	1165.4	301.3	25.85
2001	1947.8	654	33.58	1069.8	289.7	27.08
2002	1926.6	666.8	34.61	1012.7	292.4	28.87
2003	2158.7	802.6	37.18	1048.7	312.8	29.83
2004	2254.9	929.3	41.21	1095.0	320.2	29.24
2005	2549.4	1 111	43.58	1182.5	380.9	32.21
2006	2588.8	1 155	44.68	1088.8	322.7	29.6

资料来源：徐华清，郭元. 2012. 中国能源发展的环境约束问题研究. 北京：中国环境科学出版社：13.

我国另一突出的能源环境问题是温室气体排放问题。以煤炭为主的能源结构决定了我国能源消费的二氧化碳排放强度较高，经济发展速度决定了我国温室气体排放总量的大幅度增长。我国能源消费排放的温室气体占我国温室气体排放总量的 75%以上。据国际能源机构的统计，1990～2008 年我国因使用化石燃料产生的二氧化碳排放总量已经翻了一番，已经超过美国，成为全球第一大碳排放国；1990～2008 年我国化石燃料人均二氧化碳排放量增加了 152%，目前已经超过世界平均水平；1990～2008 年我国一次能源二氧化碳排放强度增加了 20.2%，而同期世界平均水平只上升了 0.3%；1990～2008 年，我国单位 GDP 二氧化碳排放强度下降了 49.7%，但仍为世界平均水平的 3.4 倍。① 这种状况使我国在国际气候谈判中面临越来越大的压力，对我国现有的能源结构和消费模式提出了严峻挑战。

1.1.4 环境问题的人为原因

法律是调整人类行为的社会规范。人完全不能控制或影响的因素及过程的结果，比如太阳黑子的活动，无论对于人类生存有着多么至关重要的影响，都不会进入法律的视野。这一点是法律作为“系统”的封闭性的体现。环境问题（包括能源环境问题）若与“人为”因素无关，是纯粹自然因素引起的，就不属于法律

① 徐华清，郭元. 2012. 中国能源发展的环境约束问题研究. 北京：中国环境科学出版社：18，83.

所能够调整的范围。法律所能解决的环境问题，限于人为原因造成的环境问题（即所谓第二环境问题），不包括自然因素造成的环境问题（即所谓的“第一环境问题”）①。

相应地，和关注自然过程的科学领域不同，环境与能源法学中讨论环境问题的成因，会集中在人为原因上。

1.1.4.1　公地悲剧与搭便车

公地悲剧理论是一种批判的理论，其批判的对象是近代以来长期占据主导地位的、对“自由放任”市场经济的“迷信”。这种迷信最形象、最著名的表达，就是 A. 斯密（A. Smith）所谓的“看不见的手”。

对于这只“看不见的手”，A. 斯密在其名著《国富论》（*The Wealth of Nations*）中是这样描述的：“我们每天所需的食物和饮料，不是出自屠夫、酿酒师或面包师傅的恩惠，而是由于他们自利的打算。……，每一个人……既不打算促进公共的利益，也不知道自己是在什么程度上促进那种利益，……，他所盘算的也只是他自己的利益。在这种场合下，像在其他许多场合一样，他受着一只看不见的手的指导，去尽力达到一个并非他本意想要达到的目的。……，他追求自己的利益，往往使他能比在真正出于本意的情况下更有效地促进社会的利益。”

美国加利福尼亚大学生物学家 G. 哈丁（G. Hardin ）教授 1968 年在《科学》上发表了与 A. 斯密上述论说针锋相对一篇论文，即《公地悲剧》②。在该论文中，哈丁指出：个人追求自我利益的行为并不会“自动地”导向有利于公益的结果。

在这篇严肃的科学文献中，G. 哈丁讲述了一个催人泪下的故事，这个故事有一个“天苍苍，野茫茫，风吹草低见牛羊”的美好开头，最终却以“黄沙千里云蔽日”的荒凉结局：一个向一切人开放的牧场，每个人从一己私利出发，毫不犹豫地多养羊，因为收益完全归自己，而草场退化的代价则由大家负担。每一位牧民都这样“理性地”考虑时，“公地悲剧”就上演了——每一个人都陷入到一个迫使他无限制地增加牲畜数量的机制当中，而他们所处的世界是有限的，结果就是草场持续退化，直到无法再养羊。

G. 哈丁的公地悲剧理论，假定了一个未曾明言的前提，即可用资源的有限性，假如牧场作为“公地”是无穷无尽的，无论每一个个体如何为了自身的利益

---

① 像火山爆发、地震、冰川运动等自然灾害也会造成生态破坏，但因其成因是人类行为无法影响的，法律不能通过调整人的行为来减少或避免其发生，只能在事先预警、事后应急救济、灾后重建等方面起到有限的作用。这类法律称为“防灾救灾法”，在此不予讨论。

② Hardin G. 1962. The tragedy of the commons. Science，162：1243-1248.

而利用公地，都不会出现既有损他人并且最终也损害了自己利益的“公地悲剧”。

很容易看出，这个故事中的“牧场”，可以被替换为任一种有限的公共资源，比如清洁的水、干净的空气，甚至作为自然资源的生态环境本身。这些自然资源，曾被误认为是取之不尽用之不竭的，因此可以大家各取所需，无需法律干预。但是，历史教训和科学研究已经告诉人类，环境作为一种对人类生存和发展而言必不可少的重要资源，其容量和自净能力并非无限，如果在对环境资源的利用过程中，也像故事中的牧场一样实行自由放任主义的话，结果将指向整个人类同归于尽的“悲剧”。

另一位学者 M. 奥尔森①在其名著《集体行动的逻辑》中，也得出了相近的结论：即使由具有相同利益的个人所形成的群体，也未必会为了共同利益而集体行动，“除非一个集团中人数很少，或者除非存在强制或其他特殊手段使个人按照他们共同利益行事，（否则）有理性的、寻求自我利益的个人不会采取行动以实现人们共同的或集体的利益。”这一集体行动难题形成的关键，就在于搭便车心理和行为的广泛存在：“公用地悲剧、囚徒困境和集体行动的逻辑，与一些模式中的观点是紧密相连的。……，这些模式中的第一个，其中心问题都是搭便车问题。任何时候，一个人只要不被排斥在分享他人努力所带来的利益之外，就没有动力为共同的利益做贡献，而只会选择作一个搭便车者。”②

“搭便车”问题可以理解为“公地悲剧”的另一种表达。它可帮助我们理解，环境问题为何在已经完全显露，并被利害相关者充分意识到之后仍然难以获得解决：现代社会中的环境污染和生态破坏问题，往往不是因为个别人或个别工厂的点源污染造成的，而是众多人、众多工厂的污染行为累加的结果。相应地，解决这类环境问题，需要集体行动。在“大家”的努力下，结果改善了，人人都会得益。但是，某些人可能会想，如果别人都努力，结果一样会改善，少我一个没关系。所以就会选择“搭便车”，也就是自己不付出，等着坐享别人努力的成果。如果人人都这么想，就无人采取行动了。实际上，当为改善整体状况所需付出的努力对于个体而言并不构成沉重的负担时，搭便车也许还不至于造成严重后果；但当改善整体状况所需付出的努力对于个体而言足以构成沉重的负担时（同一群体中，选择搭便车的个体越多，选择努力的个体就需要为整体状况的改善付出越多），就会有更多的人“理性地”选择坐视整体状况坏下去而不采取积极的行动。

环保领域里有许多例证都在验证着这一理论，比如全球气候变化应对国际谈判所面临的困境。

如何才能突破这类困境？显然，放任自流是不行的。

---

① 奥尔森. 1996. 集体行动的逻辑. 陈郁等译. 上海：上海人民出版社：2.

② 奥斯特罗姆·E. 2000. 公共事物的治理之道. 余逊达等译. 上海：上海三联书店：18.

1.1.4.2 干预政策的意外后果

放任自流不行，那就干预吧。很不幸的是，为了解决问题的干预本身，很可能制造出新的问题。比如为了保障基本生活限制电价，但结果很可能导致用电浪费，从而造成不必要的环境负担；如通过污水处理法析出水中杂质，但若焚烧这些杂质可能污染大气，若填埋又可能污染土壤。在风险规制研究中，这种控制风险的措施本身带来的意外后果，被称为“伴随风险”或“替代风险”，相关研究已经比较多了。

“伴随风险”或“替代风险”的发生，是很难避免的。因为人类社会是极其复杂的系统（复杂系统理论），其有效运作所依赖的信息或知识大部分是“个人知识”（波兰尼）或“地方性知识”（吉尔兹）。只有全知全能的上帝才能完全了解和掌控复杂系统，相形之下，人的认知能力极其有限。

当人为干预的意外后果出现，规制者往往被指责为愚蠢（此处不考虑腐败问题），但有时这种指责并不公平，因为此种风险往往源于无法克服的无知。比如修建水库，以前人们普遍认为兴修水利工程，可以防洪、灌溉、发电、航运、养鱼，是利国利民的好事。直到一段时间过后，其负面后果暴露出来（如泥沙在大坝前沉淀而使出水养分降低，下游农业歉收、渔场退化），人们才会认识到相比其生态破坏的后果，修建水库的收益很可能是得不偿失的。于是现在我们看到一些地方（如美国的一些州）开始拆除水坝，或不再建新的大型水库。

1.1.4.3 科学技术的不确定性

在现代风险社会理论中，科学技术对人类影响的不确定性是最受关注的因素。受科学技术水平限制和伦理道德限制，即“人类不是小白鼠”（按生态主义者的说法，小白鼠也不应该是“小白鼠”（实验品）），人类目前无法对新技术的损害可能性进行科学的评估，而只能猜测。这方面的例子不胜枚举，比如杀虫剂的使用（《寂静的春天》），再如当前讨论正热的转基因食品的安全问题。

在处理这类不确定性时一种可能的做法是不作为。比如，在美国的《有毒物质控制法》（*Toxic Substances Control Act*）中，对于新的化学物质，倾向于假定其无害，只有在发现了损害或有损害的风险的情况下才可进行管制。与此相似，对于新技术，包括转基因食品，通常也假定其是无害的，可以开发并市场化，只有在发现了损害或有损害的风险的情况下才可干预和管制。相比之下，欧洲的常规做法要谨慎得多。正是对科学研究不确定性和新技术应用风险的认识，欧洲环境法上发展出了一项“风险防范原则”（precautionary principle，也译作谨慎原则），其含义被简洁地概括为“安全好过后悔”（safe better than sorry）。这一原则也被引入到美国法学领域，但受到不少学者的批评，具体将在“环境与能源法的基本原则”部分展开讨论。

1.1.4.4 环境不正义与“有组织的不负责任”

现代社会的环境问题已经客观存在。但从风险的实际承担情况来看，环境风险和其他现代风险一样，在社会和政治上的分布是不均匀的。也就是说，风险的危害后果，并不是平等地均摊到我们每一个人头上，总有人比另一些人受害更多。比如说，城市里空气污浊，让居民咽喉和眼睛发炎，参与制造污染的有钱人就可以搬到空气更清新的郊区居住，而在造成污染过程中责任可能较少（至少不会更多）的相对贫困者却只能留在市中心租公寓居住。这是一国之内的情况，在国际领域也一样：气候变化的后果是全球性的，看起来没有一个地球人能幸免；但是，仔细分析起来，总有些国家处于更脆弱的地位，比如面临国土被淹没危险的小岛国，还有无力应对气候灾难的贫穷国家；而那些应该对导致气候变化负主要责任的发达国家，即使受到不利影响，也会因为有钱而能够更有效地采取适应气候变化的措施。这些情况正是人们呼唤环境正义的背景。

在这里，法律有时会遇上特别棘手的问题，即某种状况明明是不正义的，但却没有有效的途径来追究责任。比如汽车尾气造成的空气污染，在传统法律框架下就很难归责。因为所有参与污染的人都会说，自己进行的是“合法”的正常活动，是行使法律上的自由，是不应受到追究的。更为棘手的是，现代社会中污染的损害结果往往是多个排污者行为累加的结果，于是会出现排污者数量越多，损害后果越严重，同时任何一个单独的排污者所负责任就越轻的局面。这些困难实际上反映了现代法律制度在遭遇风险社会时所面临的困境。

为什么我们已经拥有越来越多的环境法律法规，但在环境问题发生后，却仍然会发生几乎没有人或机构为之负责的情况？对此，德国社会学家U. 贝克提出了“有组织的不负责任”的概念①。他指出，“有组织的不负责任”的根源来自两方面，一是风险社会“不确定性”特征，即现代社会风险不可预测特征（甚至也不能以概率来预测）；二是模糊的“定义关系”，即风险社会中，谁来定义或决定产品或行为是否有害，如何确定或证明危害起因、危害范围以及危害由谁造成，谁来决定对受害者的赔偿等问题并无明确答案。这就是为什么风险爆发造成危害后，相关组织和个人能够寻找各种理由或借口推卸、转嫁和逃避责任。U. 贝克认为，要解开风险社会中包括“有组织的不负责任”在内的诸多症结，关键在于打破第一次启蒙理性，进行第二次启蒙——生态启蒙。生态启蒙的关键作用在于促进生态民主，建立起适合风险社会特征的，多元主体参与的复合治理结

---

① U. 贝克的《风险社会》一书发表两年之后又发表了《解毒剂》一书，副标题是“有组织的不负责任”。有组织不负责任亦是贝克《世界风险社会》一书的关键概念之一。

构，将社会理性与科学理性结合起来。“没有社会理性的科学理性是空洞的，没有科学理性的社会理性是盲目的。”① 这其实是一种政治的解决方案，它将提供法律解决方案的基本框架：立法。

1.2 环境与能源法的概念与特征

1.2.1 概念

1.2.1.1 环境法

环境法的名称各国并不统一，欧洲国家多称“污染控制法”，日本称“公害法”，俄罗斯和东欧国家称为“自然保护法”，美国一般称“环境法”。

我国以前受立法用语影响，称环境法为“环境保护法”（1979 年《环境保护法（试行）》颁布）。到 1997 年，我国国务院学位办将“环境资源保护法学”列为国家二级学科，于是，“环境与资源保护法”的说法成为官方说法，但学术界仍习惯采用比较简洁的“环境法”这一名称。

由于立法体制不同，环境法发展实际情况不同，学者对环境法的内涵和外延的理解不同，各国对环境法的界定也各有差异。

例如，美国学者 R. W. 芬德利 ②提出：“环境法…是一个由多种法规组成的复杂的混合体。它包括联邦的法规、州的法规以及地方的法规，还包括各种行政法规以及对这些法规进行解释及实施这些法规的各种司法判决。”“整个环境法是一个联邦—州之间的关系与冲突、行政法、行政程序、民法、刑法以及国家关于科学、技术和能源的发展政策组成的复杂的混合体。”从此可以看出，美国的环境法是由多种法规、政策组成的复合体，包括议会立法、行政规章，也包括司法判例；包括联邦法，也包括各类地方立法。这既和美国判例法传统有关，也和美国联邦体制有关。

德国学者 J. 福格尔③则认为：环境法是根据环境保护纲要精神制定的，关于污染防治和预防、环境保护、消除公害等方面的法律条文，既有公法也有私法。这显然体现了大陆法系强调成文法、以公/私法二元区分为法律基本结构等特色。

日本学者浅野直人则区分广义和狭义的环境法概念。“狭义的环境法是指直

---

① 贝克・U. 2004. 风险社会. 何博闻译. 南京：译林出版社：30.

② 芬德利・R W，法贝尔. D. A. 1986. 美国环境法简论. 程正康等译. 北京：中国环境科学出版社：6.

③ 福格尔・J. 1987 联邦德国环境保护手册（下册）. 李崇理等译. 北京：中国环境出版社：1158.

接以环境保全为目的的法律。”“广义的环境法是指以公害、环境问题为对象而形成和发展起来的法律规范的总称。它包括与环境问题本身有密切联系的人口、产业、开发、能源、资源等的法律，以及全部与人类生活、生产活动有关的法律。”①

我国法学界对环境法概念的界定，具体表述虽各有差异，但究其实质却基本一致，金瑞林②主张“环境法是由国家制定或认可，并由国家强制保证执行的、关于保护与改善环境、防治污染和其他公害、合理开发利用与保护自然资源的法律规范的总称”。蔡守秋③认为“环境法是指国家为了协调人与环境的关系，防治环境问题而制定的，调整因开发、利用、保护、改善环境所发生的社会关系的法律规范或法律规定的总称”。王灿发④认为“环境法是调整人们在开发、利用、保护、改善环境的活动中所产生的各种社会关系的法律规范的总称。其目的是为了协调人类与环境的关系，保护人民健康，保障经济、社会的持续发展”。

从前述美国学者和日本学者对环境法的表述中可以看出，环境法概念被认为包含有与能源相关的法律规定。在美国，也有学者在环境法教材中专章讨论能源政策与法律。N. K. Kubadek 和 G. S. Silverman⑤ 所编写的《环境法》教材的第 9 章即为“能源”，其中介绍了能源政策演变历史和煤、天然气、核能、可再生燃料等能源规制相关法律规定。这主要是因为在这些国家，有越来越多的环境法研究者已经认识到能源环境问题的客观存在和日益突显。

但是，从我国学者对环境法的定义和通行环境法教材内容安排来看，对能源环境问题还很少给予特别注意，也极少见到在环境法教材中以专门章节来讨论能源法律政策问题，只是在讨论特定议题时间接涉及与能源相关的内容，如在讨论大气污染控制时涉及燃油控制的相关规定，在讨论放射性污染防治时涉及与核电规制相关的规定，在讨论全球气候变化的法律应对时涉及节约能源和促进清洁能源发展的相关规定等。

1.2.1.2 能源法的生态化变革

正如环境法概念一开始并未特别注重能源，能源法概念也并非在一开始就将“环境”考虑在内。

有关能源的法律虽然久已有之，甚至最早可追溯到 15 世纪英国普通法中的财产法则，但一般认为，能源法真正获得重视并且蔚然成风，是在 20 世纪 70 年

---

① 汪劲 . 1994. 日本环境法 . 武汉：武汉大学出版社：9.

② 金瑞林 . 2006. 环境法学 . 北京：北京大学出版社：28.

③ 蔡守秋 . 1995. 环境法教程 . 北京：法律出版社：15.

④ 王灿发 . 1997. 环境法学教程 . 北京：中国政法大学出版社：13-14.

⑤ Kubadek N K，Silverman D A. 2008. Environmental Law. 6th edition. 北京：清华大学出版社 .

代石油输出国组织（Organization of petroleam Exporting Countries，OPEC）实施石油禁运与油价猛涨之时。正是在这一时期，法国制定了《节能法》（1974年），英国颁布了《能源法》（1976 年），美国颁布了《国家能源政策法》（1978年）日本颁布了《能源使用合理化法律》（1979 年）。然而，此时的能源法，以保证能源安全、高效和可持续供给为目的，严重忽略了能源环境问题。

事实上，能源系统自有其客观的生态规律：太阳能给生物圈中的生命提供能量，这些能量或历经数百年形成化石燃料，或经过数十载再生于树木，光合作用将能源转换为支撑地球上所有生命的资源。但是各国能源法并没有对这些自然法则表示出应有的尊重，更鲜有机会将环境与生态评估纳入其中。以能源供应为唯一目标的各国能源立法，不仅缺乏对能源开发利用活动的生态责任的规定，还允许以巨额补贴促进化石能源发展①。这种割裂了能源开发利用与环境保护的立法，在很大程度上要为当代日趋严重的能源环境问题负责。

1992 年里约联合国环境与发展会议上首次明确提出了可持续发展目标，并间接地涉及能源和气候的关系问题，承认现行的化石燃料循环对人类健康和环境具有长期的危险后果。2002 年在联合国可持续发展世界峰会上通过的《约翰内斯堡实施计划》中，将能源效率与能源选择（结构）问题作为可持续发展的一项关键因素。标志着环境法的能源关切与能源法生态变革相互交融的最为重要的历史事件是《联合国气候变化框架公约》及《京都议定书》的签订和生效。前者要求能源、交通、制造等部门控制温室气体排放；后者第 2 条则明确提出，缔约方应“增强本国经济有关部门的能源效率”，“研究、促进、开发和增加使用新能源和可再生能源、二氧化碳固定技术”，“透过废弃物管理以及能源生产、运输和分配中的回收和使用以限制和减少甲烷排放”。

以此为背景，各国能源法终于开始了生态化的变革过程。例如，日本 2002年颁行的《能源政策基本法》明确将环境适合目标与能源供应目标并列为能源法的立法目的，该法第一条规定：“鉴于能源是国民生活之安定及国民经济的保持和发展所不可缺少的，并且能源的利用将给区域和全球环境造成重大影响，本法旨在通过确定与能源供需求政策有关的基本方针，明确国家及地方公共团体的责任和义务的同时，规定能源供需政策的基本事项，以长期、综合和有计划地推进与能源供需相关的政策，并以此在为地区和全球的环境保护做出贡献的同时，对我国和世界经济的持续发展做出贡献。”

在我国，能源立法的生态化也已经出现。2011 年 4 月新修订的《中华人民共和国煤炭法》（以下简称《煤炭法》）明确规定：“开发利用煤炭资源，应当遵守有关环境保护的法律、法规，防治污染和其他公害，保护生态环境。”正在进

① 马俊驹，龚向前．2007．论能源法的变革．中国法学，（3）：150-153.

行中的《中华人民共和国能源法》（以下简称《能源法》）立法草案讨论中，也有不少学者建议将“保护环境”、“可持续发展”等明确规定在立法目的条款中，以体现能源法的生态化理念。

1.2.1.3 本课程讨论的环境与能源法

能源法并非就是环境法，环境法亦非就是能源法。但是，如前所述，割裂二者之间的内在关联会造成严重的现实问题。为了有效地回应当代能源环境问题，必须整合环境法与能源法。这既要求在环境法领域内对能源开发利用问题给予特别关注，将能源开发利用活动纳入环境法的调整范围；也要求通过环境法的嵌入来促进能源法的生态化变革，使对环境问题与环境保护的关注成为能源法的重要内容。因此，整合环境法与能源法的目标应当是：保障人类以不破坏环境的方式开发利用资源，以人与自然和谐关系为条件可持续发展。

为此，本书立足于环境法的能源关切和能源法的生态化变革，重点讨论如下内容。①环境与能源法共通的理念。人类的生存和发展，既是在自然环境之中的生存和发展，也是以消耗能源为必要条件的生存和发展。人类消耗能源的过程必然给人类置身其中的环境带来不利影响。因此，能源的开发利用与生态环境的保护之间必须相互协调。②环境法与能源法共同的基本原则。当前，可持续发展原则、污染者负担/受益者补偿原则、公众参与原则已经被公认为环境法与能源法的共同原则；而另外一些原则，如风险预防原则和利益衡量原则，也应当成为普遍适用于环境法与能源法领域的原则。③环境法与能源法通用的基本制度。环境保护领域里有许多具体制度，如环境影响评价制度、标准制度、税费制度等，同样适用于能源规制领域；能源法领域的许多制度也在客观上起到了促进环境保护的作用，如能效制度、清洁能源促进制度等。④特别体现环境法与能源法融合趋势的专门立法，即循环经济法、可再生能源法和气候变化应对法。

1.2.2 环境与能源法的特征

环境与能源法，毫无疑问是法律大家族中的成员，因此，具有“法律”所具有的一般特征，如规范性、普遍性、强制性等。但此处要讲的“特征”，是相对于法律系统中其他比较传统的法律部门，比如民法、刑法这样古老的法律而言的新特点。

1.2.2.1 跨越多个法律部门

在世界范围内，环境法最早曾托身于“相邻权”，能源法最早曾托身于财产法，但现代环境与能源法却主要是在公法领域（环境与能源规制）发展起来的。

发展的结果，从目前来看，无论欧洲，还是美国，环境与能源法既包括了公法规范，也包括了私法规范。

在中国，环境与能源法也超越了传统法学上对法律部门的划分。环境与能源法规范不仅仅存在于以环境能源规制为直接目的的立法中，如《环境保护法》或《中华人民共和国电力法》（以下简称《电力法》），也存在于许多不以环境能源规制为直接目的，但与环境和能源密切相关的立法中，比如土地法、区域开发整治法、矿产资源法等。事实上，传统的各个法律部门大多已吸收了与环境能源相关的内容，如《刑法》中规定了环境破坏犯罪的构成和刑罚，《中华人民共和国侵权责任法》规定了环境民事侵权的法律责任，《中华人民共和国行政许可法》（以下简称《行政许可法》）中明确规定设定行政许可应当促进“经济、社会和生态环境的协调发展”等。总而言之，环境与能源法是以“问题”为导向的，极其综合的法律部门。

1.2.2.2 与科学技术关系密切

这一点首先体现在，环境与能源法所要解决的环境问题中，“人为”活动已经与“自然”过程紧密地交织在一起，因此力求预防、控制和解决环境问题的环境与能源法，也需以相应的自然科学知识为基础。用著名法学家江山①的话来说，环境法“不仅仅是制订法，也是认同法：将自然法则或自在法认同为法律”。事实上，现代环境问题往往是现代科学技术运用的结果，这些已经形成的环境问题往往也只有通过发展和应用科学技术才能得到解决。如环境与能源规划，环境影响评价等活动，离开了科学知识和相关工程技术就无从着手进行。就当前立法实践来看，各国环境与能源立法均包含许多技术性的准则和规范，如所谓的“最佳可得技术”（美国环境影响评价法的规定），均取决于科技发展水平。

1.2.2.3 保护的法益属于共同利益

环境与能源，是人类整体生存和发展的物质基础。作为整体的生态环境是不可能为某个人或某个利益团体所独占的；保护好环境，对有权者无权者都有利；环境质量的恶化，对穷人富人都有害。因此，有学者将自然环境称为“全人类共有之财产”②。环境与能源法需要应对的主要挑战，正如“公地悲剧”和“集体

---

① 江山．2000．法律革命：从传统到超现代——兼谈环境资源法的法理问题．比较法研究，（1）：1-37.

② 这一说法只是一种比喻，因为法律上的“财产”必须能够特定化，能够被人占有和控制；环境，至少生态环境，作为整体，却如同安东尼奥的“血中肉”，无法“特定化”、无法被人所占有、无法被人所控制。

行动的难题”所揭示的[①]，正是“那由最大多数人所共享的事物，却只得到最少的照顾”（亚里士多德语）。

在环保运动兴起之前的西方发达法治国家里，以及同样立足于“个人主义”假设的法律经济学和公共选择理论在法学界占据了主导地位，以至于人们怀疑“公共利益”这个概念本身就是骗人的，现实存在的只有个人利益，需要法律保护的，也是一个个个体的利益。“公地悲剧”、“集体行动的难题”的人性假定也都是基于个体的“理性自利”。但是，现实生活中也有很多实例证明了“公地悲剧”、“囚徒困境”可以被打破。环保运动中很多事例实质上挑战了理性自利的人性假定（比如一些环保主义者把自己绑在树上以免其被砍伐）。环保运动的兴起，复活了“公共利益”这个概念，也复兴了对“集体”行动的关注。这反过来，也引发了许多坚持个人主义的自由主义的个人和群体的警惕和批评，并且这方面的争论看来会无休止地持续下去。

1.2.3 调整对象：一个有争议的问题

按传统观点，环境与能源法调整的是特定领域，即环境与能源领域内的各种社会关系。这一点引起了一些疑问和异议。有些环保组织、环保法律师和学者，从“生态中心”的主张中引申出：环境法不仅仅应当调整人与人的关系，还应当调整人与自然的关系。反对者则主张，法律只能规范和调整人的行为，自然界不可能生成法律意识，也无法进行法律规范，因此环境与能源法只能是人的法，是人类基于对人与自然关系的理解而规范和控制自己开发利用自然资源相关活动的法[②]。在环境法学界，这是一个仍未形成共识的问题。

在这类讨论中，有一个美国案例经常被引用：格兰德河鲦鱼诉美国垦务局长基斯案[③]。在这个案件中，塞拉俱乐部（Sierra Club，美国著名的环保组织，成立于 1892 年）与新墨西哥州格兰德河鲦鱼一道作为共同原告在美国第十巡回法院提起了诉讼，称河流中的水因为人类使用而减少，威胁到了河里鱼类的生存。最后法院判决应当减少城市用水以满足河流鱼类的生存需要。

中国法律人也曾有过类似尝试：2005 年 11 月 13 日，中国石油天然气集团公司所属中国石油天然气股份有限公司吉林分公司双苯厂（101 厂）的苯胺车间

---

① G. 哈丁和 M. 奥尔森的理论有一个共同的未曾明言的假定：即由可用资源有限所决定的人与人的相互依存、相互影响关系。假如可用资源是无限的，个人占用资源的行为根本就不会妨碍到他人（不会有所谓的外部性问题）。在人必须与他人共存的前提下，才有集体行动的必要性，而集体行动的难题才会突显出来。

② 可参见：李艳芳《关于环境法调整对象的新思考》，载于《法学家》2002 年第 3 期。

③ Rio Grande Silvery Minnow et al.，v. John W. Keys，III et al 2003.

因操作错误发生剧烈爆炸并引起大火，导致100吨苯类污染物进入松花江水体，造成松花江水体生态环境严重破坏。2005年12月7日，北京大学法学院3位教授及3位研究生向黑龙江省高级人民法院提起了国内第一起以自然物（鲟鳇鱼、松花江、太阳岛）作为共同原告的环境民事公益诉讼，要求法院判决被告赔偿100亿元人民币用于设立松花江流域污染治理基金，以恢复松花江流域的生态平衡，保障鲟鳇鱼的生存权利、保障松花江和太阳岛的环境清洁的权利以及自然人原告旅游、欣赏美景和美好想象的权利。然而，黑龙江省高级人民法院立案庭在得知诉讼情况后并未接受原告代表向法院递交的诉状及其相关证据，而是在时隔数小时之后由立案庭主管法官用口头方式以“本案与你们无关，目前本案不属于人民法院的受案范围，一切听从国务院决定”等为由拒绝受理此案①。

> 请思考：法律究竟能否将人与自然的关系纳入调整范围？如能，如何纳入？

参考文献

奥尔森．1996．集体行动的逻辑．陈郁等译．上海：上海人民出版社．

奥斯特罗姆·E. 2000．公共事物的治理之道．余逊达等译．上海：上海三联书店．

贝克·U. 2004．风险社会．何博闻译．南京：译林出版社．

布拉德布鲁克．A. J，奥汀格．R. L. 2005．能源法与可持续发展．曹明德等译．北京：法律出版社．

蔡守秋．1995．环境法教程．北京：法律出版社．

龚向前．2008．气候变化背景下的能源法变革．北京：中国民主法制出版社．

金瑞林．2006．环境与资源保护法学．北京：北京大学出版社．

王灿发．1997．环境法学教程．北京：中国政法大学出版社．

徐华清、郭元等．2012．中国能源发展的环境约束问题研究．北京：中国环境科学出版社．

Hardin. G. 1968. The tragedy of the commons. Science，162：1243-1248.

① 别涛．2007．环境公益诉讼．北京：法律出版社：470-486.

第2章　环境与能源法律体系

Legal Sources and System of Environment and Energy Law

> 在现代国家中，法不仅必须是它的表现，而且还必须是不因内在矛盾而自相矛盾而自相抵触的自己的一种内部和谐一致的表现。
>
> ——《马克思恩格斯选集》第4卷，第702页

2.1　法律规范与法律体系概述

2.1.1　法律规范

2.1.1.1　涵义

德国法学家魏德士认为，法律规范包含三个方面：其一是具有普遍地及于适用对象的规定，这是它的外在表现；其二是法律规范包含法律的事实要件和法律效果，这是它的内在机理；其三是法律规范表达了何谓合法、何谓不合法的价值评判，这是它的本质所在①。

我国法学界通常认为，法律规范是规定法律上的权利、义务、责任的准则和标准，或赋予某种事实状态以法律意义的指示与设定。

法律规范通常具有严密的逻辑结构，结构完整的法律规范既

> 对法律规范的逻辑结构，法学界有不同看法，主要有三要素和二要素说。三要素说认为，法律规范由假定、处理和制裁三部分构成。假定部分指明适用这一规则的前提、条件或情况；处理是法律规则中具体要求人们做或不做什么的行为模式；制裁是指出违反法律规定要承担的法律后果。三要素之间的联系可以表达为：如果……则……否则……。二要素说将法律规范分为行为模式和法律后果两部分。行为模式表述法律所要规范的行为方式；法律后果则指示可能的法律结果或法律反应。二要素之间的联系可以表述为：如果……则……。

① 魏德士．B. 2005. 法理学．丁晓春等译．北京：法律出版社：59.

包含有关行为规范的规定，也包括违反行为规范的法律后果的规定。未规定后者的法条，被称作“不完全法条”。行为规范，应当包含一定的行为模式，指出人们应当做什么、可以做什么、不应当做什么，以引导人们的行为，不包含行为模式的空泛的呼吁宣言（如“只有一个地球”）不能称之为法律规范。

2.1.1.2　分类

从不同角度按不同标准可以对法律规范进行不同的分类。例如，按法律调整的不同关系，可区分国内法规范与国际法规范。

（1）授权性规范与义务性规范

授权性规范是规定主体享有做出或不做出某种行为的权利，肯定了主体为实现其利益所必需的行为自由。

义务性规范是规定主体应当或不应当做出一定行为的规范。其中，规定主体应当或必须作出一定积极行为的规范，称之为积极义务规范；规定主体不得做出一定行为的规范，称之为禁止性规范。

需要注意的是，任意性规范与授权性规范有密切联系但并不相同。任意性规范下，当事人可以做出法定行为模式以外的安排。授权性规范中赋予的权利可大可小，当事人不一定能任意做出与法律规定不同的行为。比如选举权，可投票或弃权，但不能出售选票。

（2）强行性规范与任意性规范

按照是否允许法律关系参加者自主调整可以区分强行性规范和任意性规范。

强行性规范指由法律规定了明确的行为模式，行为人不能按照自己的意愿自行设定权利义务的规范。当事人违反这种规范自行设定的权利义务，在法律上是无效的。

任意性规范指在规定主体权利义务的同时，也留有一定余地或自由度，允许当事人在一定范围内自行设定权利义务具体内容的规范。只有在当事人没有自行设定的情况下，才适用法律规则的规定。

（3）实例分析

下列各条是任意性规范还是强行性规范？是授权性规范还是义务性规范？

1）禁止任何组织和个人用任何手段侵占或破坏自然资源。（《中华人民共和国宪法》第 9 条第 2 款）

2）建设项目中防治污染的设施，必须与主体工程同时设计、同时施工、同时投产使用。（《环境保护法》第 26 条）

3）电力建设、生产、供应和使用应当依法保护环境，采用新技术，减少有害物质排放，防治污染和其他公害，国家鼓励和支持利用可再生能源和清洁能源

发电。(《电力法》第 5 条)

4) 省、自治区、直辖市人民政府对国家污染物排放标准中未作规定的项目,可以制定地方污染物排放标准;对国家污染物排放标准中已作规定的项目,可以制定严于国家污染物排放标准的地方污染物排放标准。(《环境保护法》第 10 条第 2 款)

5) 地方各级人民政府,应当对本辖区的环境质量负责,采取措施改善环境质量。(《环境保护法》第 16 条)

6) 国务院能源主管部门对全国可再生能源的开发利用实施统一管理。国务院有关部门在各自的职责范围内负责有关的可再生能源开发利用管理工作。(《中华人民共和国可再生能源法》第 5 条)

在这里,需要注意的是,行政机关职权和职责的相关法律规定通常是结合在一起的,也就是说,以行政机关职权/职责为内容的法律规范,既是授权性规范,也是义务性规范。

因为环境保护利益往往与个别化了的私人利益相冲突,因此很难通过“私人自主”决策达成环境保护和资源合理利用的目标,所以,环境与能源法规范中存在大量义务性规范和强行性规范。但是,近年来,环境与能源法律领域里出现了一种新趋势:在不放弃强行性规范的基础上,尝试引入任意性规范,提倡、激励、引导私人自愿采取有利于环境保护的行动,如排污许可交易。

2.1.2 法律渊源

2.1.2.1 涵义

法律规范的存在形式或表现形式,被称作法律渊源,简称法源。法源是认知法律规范的途径。

一般认为,法源主要包括制定法、判例、习惯和法理等。与英美等判例法国家不同,我国是制定法国家。也就是说,我国目前只承认制定法法源,而并不承认判例、习惯和法理等的法源地位。

2.1.2.2 我国法律渊源的种类

我国法律渊源可分为国际和国内两部分。

国际法渊源指国际条约和国际协定。其中国际条约是指两个或两个以上国家签订的,规定其相互之间在政治、经济、贸易、法律、文化和军事等方面的权利和义务的各种协议的总称;国际协定是指两个或两个以上的国家的政府签订的,规定其相互之间在政治、经济、贸易、法律、文化和军事等方面的权利和义务各种协议总称。（其中法律地位尚不明确的，是所谓的国际“软法”性文件，如《里约环境与发展宣言》、《21世纪议程》、《能源宪章条约》等。

根据《中华人民共和国宪法》（以下简称《宪法》）和《中华人民共和国立法法》（以下简称《立法法》）的规定，我国中央和地方立法机关均享有立法权，除了立法机关，特定行政机关和司法机关亦享有一定的立法权。与我国二级（中央/地方）多元立法体制相应，我国的国内法渊源，包括如下五类。

（1）宪法

宪法是一国的根本大法，规定对一个国家而言最具根本性的内容，如一国的国体、政体和国民的基本权利等。需要注意的是，宪法规范除了表现在成文或不成文的“宪法”之中，还会表现在一些宪法性法律之中，如《中华人民共和国国务院组织法》（以下简称《国务院组织法》）、《中华人民共和国国籍法》（以下简称《国籍法》）等。

宪法性法律规范一般具有原则性和政策性等特点。如我国《宪法》第10条第5款规定：“一切使用土地的组织和个人必须合理利用土地。”第26条规定：“国家保护和改善生活环境和生态环境，防治污染和其他公害。”

我国宪法是成文宪法。由国家最高权力机关（全国人民代表大会）制定和修改。我国现行有效的宪法颁行于1982年（经1988年、1993年、1999年、2004年4次修正）。

我国宪法是“刚性宪法”，其制定和修改程序比一般法律更为严格。我国《宪法》第64条规定：“宪法的修改，由全国人民代表大会常务委员会或者五分之一以上的全国人民代表大会代表提议，并由全国人民代表大会以全体代表的三分之二以上的多数通过。”（其他法律和其他议案由全国人民代表大会以全体代表的过半数通过。）

在我国，虽然理论界和实务界都承认《宪法》是最重要的法源之一，但在我国国家机关的法律适用中，很少直接适用《宪法》；司法实践中不直接援引《宪法》条文更是长期沿习的一项惯例。形成这种状况原因有二：①《宪法》条文中一般缺乏对具体法律后果的规定，所以很难直接适用；②《宪法》中的原则性规定大多在具体法律中有体现，司法实践中援引具体法律的规定就可处理，一般不需要直接援引《宪法》。当然，这并不排除有些情况下仍有直接援引宪法的必要性。

（2）法律

广义的法律是所有法律规范的总称。作为与宪法和法规等并列的一种法源，法律专指由国家最高权力机关，及其常设机关即全国人大及全国人大常委会，依法定权限和法定程序制定的规范性文件。依据我国《宪法》，法律分为基本法律和基本法律以外的法律。基本法律由全国人民代表大会制定，其他法律可由全国人大常委会制定。我国现行《环境保护法》由全国人大常委会（而不是全国人大）制定；但学者们一般认为，从内容来看，《环境保护法》应属基本法律。

（3）法规

在我国，法规分为行政法规和地方性法规。其中，行政法规由国家最高行政机关，即国务院按照法定程序和权限制定。地方性法规（包括少数民族地区的自治条例和单行条例）则由地方权力机关（即地方人大及其常委会）按照法定权限和程序制定。

（4）规章

在我国，规章分为部门规章与地方政府规章，分别由国务院部委直属机构和地方政府依法定权限和程序制定。

（5）有权解释

法律解释有很多种。在法理学上，将法律解释依其是否具有法律效力划分为正式解释和非正式解释两大类，前者指有关国家机关依照《宪法》和法律赋予的权限对法律所作的解释，又称有权解释，具有法律效力；后者是学理上对法律规范的含义所作的说明，又称无权解释，其中最典型的是学者和研究者提出的学理解释，可以帮助人们正确地理解法律，具有一定影响力，但不具有法律效力。

在我国，可以作为法律渊源的法律解释只是指有权国家机关的正式解释，在我国有权解释包括如下四种：立法解释，即全国人大常委会依法对法律文件所作的解释；司法解释，即最高人民法院和最高人民检察院依法对法律文件进行的解释；行政解释，即国务院及其主管部门依法对法律文件进行的解释；地方解释，即地方人大常委会及人民政府主管部门依法对法律文件进行的解释。

在我国，立法机关很少作立法解释，地方解释影响力只限于局部地方，行政解释和司法解释数量较多。

2.1.3　我国法源的效力体系

我国的法源种类与其制定机关存在对应关系，不同制定机关所制定的法律规范效力各有不同。除特别授权以外，一般来说，制定法律的机关地位越高，法律规范的效力等级也越高。

1）宪法在我国法源效力体系中具有最高地位。我国《宪法》第 5 条规定：“一切法律、行政法规和地方性法规都不得同宪法相抵触。”

2）就各级立法机关制定的法之间的关系而言，全国人大制定的法律高于省级地方性法规，省自治区的地方性法规高于市级人大和人大常委会所制定的地方性法规。

3）行政立法内部效力等级取决于制定机关的行政级别。行政法规高于部门规章，也高于地方政府的规章。省、自治区政府制定的规章效力高于市级政府制定的规章。

4）就立法机关所制定的法与行政机关所制定的法的关系而言，权力机关的立法效力高于同级行政立法。也就是说，法律的效力层级高于行政法规，地方性法规的效力高于（同级或下级）地方政府规章。作为特别规定，我国《立法法》还明确了中央行政机关制定的行政法规的效力高于地方立法机关制定的地方性法规。

5）一般认为，有权解释的效力层级，与被解释的法律文件相同。

6）我国宪法对国际条约的效力问题没有明文规定。我国国际条约的订立程序，与立法程序类似，所以一般而言，国际条约效力等级应与国内法律一样，低于宪法而高于宪法以外的其他法源。但是，《环境保护法》第 46 条规定："中华人民共和国缔结或者参加的与环境保护有关的国际条约，同中华人民共和国法律有不同规定的，适用国际条约的规定，但中华人民共和国声明保留的条款除外。"由此可见，在环境法领域，国际条约的效力低于宪法，高于法律。《能源法（征求意见稿）》对此则未作规定。

以上效力层级，如图 2-1 所示。

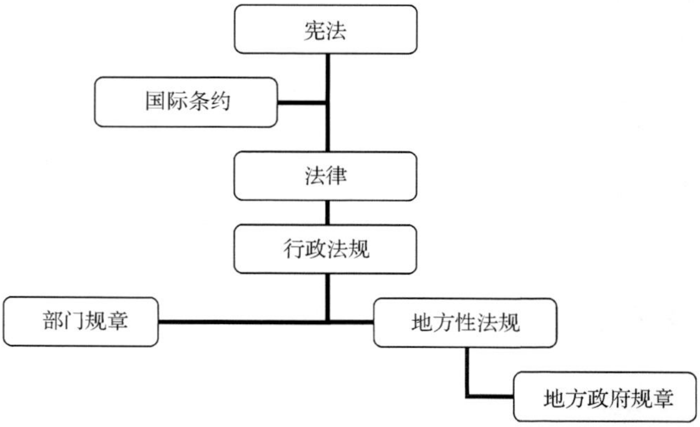

图 2-1　我国法律体系

也就是说，依据我国现行法律（《立法法》），上述六类法律渊源的效力层级分为五级（有权解释归入不同效力层级），分别对应制定机关的级别：宪法高于国际条约高于法律高于法规高于规章，在两种不同法规之间，行政法规要高于地方性法规；在两种不同的规章之间，则部门规章高于地方政府规章；需要注意的是，法规高于规章，是指行政法规高于部门规章，地方性法规高于地方政府规章。于是，一个未决问题就是：部门规章与地方性法规的效力层级孰高孰低？对此，《立法法》并未明确。

> 《立法法》（2000 年 3 月 15 日第九届全国人民代表大会第三次会议通过）第 86 条：地方性法规、规章之间不一致时，由有关机关依照下列规定的权限作出裁决：
>
> ……
>
> （二）地方性法规与部门规章之间对同一事项的规定不一致，不能确定如何适用时，由国务院提出意见，国务院认为应当适用地方性法规的，应当决定在该地方适用地方性法规的规定；认为应当适用部门规章的，应当提请全国人民代表大会常务委员会裁决；
>
> ……

2.1.4　法律规范的选择

法律规范的选择发生于不同法律规范对同一问题做出不同规定之时，包括不同效力层级的法律规范对同一问题作出不同规定的情形，也包括同一效力层级的法律规范对同一问题作出不同规定的情形。

不同效力层级的法源对同一问题的规定不同又可分为两种情形：一是规定不同且内容存在冲突；二是规定不同，但规定的内容并无抵触。法理上有两大原则正是为适应这两种情形下作选择的需要而产生的：一是效力优先原则，即高位法效力优于低位法，低位法规范与高位法抵触无效。这就是说，多种法源对同一问题规定不一致时，要适用效力最高的规定；二是适用优先原则，即在各位阶法并无抵触的情况下，优先适用效力层级低的规范，只有在低位法无规定的情况下才适用高位法。理由是下位法和上位法对同一事项都有规定时，下位法一般是对上位法的具体化、细节化，如果弃具体详细的下位法不用而用较抽象的上位法，是浪费了下位法制定机关的劳动。

当对同一问题存在两个以上处于同一效力层级的法律规范时，后制定的法律规范效力高于先前制定的法律规范，即“新法优于旧法”（或“后法优于前法”）。当同一领域既存在一般性立法也存在专门针对某一问题的同一效力层级的特殊立法时，特殊法在适用上优先，即“特别法优于一般法”。这一法理在我国《立法法》第 83 条得到了明确确认：“同一机关制定的法律、行政法规、地方性法规、自治条例和单行条例、规章，特别规定与一般规定不一致的，适用特别规定；新的规定与旧的规定不一致的，适用新的规定。”

按上述方法仍不能决定适用的法律规范的，依法定程序提请有权机关解释或裁决。如我国《立法法》第 85 条规定：“法律之间对同一事项的新的一般规定与旧的特别规定不一致，不能确定如何适用时，由全国人民代表大会常务委员会裁决；行政法规之间对同一事项的新的一般规定与旧的特别规定不一致，不能确定如何适用时，由国务院裁决。”

2.2 我国的环境与能源立法

长久以来，传统的中国自然哲学思想影响着中国历代的政治实践和治国方略。道家（老子、庄子）主张道法自然，主张天人合一；释家提倡素食不杀生；主流儒家的代表荀子也曾说：“天行有常，不为尧存，不为桀亡。”中国古代虽然并没有现代意义上的环境保护工作和环境资源立法，但曾经出现过一些零散的环境保护规范。先秦、西汉、盛唐等时期的国家律令，尤其是民间禁忌和习俗中，可以找到尊重生态规律的环保规范（如网开一面、禁止采集刚发芽的植物或捕捉幼兽等）。

到了近代，在向西方学习的过程中，我们似乎丢掉了天人合一的自然哲学思想；近年来，特别在环境保护领域，我们重新发现了“天人合一”思想的吸引力。

2.2.1 新中国的环境能源立法史

(1) 1972 年前

1949 年新中国成立之后，国家政治的重心在国家建设上，法制建设并未得到足够重视。环境与能源领域的立法在相当长时期里和其他领域的立法一样进展缓慢。

1951 年颁布的《中华人民共和国矿业暂行条例》是我国第一部矿产资源保护法规。1954 年颁布的《宪法》规定：“矿藏、水流、由法律规定为国有的森林、荒地和其他资源，都属于全民所有。”第一次确立了重要自然资源（也是环境要素）为全民所有；确立了重要自然资源（以及环境要素）全民所有的宪法原则。1956 年颁布的《工厂安全卫生规程》是我国第一个对防治工业污染作出规定的法规。

可以看出，这些规定的立法类似于中国古代的一些环保律令，虽然在客观上有利于环保，但立法的直接目的仍是规范工业生产和经济管理。

(2) 1972～1989 年

1972 年，我国政府派代表团参加斯德哥尔摩世界环境大会，这是社会主义新中国第一次取代“中华民国”在联合国出席会议（之前一直是台湾国民党政府在联合国代表中国）。这次大会发放文件《只有一个地球》，发表决议《人类环境宣言》。对于中国来说，这是一次富于刺激性的经验，是一次环保启蒙。

1973 年 8 月，我国召开了第一次全国环境保护大会，通过了《关于保护和改善环境的若干规定（试行草案）》，规定是我国环境保护基本法的雏形。

1978 年修订后的《宪法》规定：“国家保护环境和自然资源，防治污染和其他公害”（这一规定在 1982 年修订的《宪法》中被保留）。为我国环境保护立法提供了宪法基础，我国环境立法进入蓬勃发展时期。

1979 年出台的“文化大革命”后的第一批法律（共 9 部，如《刑法》、《刑诉法》和《民诉法》）就包括了《环境保护法（试行）》，标志着我国环境保护法体系开始建立。

(3) 1989 年至 20 世纪末

当时的《环境保护法（试行）》主要参照了日本环境法，比较粗疏。1989 年《环境保护法》颁布。此后，我国环境与资源保护法得到了长足发展。能源领域里的立法也有了开始发展：如 1995 年《电力法》、1997 年《节约能源法》等。

(4) 进入 21 世纪之后

到 20 世纪末，我国环境保护法律体系已初具规模，但能源领域的立法还有较多空白。因此，进入 21 世纪后，我国环境能源领域的立法重点转向结合环境保护与能源利用的立法和专门针对能源领域的立法。前者如 2002 年通过的《中华人民共和国清洁生产促进法》（以下简称《清洁生产促进法》），2008 年通过的《中华人民共和国循环经济促进法》（以下简称《循环经济促进法》）；后者如 2005 年通过的《中华人民共和国可再生能源法》（以下简称《可再生能源法》）。另外，我国立法机关于 2007 年修订了《中华人民共和国节约能源法》（以下简称《节约能源法》），2009 年、2011 年两次修订了《煤炭法》，2010 年修订了《可再生能源法》、通过了《中华人民共和国石油天然气管理保护法》。最引用注目的是，定位于能源基本法的《能源法》也已经进入立法议程，2006 年 3 月，跨部门的能源法起草组成立，国家能源办、发展改革委员会、国务院法制办等 15 个部门组成的起草小组成员单位，负责能源法起草的具体工作。经过 2 年的准备，《能源法》起草小组于 2007 年通过新闻媒体和互联网等渠道公布了《能源法（征求意见稿）》，从 2007 年 12 月 1 日开始，向社会各界广泛征集修改、完善的意见和建议。

2.2.2 我国环境与能源立法现状

四十年（1972～2012年）来，全国人民代表大会及其常务委员会制定的环境能源及相关法律有20余部，另有国务院制定的行政法规60余部、国务院各部门制定的行政规章600余部①，还有国家环境标准1200余部。

全国人大制定的法律，可分为基本法、单行法和相关规定三大类。

2.2.2.1 基本法

基本法是在立法发展到一定阶段出现的，就特定领域里的重大问题进行全面、系统调整的结合性实体立法，它往往直接依据宪法制订并充当本领域其他单行立法的依据，对本领域立法起到统领的作用。从世界范围来看，环境基本法的出现是环境法向完备阶段发展的重要象征。我国现行有效的环境基本法是《环境保护法》（1989年通过，1999年修正）。已经进入立法程序但尚未通过的《能源法》（草案）是我国的能源基本法。

2.2.2.2 单行法

环境与能源领域里的单行法，是以宪法和环境保护基本法为依据，针对环境与能源领域内的特定问题（某种环境要素、特定污染源或能源开发利用的某特定环节或方式）进行专门调整的立法。这些立法，可视作对宪法和环境保护基本法的具体化。

目前我国环境与能源领域的单行法，可大致分为污染防治、生态保护、综合环境管理和能源立法四个部分。需要注意的是，这种划分并非绝对，因为不同类别间内容有交叉重合，比如《煤炭法》，归入资源利用与生态保护类或能源类均可。事实上，由于污染防治、生态保护、能源利用方式及环境管理有着内在的联系，多数立法都会同时涉及其中几项甚至全部内容，如《中华人民共和国环境影响评价法》（以下简称《环境影响评价法》）。

(1) 污染防治（5）

1)《中华人民共和国水污染防治法》（1984年通过，1996年修订）；

---

① 例如，《中华人民共和国野生植物保护条例》（1993年）、《中华人民共和国自然保护区条例》（1994年）、《全国环境监测管理条例》（1983年）、《中华人民共和国建设项目环境保护管理条例》（1998年）、《中华人民共和国排污费征收使用管理条例》（2002年）、《中华人民共和国环境保护产品认定管理暂行办法》（1997年）、《中华人民共和国环境标准管理办法》（1999年）、《中华人民共和国排污费征收标准管理办法》（2003年）、《中华人民共和国环境保护行政许可听证暂行办法》（2004年）等。

2）《中华人民共和国大气污染防治法》（1987 年通过，1995 年修订，2000 年再次修订）；

3）《中华人民共和国固体废物污染防治法》（1995 年通过，2004 年修订）；

4）《中华人民共和国环境噪声污染防治法》（1996 年）；

5）《中华人民共和国放射性污染防治法》（2003 年）。

（2）资源利用与生态保护（10）

1）《中华人民共和国森林法》（1985 年通过，1998 年修订）；

2）《中华人民共和国草原法》（1985 年通过，2002 年修订）；

3）《中华人民共和国渔业法》（1986 年通过，2000 年修订，2002 再修订）；

4）《中华人民共和国农业法》（1993 年通过，2002 年修订）；

5）《中华人民共和国矿产资源法》（1986 年通过，1996 年修订）；

6）《中华人民共和国煤炭法》（1996 通过，2009 年修订、2011 年修订）；

7）《中华人民共和国水法》（1988 年通过，2002 年修订）；

8）《中华人民共和国野生动物保护法》（1988 年通过，2004 年修订）；

9）《中华人民共和国水土保持法》（1991 年）；

10）《中华人民共和国防沙治沙法》（2001 年）。

（3）环境与能源管理（8）

1）《中华人民共和国环境影响评价法》（2002 年）；

2）《中华人民共和国海洋环境保护法》（1982 年通过，1999 年修订 ）；

3）《中华人民共和国海域使用管理法》（2001 年）；

4）《中华人民共和国清洁生产促进法》（2002 年）；

5）《中华人民共和国循环经济促进法》（2008 年）；

6）《中华人民共和国土地管理法》（1986 年通过，1998 年修订，2004 年再修订）；

7）《中华人民共和国城乡规划法》（2007 年）；

8）《中华人民共和国文物保护法 》（2002 年）。

（4）能源立法（4）

1）《中华人民共和国可再生能源法》（2005 年通过，2010 年修订）；

2）《中华人民共和国节约能源法》（1997 通过，2007 年修订）；

3）《中华人民共和国电力法》（1995 年）；

4）《中华人民共和国石油天然气管道保护法》（2010 年）。

此外，《煤炭法》已放入资源类。我国尚无石油天然气法、原子能法、能源法。

上述 27 部单行法律通过及修订的时间分布如表 2-1 所示。

表 2-1　我国环境与能源法律颁行修订时间一览表

年份	法律颁行、修订
2011	1.《中华人民共和国煤炭法》二次修订
2010	1.《中华人民共和国可再生能源法》修订
	2.《中华人民共和国石油天然气管道保护法》通过
2009	1.《中华人民共和国煤炭法》修订
2008	1.《中华人民共和国循环经济促进法》通过
2007	1.《中华人民共和国城乡规划法》通过
	2.《中华人民共和国节约能源法》修订
2005	1.《中华人民共和国可再生能源法》通过
2004	1.《中华人民共和国固体废物污染防治法》修订
	2.《中华人民共和国野生动物保护法》修订
	3.《中华人民共和国土地管理法》二次修订
2003	1.《中华人民共和国放射性污染防治法》通过
2002	1.《中华人民共和国环境影响评价法》通过
	2.《中华人民共和国清洁生产促进法》通过
	3.《中华人民共和国文物保护法》通过
	4.《中华人民共和国草原法》修订
	5.《中华人民共和国渔业法》二次修订
	6.《中华人民共和国农业法》修订
	7.《中华人民共和国水法》修订
2001	1.《中华人民共和国防沙治沙法》通过
	2.《中华人民共和国海域使用管理法》通过
2000	1.《中华人民共和国大气污染防治法》二次修订
	2.《中华人民共和国渔业法》修订
1999	1.《中华人民共和国海洋环境保护法》修订
1998	1.《中华人民共和国森林法》修订
	2.《中华人民共和国土地管理法》修订
1997	1.《中华人民共和国节约能源法》通过
1996	1.《中华人民共和国噪声污染防治法》通过
	2.《中华人民共和国水污染防治法》修订
	3.《中华人民共和国矿产资源法》修订
	4.《中华人民共和国煤炭法》通过

续表

年份	法律颁行、修订
1995	1.《中华人民共和国固体废物污染防治法》通过
	2.《中华人民共和国大气污染防治法》修订
	3.《中华人民共和国电力法》通过
1993	1.《中华人民共和国农业法》通过
1991	1.《中华人民共和国水土保持法》通过
1988	1.《中华人民共和国野生动物保护法》通过
	2.《中华人民共和国水法》通过
1987	1.《中华人民共和国大气污染防治法》通过
1986	1.《中华人民共和国渔业法》通过
	2.《中华人民共和国土地管理法》通过
	3.《中华人民共和国矿产资源法》通过
1985	1.《中华人民共和国森林法》通过
	2.《中华人民共和国草原法》通过
1984	1.《中华人民共和国水污染防治法》通过
1982	1.《中华人民共和国海洋环境保护法》通过

2.2.2.3　相关规定

环境与能源法是以环境保护和能源合理开发利用为目的的法律规范的总称。此外还存在一些并非直接以环境保护和能源开发利用为目的，却与环境保护和能源开发利用存在关联的规定，如《农业法》、《城市规划法》中的相关规定。假如没有这些相关规定，假如这些旨在发展产业（包括农业）或城市建设的法令不考虑环境保护和能源合理利用因素，则环境与能源法的规定就无法推行。相关规定例如，水政管理部门依据《中华人民共和国水法》（以下简称《水法》）将某地列为水源区，禁止或限制开发；城市规划部门却依据《中华人民共和国城市规划法》将此地列为商用地。

这些相关规定可以分为如下几类。

(1) 民事法

民事法律规范是调整平等主体（公民、法人和其他组织）之间的财产关系和人身关系的法律规范。民法规范的主要特色是平等自愿。

传统的民事法律体系立足于自由放任的个人主义，很难适用于环境保护和能源管理领域。如果把近代以来形成的民事法规范教条（契约自由、财产权神圣和过错责任）绝对化，甚至可以说民事法律规范从根本精神上就不适合生态保护

（正如公地悲剧所揭示的）。但是，在环境保护和能源利用活动中，经常涉及民事主体的权利义务。为此，许多国家的民事立法就环境保护和能源利用作了特别规定。如对自然资源所有权和使用权加以特别限制，在损害赔偿责任制度中做出特殊安排等。

（2）行政法

行政法是调整行政主体与行政相对人之间因公共行政活动而产生的权利义务关系的法律规范的总称。由于现代国家政府的行政管理职能范围广泛，行政法也广泛涉及治安、民政、工商、文教、卫生、财税、交通、环境等领域。行政法鲜明的特征是，法律关系主体（行政主体和行政相对人）之间权利义务不对等，行政主体享有行政相对人所没有的“管理权”。

环境资源行政法律规范是调整因国家实施环境资源行政管理而产生的行政关系和监督行政关系的各种法律规范。主要调整内容包括：国家环境能源行政监督体制和行政管理部门的分工；各种环境能源行政行为的实施条件及程序；违反环境能源行政管理制度的行政责任和行政制裁等。

（3）刑事法

刑事法律规范是规定犯罪和刑罚的法律规范。从各国立法来看，专门以危害环境为内容的罪名都是在环境问题恶化之后被引入到刑事立法中的新罪名。有些国家在刑事立法中根据环境保护或能源管理需要分散地规定环境能源刑事条款，也有一些国家则将原本分散的规定集中起来，设立“公害罪”或“危害环境罪”的专门章节。我国刑事法律规范中，涉及环境能源管理秩序的，如《中华人民共和国刑法》（以下简称《刑法》）第 119 条：“破坏交通工具、交通设施、电力设备、燃气设备、易燃易爆设备，造成严重后果的，处十年以上有期徒刑、无期徒刑或者死刑。过失犯前款罪的，处三年以上七年以下有期徒刑；情节较轻的，处三年以下有期徒刑或者拘役。”特别是，《刑法》分则第六章第六节第 338 条规定了 8 项“破坏环境资源保护罪”，包括：“违反国家规定，向土地、水体、大气排放、倾倒或者处置有放射性的废物、含传染病病原体的废物、有毒物质或者其他危险废物，造成重大环境污染事故，致使公私财产遭受重大损失或者人身伤亡的严重后果的，处三年以下有期徒刑或者拘役，并处或者单处罚金；后果特别严重的，处三年以上七年以下有期徒刑，并处罚金。”第 343 条规定：“违反矿产资源法的规定，采取破坏性的开采方法开采矿产资源，造成矿产资源严重破坏的，处五年以下有期徒刑或者拘役，并处罚金。”

另外，在有些国家的立法上，环境刑法属于所谓的“行政刑法”，即并没有规定在刑法典中，而是规定在污染防治的行政法规定中。只是因为污染行为人违反行政法规范的行为后果极其严重，行政制裁不足以与此行为相称，故动用国家刑罚手段，被指责为“违反了罪刑法定主义”，并且不足以体现当代社会对环境污染行为的“可谴责性”（或罪责性）评价。

（4）诉讼法

诉讼法律规范是规定诉讼程序的规范。在大陆法系国家，诉讼法律规范传统上分为民事、行政和刑事三类，分别对应于三类实体法。环境诉讼目前仍分散于这三类程序处理，但是为了适应环境诉讼的特殊性，立法中也开始出现一些特别的规定，如原告资格的扩大，举证责任的倒置，诉讼时效的延长等。

需要补充说明的是，上述四类相关规定类型显然对应着传统的法律部门划分。现代社会，不断有一些新的法律部门主张从这些传统的法律部门中分立出去，如经济法、劳动法、土地管理法、城市规划法、环境法、能源法等。这些新的法律部门能否与传统法律部门并列，在理论上存在争议。需要澄清的是：这种争议，往往只涉及部门法划分标准（基于调整内容和调整方法之特殊性）之争，与法律规范的区分标准（基于法律规范本身的特征）不在一个层面上。新兴的法律部门，如劳动法、经济法等，大多既包含行政法规范也包括民法规范，有时涉及刑法规范，这种规范上的综合性本身并不一定会影响它们各自作为部门法的独立。

2.3　环境能源法律体系

法律体系不是指将分散于各类法源中的大量规范简单相加，而是以各种形式存在的法律规范所组成的互相联系、互相补充、互相制约、内部协调一致的整体。

我们可以从不同角度来理解这种法律体系内的一致性，理论上也存在对同一“体系”的不同解说。学术界存在较大程度共识的，是从法律规范的渊源效力层级结构来解说法律体系的一致性，这种渊源层级结构可称之为环境能源法律规范的渊源体系或静态体系。着眼于环境法体系应有的内在统一性和逻辑完整性，有学者提出，应以环境资源这一客体的公平分配为中心来构建环境法体系①。本书则认为，应当着眼于环境能源立法内容的相互关联、相互配合关系，从我们应对人为环境能源问题的不同阶段、不同任务来建构一种动态的规范体系。

2.3.1　环境能源法律规范的渊源体系

我国现行的环境法的渊源体系包括如下内容。

---

① 吕忠梅．2009．环境法．北京：高等教育出版社：37-38.

(1) 宪法中关于环境能源的条款

目前，许多国家在其宪法中规定了环境条款甚至将环境权纳入公民的基本权利体系之中。我国《宪法》第 9 条第 2 款规定：“国家保障自然资源的合理利用，保护珍贵的动物和植物。禁止任何组织和个人侵占或者破坏自然资源。”我国《宪法》第 26 条第 1 款规定：“国家保护和发送生活环境和生态环境，防治污染和其他公害。”这些规定明确了国家的环保职能，为我国环境能源立法和政府的环境能源管理提供了宪法依据。对于此条是否可以解释为我国宪法已经明确规定了公民的环境权，则在宪法解释学理论上还未达成一致。

(2) 环境能源法律

环境能源法律可分为基本法、单行法和相关法三大类。从世界各国环境能源法发展趋势来看，越来越多的国家制定了环境基本法和能源基本法。我国的《环境保护法》就内容的综合性来看，应属环境基本法。我国能源基本法仍在拟议中。单行法是环境能源法渊源的主体部分。目前我国已经制订了二十余部环境保护与资源能源合理开发利用的单项法律。此外，我国刑事法、民事法、诉讼法等法律中也包含有大量或专门针对环境能源利用关系或一般地适用于环境能源利用关系的规范。

(3) 环境能源行政法规和部门规章

中央环境能源行政立法包括了环境能源行政法规和环境能源部门规章两部分。

环境能源行政法规指由国务院依照宪法和相关法律制定的关于环境保护和能源利用方面的规范性文件。我国《立法法》第 9 条规定：“对应当由全国人大及其常委会制定法律的事项但尚未制定法律的，可以授权国务院根据实际需要制定行政法规，但犯罪与刑罚以及司法制度除外。”这就意味着，在我国，行政法规除了发挥执行法律、细化法律的功能外，还可在出现立法滞后的现象时，在一定程度上起到替代立法机关的作用。事实上，我国环境能源领域长期以来存在不少法律空白，在全国人大或全国人大常委会未制定颁布法律之前，往往先由国务院颁行行政法规，待时机成熟，才制定法律。例如，《中华人民共和国环境噪声污染防治法》(以下简称《环境噪声污染防治法》，1996 年颁布、1997 年实施) 颁行前，执法中一直适用的就是国务院 1989 年颁布的《中华人民共和国环境噪声污染防治条例》。

环境能源部门规章是国务院环境能源行政主管部门或相关部门依据有关的环境能源法律和行政法规单独或联合发布的环境能源规范性文件，如《环境影响评价公众参与办法》、《排放污染物申报登记管理规定》等。

(4) 环境能源地方法规和政府规章

地方环境能源立法按照制定机关和效力的不同，可分为由地方人大及其常委会制定颁布的地方环境能源法规和由地方政府制定颁布的地方环境能源规章。

地方环境能源法规是各省、自治区、直辖市、省人民政府所在地市以及国务院批准的较大城市的人大及其常委会制定的有关环境保护和能源利用的规范性文件。地方环境能源规章指各省、自治区、直辖市、省人民政府所在地市以及国务院批准的较大城市的人民政府制定的有关环境保护和能源利用的规范性文件。我国地域广阔，各地社会经济状况、风俗民情有着明显差异。因此，有必要允许地方人大及地方政府在不与宪法、法律、行政法规相抵触的前提下，以实施国家环境能源法律法规为目的，因地制宜地制定相应的规定。

（5）有权解释

有权解释是环境能源法律体系的组成部分，包括：①全国人大常委会对环境能源法律的具体含义或法律适用所做的解释；②最高人民法院和最高人民检察院就环境能源案件的法律适用规则所作的解释；③国务院及其环境能源管理部门根据法律、行政法规的授权，就环境能源执法相关规则所作的解释；④地方人大及其政府依法就环境能源法律法规在地方适用相关规则所作的解释。

（6）环境能源国际条约

环境能源国际条约也是我国环境能源法律体系的重要组成部分。我国已经先后加入了《保护臭氧层维也纳公约》、《控制危险废物越境转移及其处置的马塞尔公约》、《生物多样性公约》、《南极保护协定》、《联合国气候变化框架公约》、《京都议定书》等国际条约。

2.3.2 环境能源法律规范的动态体系

环境能源法律规范的主体是旨在影响公民、法人和其他组织环境能源利用行为，以避免危害环境能源立法目的的规范。根据事先预防—事中规制—事后责任追究和损害救济的不同阶段，可将环境能源规范分为三类。

（1）预防性规范

这类规范旨在通过环境能源法律规定，在危害发生之前采取预防措施，使生态系统免受人为活动的破坏。典型的预防性规范如有关环境影响评估、环境能源规划等活动的规范（后文将具体讨论各类预防制度）。

传统上，环境能源法律规范是通过危害发生后的法律责任的追究，来阻吓危害行为人。但是，随着环境能源问题日益严重，人们逐渐认识到，事后制裁不足以应对后果极其严重、难以补救甚至无法补救的危害；为避免这类“不可挽回”的危害，需要在事先基于较长期的预测而采取相应的防护措施。换句话说，在这种情况下，最佳的保护措施就是在危害尚未发生时就将之排除。

（2）规制性规范

人类的存在必然会消耗能源，人类的活动不可避免地会对环境造成影响。彻底避免人类对能源的任何消耗，排除人类对环境的全部人为损害的想法是不现实的（除非人类灭绝）。规制性规范的目标是允许人类造成一定污染的情况下利用环境和能源，但力图通过各类规制措施将对环境的危害控制在环境可承受的范围之内。

规制性规范所规定的措施，既有直接强制的措施，也有间接影响的措施。直接强制性的措施，如行政命令，直接要求相对人的行为（包括作为、不作为或容忍），相对人若不服从，行政机关可依法动用强力予以干预或惩处。间接影响性的措施，如行政指导，采用柔性诱导方式，以期引导相对人的行为；若相对人违背行政机关的期待时，行政机关并不能施以处罚或干预。两相比较，直接强制措施的优点是较为明确、可预测性强，缺点是比较生硬；间接影响措施的优点是比较灵活、有弹性，缺点是执法者无法预见相对人的反应，执法目的达成无确定保障。间接影响措施大多具有经济激励的内容，但并不限于经济激励。后文将具体讨论各类规制制度。

（3）责任与救济规范

由于人类力量的有限性，事先预防、事中规制都不足以保证环境污染和生态破坏问题绝不发生。因此，事后的责任追究和损害救济规范是必不可少的。根据救济对象与救济方式的不同，事后救济规范可分两大类，一类直接针对生态系统所受损害，主要救济方式是整治（恢复原状）；另一类直接针对公民、法人和其他组织所受损害予以法律救济，主要救济方式是行政给付和民事赔偿。后文将具体讨论各种责任和救济制度。

参考文献

陈慈阳．2003．环境法总论．北京：中国政法大学出版社．
金瑞林．2006．环境与资源保护法学．北京：北京大学出版社．
吕忠梅．2009．环境法．北京：高等教育出版社．
沈宗灵．2004．法理学．北京：高等教育出版社．

第3章 环境与能源法的基本原则

General Principles of Environment and Energy Law

> 我主张，实证主义是一种规则体系的模式，它认定法律的单一标准使我们忽略了那些非规则标准的重要作用…… 我提到过“原则、政策和其他种类的标准”。大多数时候我用“原则”这个术语来指所有不同于规则的标准。
>
> ……
>
> 规则以全有或全无的方式的适用……原则却不然。……原则具有规则所不具有的维度，即分量或重要性维度。当涉及原则时，解决冲突者必须考虑相对权重问题。……

3.1 概　　述

3.1.1 法律原则

原则（principle）被认为是“基本公理或原理”，而法律原则“指充当其他规则或准则之基础和根源的，总括性的准则或原理”①。长期以来，法律原则“通常用来评价比较具体的原则或规则”，“也能够被直接用来评价个别的行为或判决”②。

法律规范由相对而言更抽象的法律原则和相对而言更具体的法律规则构成。其中法律原则在整个法律体系中处于更基础的地位，具有统率具体规则、指导具体规则的解释和适用的功能。比起法律规则，法律原则通常更直接地表达了法律的目的和价值，因而有学者认为“法律原则是规则与价值的交汇点”③。

---

① “a fundamental truth or doctrine, as of law; a comprehensive rule or doctrine which furnish a basis or origin for others.” See Henry Campbell Black, Black's Law Dictionary, Fifth Edition, M, A 1979, P462.

② 贝勒斯．M. D. 1996. 法律的原则：一个规范的分析．张文显等译．北京：中国大百科全书出版社：13.

③ 贝勒斯．M. D. 1996. 法律的原则：一个规范的分析．张文显等译．北京：中国大百科全书出版社：315.

从法理学上区分法律原则与非法律原则，法律原则是一种与法律规则相并称的法律规范，具有法律拘束力；而非法律原则不具有法律拘束力。从传统实证法学的观点出发，只有被实证化了的原则才是法律原则，未经“实证化”的原则只是不具法律拘束力的政策原则、道德原则或社会规范。此处的“实证化”有两种方式：一是实证法直接确认其拘束力，如制定法（或判例法）中明文写出某一原则，同时规定体现该原则的具体制度安排和规则；二是实证法间接确认其拘束力，即在制定法（或判例法）中并不明文写入某一原则，而是确立体现该原则的具体制度和规则。例如，污染者付费原则，许多国家的制定法都将之确立为一项基本的法律原则，属于在环境执法和司法中可以被强制执行与适用的规范，无论实证法上是否明文写了这个词。而有一些法理上讨论的原则，哪怕存在着广泛的共识，在实证法上并无直接或间接的体现，就被认为并不属于有拘束力的法律原则。

然而，年轻的环境与能源法学是多学科交叉的综合学科，在环境和能源领域，法律和政策的原则许多情况下很难区分。特别是在环境立法滞后的情况下，具体环境执法和司法中往往离不开环境政策的指导。而且随着时间的推移，原先的环境政策原则也很可能通过立法机关的确认并具体制度化，由不具强制力的政策原则转化为具有法律约束力的法律原则。例如，1980 年联合国环境规划署等机构起草的《世界自然资源保护大纲》首先提出了“预期的环境政策”。这项政策要求，任何可能影响环境的重大决定，都需要在最早阶段即充分考虑到资源保护及其他的环境要求。后来渐渐发展出一些相对具体和可操作的规范，如美国《环境政策法》明确要求，在土地利用、经济发展等相关决策中必须将环境影响考虑在内，否则该决策有可能在司法审查中被推翻。这就是政策原则演变成了法律原则。

与上述特点相适应，迄今为止许多国家的环境与能源立法将法律与政策结合起来。比如，美国《国家环境政策法》（1969 年）和《国家节能政策法》（1978 年）、《能源政策法》（1992 年，2005 年）等；许多大学和研究机构在设立研究中心、相关课程及编写教材时，也往往以“环境法律与政策”或“能源法律与政策”等为名。

3.1.2 环境与能源法的基本原则

环境与能源法的基本原则是贯穿于整个环境与能源法体系及其立法、执法和司法全过程中的，作为具体环境与能源法律规则的基础和依据的法律原则。

环境与能源法仍在不断发展变动的阶段，环境与能源法的基本原则相应地亦处于形成和发展之中。环境与能源法的基本原则究竟包括哪些，这些原则的具体涵义是什么，这些问题的答案也因时因地因社会变迁而有所不同。如日本 1967 年制订的《公害对策基本法》中确立的环境保护必须与经济的健全发展相协调的原则，被解释为环境保护与经济发展出现矛盾时以经济发展优先。此条款在 1970 年该法修订时被删除，到 1993 年日本制定《环境基本法》时，确立了环境优先原则，即当经济发展与环境保护出现矛盾时，应优先保护环境。

在此，立足于我国环境与能源法立法的现实需要，参照国内外学者对环境与能源法基本原则的探讨，集中介绍如下几项原则：协调发展原则（可持续发展原则）、污染者负担原则（受益者补偿原则）、预防原则（含危害预防和风险预防原则）和公众参与原则。

3.2　从协调发展到可持续发展

3.2.1　协调发展原则的提出

社会和经济发展归根结底是开发利用自然资源的结果，现代工业生产伴随着大量的能源消耗和污染物排放，而自然规律决定了生态环境的承载力并非无穷大，如果人类对自然资源的攫取和对污染物的排放失去节制，就会危及生态系统的平衡，并进而危及人类自身的生存和发展。因此，有必要协调社会经济发展与环境保护的需要。

就历史经验而言，现代社会中的生态环境问题是现代经济和社会发展的伴随物。因此，对环境保护的强调自然而然地指向限制人类社会和经济的发展。但是，如果将这种逻辑推到极端是不可接受的：确实，如果人类灭亡，就不会再有什么环境问题。换句话说，不能不注意到，这里存在两种不同的利益。第一种是环境利益。人首先是自然人，人本身就是大自然的产物，生老病死服从自然规律，人类作为一个物种只有在一定的自然环境中才能存续。因此，良好的环境是人类生存的必要条件，保护环境是人类的根本利益之一。第二种是经济和社会利益。人不单纯是自然人，不仅生活在自然中，也生活在人类社会中。物质的富裕和精神的丰盛为人类全面而自由地发展创造了条件，因此经济发展和社会进步也是人类的重要利益。

协调发展原则试图同时兼顾这两种利益，即同时兼顾社会经济的发展与环境保护，使它们协调一致，而不至于顾此失彼。

由于前述社会经济发展与环境保护的内在矛盾，同时兼顾二者并不容易，特别是当环境保护与特定人群的生存权或公平发展权发生冲突时。例如，热带雨林面积的缩减对全球生态环境影响巨大，但当地居民如不砍伐森林就无以糊口。再如，温室气体排放引发全球气候变化，但要求发展中国家承担和发达国家相同的控排责任却有失公平。正是这些不可避免的冲突，突显了全面考虑、综合权衡各类利益，公平协调各类利益主体的关系的重要性。这就意味着，协调发展原则的实质在于权衡相互竞争、彼此冲突的各类利益的轻重缓急，协调处理其错综复杂的关系。也正因此，协调发展原则也被一些学者表述为环境利益平衡原则。

3.2.2 协调发展原则的实现

3.2.2.1 环境与发展的综合决策机制

协调发展原则作为一种基本理念，需要通过一些具体的制度才能在法律政策中得以实现。其中，从 1972 年联合国人类环境会议开始，到 1992 年在联合国环境与发展大会明确表达的环境与发展综合决策要求，是落实协调发展原则的重要机制。

环境与发展综合决策观念产生于如下共识：现代社会中的环境污染和生态破坏问题在很大程度上来源于社会经济发展决策与环境保护决策的分离，即在社会经济领域片面追求经济发展而不考虑环境后果的决策观念和决策方法。因此，要从源头防范环境问题，必须从根本上改变社会经济发展的决策机制，从一开始就将环境保护纳入到社会经济发展的决策中去。

从法律的角度，环境与发展的综合决策意味着在各类社会和经济发展的重大决策时，对决策的内容、程序和方式提出有法律约束力的明确要求，确保决策的环境影响得到考虑，决策的环境后果得到权衡，真正实现环境利益和社会经济发展利益的统筹兼顾，使社会经济发展与环境保护相协调。其中，环境影响评价是综合决策机制的关键环节之一。对此，《中华人民共和国环境影响评价法》（以下简称《环境影响评价法》）第 1 条明确规定："为了实施可持续发展战略，预防因规划和建设项目实施后对环境造成不良影响，促进经济、社会和环境的协调发展，制定本法。"

需要注意的是，这里的决策不应仅仅被理解为国家和政府的宏观决策，还应包括企业和个人层面的微观决策。国家和政府的宏观决策中纳入环境考虑固然重要，通过严格的法律责任、具体的标准和相应的监督检查制度，促使企业和个人在生产和经济决策时也将环境污染和生态破坏的后果考虑在内，也是协调社会经济发展与环境保护必不可少的内容之一。

3.2.2.2 绿色 GDP

用绿色 GDP 取代传统 GDP 核算国民经济，是另一项旨在落实协调发展原则的重要机制。绿色 GDP 指从传统 GDP 中扣除由于环境污染、自然资源退化、生态退化、物质和能源的不合理利用、教育水平低下、人口数量失控、管理不善等因素造成的损失，从而得出的国民财富总量。与仅仅着眼于经济增长数量的传统 GDP 相比，绿色 GDP 引入了对社会发展水平内在质量的考察，并且体现了对经济发展与环境保护是否相协调的关注。

国际上对绿色 GDP 的研究开始于 20 世纪 70 年代。联合国统计署于 1989 年和 1993 年先后发布了《综合环境与经济核算体系（SEEA）》，为核算绿色 GDP 总量、自然资源账户和污染账户提供了一个共同的框架。美国、日本和墨西哥等国已经开始尝试以不同形式进行绿色 GDP 的核算。只是，在当前阶段，绿色 GDP 核算仍面临着重重障碍，包括以经济发展为中心的成见和传统，环境资源价值和污染成本量化等难题，在很大程度上影响了其应用和推广。

3.2.3 协调发展原则在我国立法上的体现

作为一个发展中国家，我国很早就注意到了经济社会发展与环境保护的内在矛盾关系，并且认识到了必须将环境保护纳入经济与社会发展决策中的重要性。

1979 年颁布的《环境保护法（试行）》总则第 5 条即已规定："国务院和所属各部门、地方各级人民政府必须切实作好环境保护工作；在制定发展国民经济计划的时候，必须对环境的保护和改善统筹安排，并认真组织实施……。"

1989 年 12 月颁布的《环境保护法》第 4 条进一步规定："国家制定的环境保护规划必须纳入国民经济和社会发展计划。国家采取有利于环境保护的经济技术政策和措施，使环境保护工作同经济建设和社会发展相协调。"

《能源法（征求意见稿）》第 5 条也明确规定了"能源与生态环境协调发展"的原则，即"国家积极优化能源结构，鼓励发展新能源和可再生能源，支持清洁、低碳能源开发利用，推进能源替代，促进能源清洁利用，有效应对气候变化，促进能源开发利用与生态环境保护协调发展"。

另外，我国环保部门也曾推动绿色 GDP 核算工作，曾在 2004 年提出争取用 3～6 年时间初步建立起中国的绿色 GDP 核算体系，并在部分省市开展试点工作，但未能按计划推进。

3.2.4 从协调发展原则到可持续发展原则

关于"可持续发展"（sustainable development）概念的起源，有学者主张以 1972 年《斯德哥尔摩人类环境宣言》为起点，也有学者认为"可持续发展"根本就是“人类固有古老理念”的一个现代翻版。不过，多数人认为，“可持续发展”这一概念的正式提出是在1987年发表的《我们共同的未来》（即《布伦特兰报告》）之中，构成了1992年里约热内卢人类环境与发展会议各项国际文件（特别是《里约热内卢环境与发展宣言》和《二十一世纪议程》）的基础。通过这些国际文件，“可持续发展”成为多边国际环境法律框架的核心概念，进而影响了近十几年来国际、国内环境保护的立法与实践①。

1987年发表的《我们共同的未来》如此界定可持续发展：“可持续发展是既满足当代人的需要，又不对后代人满足其需要的能力构成危害的发展。”根据广泛为人所接受的这一界定，可持续发展概念包含两个要素，一个要素是“需要”，即人类的各种需要，特别是贫穷人口的基本需要，处于优先地位；另一个要素是“限制”，即技术状况和社会组织机制对环境满足眼前和将来需要的能力施加的限制。换句话说，可持续发展既要满足人类“需要”的发展，又要通过社会管理机制和科学技术对人类利用自然来满足需要的发展活动加以“限制”，以保障“既满足当代人的需要，又不对后代人满足其需要的能力构成危害”。这两个要素缺少任一个，都不能称之为“可持续发展”。1992年《里约热内卢环境与发展宣言》重申了可持续发展概念：“人类应享有与自然和谐的方式过健康而富有成果的生活的权利，并且公平地满足今后世代在发展和环境方面的需要。”

由此可见，可持续发展和协调发展原则有着相通之处：二者都强调发展不应危及生态环境这一人类生存之前提，人类的发展应当控制在生态系统的承载能力之内。因此，我国有不少学者（如金瑞林②）认为，在国际上获得广泛认同的可持续发展原则与我国的协调发展原则实质是“一致的”。二者的区别只在于一个是着眼于横向的结构关系，即经济社会发展对生态环境的依赖关系，强调经济社会发展应与生态保护的需要相协调，另一个则着眼于纵向的时间关系，即当代人与后代人的延续关系，强调不能因当代人类的发展而牺牲后代人类发展所必需的物质基础。只顾经济发展不顾生态保护，违背自然规律，是不可持续的；只顾当代人的利益而不管未来世代的死活，亦是不可持续的。

不过，可持续发展原则与协调发展原则的侧重还有所不同。协调发展更多强调的是传统发展观中往往被忽略的对自然规律的尊重和对生态环境承载力限度的清醒意识，也就是说，协调发展概念更多关注的是人与自然的关系。而可持续发展则更多强调的是传统发展观中极少得到考虑的代际公平问题，它突出的是一种新的环境伦理，即：自然资源既属于当代人，也属于后代人；每一代人都有责任

① 邓烈．2009．论“可持续发展”概念在国际法上的意涵．中国法学（4）：122-130.

② 金瑞林．2006．环境与资源保护法学．北京：北京大学出版社：102.

在求取当代人利益的过程中尽可能为后代人保护好环境资源，为后代人的发展留下公平的机会。也就是说，可持续发展更多关注的是当代人与后代人的关系。在这个意义上，可以说可持续发展概念拓展、丰富了协调发展概念中原本包含的人与自然和谐共存的观念。

就实现机制而言，可持续发展原则与协调发展原则强调的重点也有所不同。协调发展原则的实现机制，如前所述，包括环境与发展的综合决策机制和绿色 GDP 等；而可持续发展原则的实现机制，根据《我们共同的未来》、《里约热内卢环境与发展宣言》和《21 世纪议程》等文件，主要指的是控制人口，使环境资源与能源利用效率最大化，废弃（污染）物质最小化等技术和管理机制。

我国目前的法律体系中尚无对可持续发展原则的明文规定。然而，1992 年，中国派代表团参加了巴西里约热内卢的联合国环境与发展大会，正是在这次地球峰会上形成了《里约热内卢环境与发展宣言》、《21 世纪议程》等确立可持续发展基本原则与行动纲领的重要文件。其中《21 世纪议程》指出，各国立法的变革是实现可持续发展的基本要求，中国政府亦作出了履行《21 世纪议程》等文件的承诺。

1994 年，中国国务院颁布了《中国 21 世纪议程——中国 21 世纪人口、环境与发展白皮书》，要求各级政府和部门将其作为制定国民经济和社会发展计划的指导性文件，并将“中国可持续发展的法律制定和实施”作为“可持续发展战略的重大行动”中的首项行动，宣布将“开展对现行政策和法律的全面评价，制定可持续发展的法律政策体系，突出经济、社会和环境之间的联系和协调。通过法规约束、政策引导和调控，推进经济、社会和环境的协调发展”，完成制定新法、修订原法、国际条约配套立法等行动。2003 年我国政府在发布《21 世纪初可持续发展行动纲要》时宣称，在《中国 21 世纪议程》发布后，国家制定和完善了 120 多部关于人口与计划生育、环境保护、自然资源管理和防灾减灾的法律法规。可以说，虽然可持续发展原则是否属于已经实证化了的法律原则仍有争议，但可持续发展观念的确已经广泛且持续地对我国的环境与能源立法产生了影响。

3.3 从污染者负担到受益者补偿

3.3.1 污染者负担原则的提出

1972 年经济合作与发展组织（Organization for Economic Co-operation and Development，OECD）环境理事会首次在国际会议文件中提出了“污染者负担

原则”（polluters pay principle）。之后，很多国家在国内环境立法中将之确立为一项基本原则。

污染者负担又被译为污染者付费，力图解决的是环境污染的“外部不经济”问题（科斯的“社会成本问题”）。环境污染损害的是公共利益，受益者却是排污者。如果对此不加干预的话，对社会整体而言既不公平，也不可持续（哈丁的“公地悲剧”）。因此，有必要将污染者强加给社会的“外部成本”内部化，将污染者转嫁给社会的费用转回其自身，由污染者自己为其污染支付代价。

将环境问题外部不经济性内部化的方法主要有直接管制方法和经济刺激方法两大类。直接管制，就是由国家以禁止、限额排放等行政控制手段直接限制活动者产生外部不经济性的活动，又分为末端管制和全程管制。经济刺激方法又包括市场刺激和非市场刺激两大类。市场刺激方式，典型的如排污许可交易，先根据允许产生的污染物数量设定“排污许可”，再将“排污许可”作为市场交易的对象予以流通或消费，最终达到控制污染排放的目的。非市场刺激方式，则是由国家通过价格、税收、抵押金、补助金、保险、信贷和收费等手段迫使生产者或消费者把他们产生的外部费用纳入其经济决策之中。

概而言之，环境与能源法上的污染者负担原则，关键在于将环境成本外部性内部化，主要是通过法律明确规定污染者有支付其造成的外部费用的义务，并以法律强制力保证此义务的实现。这在客观上促使污染者将其污染活动的外部费用纳入决策之中，从而增加了其减少污染的动机。

关于污染者负担费用的范围，有两种不同观点。一种主张污染者负担污染者应支付污染活动造成的“全部”环境费用，包括防治公害费用、环境恢复费用和被害人救济费用等（如在德国和日本，有学者主张污染者付费甚至包括了对污染者的经济制裁和惩罚）。另一种则主张对污染者付费范围加以一定的限制，多数国家将此范围限于支付消除污染费用和法定的损害赔偿费用。第一种主张坚持贯彻公平原则（实现正义，哪怕天塌下来），第二种主张则更多考虑到现实条件的约束，让污染者负担全部费用会使产业经营者负担过重，多半会因这些费用超过污染者的实际负担能力而无法实际执行，因此主张将范围限制在“可预期”范围之内。

当前，环境法学者（无论是否同意应当设立付费范围限额）已经基本形成的共识是：污染者应当负担消除污染的费用和损害赔偿的费用。消除污染费用包括治理污染源和恢复被污染的环境的费用（停止损害恢复原状）；损害赔偿费用是指赔偿环境污染受害者的人身和财产损失。

3.3.2 在我国立法上的体现

污染者负担原则在我国现行立法中已经确立。

早在 1979 年，我国即参照“污染者负担原则”的精神，在《环境保护法（试行）》第 6 条规定：“已经对环境造成污染和其他公害的单位，应当按照谁污染谁治理的原则，制定规划、积极治理，或者报请主管部门批准转产、搬迁。”

在 1989 年颁布的《环境保护法》中，此规定被完善为：“产生环境污染和其他公害的单位，必须把环境保护工作纳入计划，建立环境保护责任制度；采取有效措施，防治在生产建设或者其他活动中产生的废气、废水、废渣、粉尘、恶臭气体、放射性物质以及噪声、振动、电磁波辐射等对环境的污染和危害”（第 24 条）和“造成环境污染危害的，有责任排除危害，并对直接受到损害的单位或者个人赔偿损失”（第 41 条）。

二者相比，《环境保护法（试行）》只规定“谁污染，谁治理”，将污染者的治理责任限制在已经发生的既有污染，并且责任范围也只包括“治理污染”，完全是一种消极的事后补救原则。而《环境保护法》的规定，更符合“污染者付费”原则，扩大了污染者的责任，污染者不仅要对已产生的污染的治理负责，而且要对可能产生的污染负“预防”的责任，并且责任范围也不止是“治理污染”，还包括了“赔偿损失”。

3.3.3 污染者负担原则的新发展：受益者补偿?

在国际范围内，污染者负担原则在 20 世纪 90 年代受到了质疑。有学者认为，污染者很容易将负担转嫁给消费者，因此真正的、最终的负担者总是“受益者”而不是“污染行为人”。“受益者负担”或“受益者补偿”的说法因此而来。

在我国，1990 年国务院在《关于进一下加强环境保护工作的规定》中作出了“谁开发谁保护、谁破坏谁恢复、谁利用谁补偿”的规定。1996 年在《国务院关于环境保护若干问题的决定》中，在总结实践经验的基础上进一步规定了“污染者付费、利用者补偿、开发者保护、破坏者恢复”。

上述规定将“利用者补偿”与“污染者付费”并列，事实上，这两者既有联系又有区别。“利用者补偿”主要是指自然资源（包括能源资源）的开发利用人应当通过交纳税费的方式，补偿因其开发利用活动对自然资源和生态环境造成的损耗。可以看出，此原则和“污染者付费”一样，是环境问题“外部成本内部化”的方式。区别只在于，污染者付费着眼于环境污染，利用者补偿着眼于资源开发。污染者付费是指对环境造成污染的组织和个人，有责任对其污染源和被污染的环境进行治理。破坏者恢复是指对环境和自然资源进行开发利用的组织和个人，有责任对其进行恢复、整治和养护。

近年来，我国也有一些学者沿此方向进一步发展了“污染者负担”原则，提出了“受益者补偿”（或“受益者负担”）的原则。该原则的主要考虑是：当生态系统的一定功能需要支付一定代价才能维持和改善时，就公平而言，这种代价应由此种生态功能的所有受益人分担。例如，黄河长江等水系的上游区域为保护生态环境、防止水土流失、保持水质，投入了巨额资金，并在经济增长速度方面受到影响，但受益者包括整个流域，因此中下游受益地区理应向上游地区给予适当的补偿。

事实上，我国现有立法中有些已经体现了“受益者补偿”的原则。如我国《中华人民共和国土地管理法》（以下简称《土地管理法》）（1986 年通过，1998 年第一次修订，2004 年再次修订）规定，为了防止非农业建设导致耕地减少，国家实行占用耕地补偿制度。非农业建设经批准占用耕地的，按照“占多少，垦多少”的原则，由占用耕地的单位负责开垦与所占用耕地的数量和质量相当的耕地；没有条件开垦或者开垦的耕地不符合要求的，应当按照省、自治区、直辖市的规定缴纳耕地开垦费，专款用于开垦新的耕地。再如，1998 年修改的《森林法》规定：“国家设立森林生态效益补偿基金，用于提供生态效益的防护林和特种用途林的森林资源、林木的营造、抚育、保护和管理。”2008 年修订的《中华人民共和国水污染防治法》（以下简称《水污染防治法》）对水环境生态保护补偿机制做出明确规定：“国家通过财政转移支付等方式，建立健全对位于饮用水水源保护区区域和江河、湖泊、水库上游区域的经济不发达地区的水环境生态保护补偿机制。”

近年来，我国各地在推进生态补偿试点工作中，也相继出台了有关流域、自然保护区、矿产资源开发生态补偿等方面的政策性文件。浙江省颁布的《关于进一步完善生态补偿机制的若干意见》是省级层面比较系统开展生态补偿实践的突出事例。虽然目前我国生态补偿机制还存在着补偿范围不明确、补偿资金来源缺乏、政策法规滞后等问题，但随着对此类机制的讨论，越来越多的人接受了受益者补偿的观念。

我国正在讨论中的《能源法（征求意见稿）》则规定了：“国家建立能源生态环境补偿机制，能源开发和加工转换项目所在地的政府应当制定污染治理和生态恢复规划，相关企业应当承担污染治理和生态保护的责任。”这种规定既坚持了传统的污染者付费原则，也体现了其向受益者补偿原则的发展。

3.4 从危害预防到风险预防

预防原则突出了环境法与民法或刑法这些古老的法律部门不同：环境法并非只是对环境问题作被动消极的事后应对，而是更强调事先积极主动地干预。一些学者（如吕忠梅）甚至主张这是环境法“首要的”和“最基本的”原则。

3.4.1 预防原则的提出

预防原则要求决策者关注当下活动在未来会发生的不利影响，并事先采取措施以避免和消除可能的损害。在国际上，预防原则首先作为环境法的基本原则而出现。这一原则是针对环境问题的特点及国内外环境管理的经验和教训而提出并随之发展的。

西方工业发达国家在经济发展过程中，大体都走了一条“先污染后治理”的道路。但是，随着环境污染与生态破坏问题日趋严重，人们认识到：①环境污染与破坏一旦发生，往往难以消除和恢复，甚至具有不可逆转性，例如：地下水的污染、土壤的沙漠化很难治理，而原始森林的消失、物种的灭绝是不可逆转的；②环境污染和破坏一旦造成，即使可以治理，从经济上来说也是不合算的，往往要耗费巨额资金。据统计，20 世纪 60 年代到 70 年代，发达国家的环境投资一般占到国民生产总值的 1%～2%。我国对环境污染的治理投入长期以来都很少，与此形成鲜明对比的是环境污染造成的损失居高不下。曾有学者进行过估算：在 20 世纪 80 年代初，我国环境污染损失大约占到每年 GDP 的 14%，到了 21 世纪，仍占到 GDP 的 8%～13%①。

基于对上述经验教训的认识，在环境法律政策领域，“事先预防”优于事后补救、尽可能防患于未然等观念越来越受到重视。1980 年联合国环境规划署等起草的《世界自然资源保护大纲》首先提出了“预期的环境政策”。这项政策要求，任何可能影响环境的重大决定，都需要在最早阶段即充分考虑到资源保护及其他的环境要求。同一时期，经济合作与发展组织环境委员会也提出：各国的环境政策核心，应是预防为主。预防原则由此成为各国环境管理和相关立法中的重要指导原则。

随着时代的发展，预防原则逐渐获得了两层不同的含义。

第一层含义是指危害预防，又被称为防止原则（principle of prevention），即对于可预见的未来损害，事先防范重于事后补救。防止原则要求运用已有的知

① 金瑞林 . 2006. 环境与资源保护法学 . 北京：北京大学出版社：106.

识和经验，对开发和利用环境的人类活动将会带来的环境影响事前分析评估并采取防范性措施，以避免环境损害的发生或扩大，或者把不可避免的损害控制在可容许的限度之内。

第二层含义特指风险预防，又被称为谨慎原则（precautionary principle），即对于未来不确定的损害（风险），“安全好过后悔”。谨慎原则要求基于并不充分的现有知识，对于开发和利用环境的人类活动可能带来的不确定损害，进行事前分析评估，并在某种活动会否导致有害后果仍存在怀疑的情况下，倾向于认为最好采取必要行动以避免或降低此种风险，而不是等到获得不容置疑的证据之后再采取行动。

危害预防和风险预防相同之处在于它们都属于事前预防的范围，都强调防患于未然。它们的区别在于：风险预防不以存在确实充分的科学证据为前提，只要存在合理怀疑即可；而危害预防则以科学上能证明行为与损害后果之间存在因果关系为前提。危害预防只要求采取措施避免或消除科学证实的环境破坏问题，而风险预防要求消除或避免更多不安全因素，包括那些在当前科技水平下不可能被证实的不安全因素。相比于危害预防原则，风险预防原则对企业的活动自由限制更多，危害预防原则只禁止那些确有证据表明会造成损害的活动；而风险预防原则却会禁止那些尚无确切证据表明其有害，却也无证据表明其无害的活动。

相比基于确定证据的危害预防原则，风险预防原则试图处理的是人类认知的局限性。有时，我们既不能确定某些严重的损害会发生，也不能确定这些损害一定不会发生。在这样的情况下，无论尝试为何种行动（包括不行动）提供理论依据都是极其困难的事。因此，可以理解，风险预防原则的具体含义及可接受性均为众说纷纭，迄今仍无定论的议题。

3.4.2 不确定的风险预防原则

3.4.2.1 风险预防的界定

一般认为，较早确认风险预防的原则的是德国 20 世纪 70 年代初在空气污染治理中提出的“提早行动”（versouge prinzip），要求广泛研究，尽早发现对健康和环境的危险，并在得到结论性的科学证据之前采取行动。1982 年 ，联合国《世界自然宪章》（第 11 条）首次在国际条约层面认可了风险预防原则，规定：“应控制那些可能影响大自然的活动，并应采用能尽量减轻对大自然构成重大危险或其他不利影响的现有最优良技术，特别是：①应避免那些可能对大自然造成不可挽回损害的活动；②在进行可能对大自然构成重大危险的活动之前应先彻底调查，这种活动的倡议者必须证明预期的益处超过自然可能受到的损害；如果不能完全了解可能造成的不利影响，活动即不得进行；……”此后，风险预防原则频繁出现在各类国际条约中，并在欧洲引起了特别关注：1992 年《欧洲共同体条约》第 1302 条要求在环保领域内欧共体的政策应当“基于风险预防原则”。在美国，风险预防原则则存在较大争议，但也已经有一些重要案例承认了预防的观点，如铅业协会[①]一案的判决提到：“环境保护局必须等到能够结论性地证明特定影响对健康有害时才能采取行动，这种观点与法律的预防和防止导向不符，也与制定法赋予行政官员的职责不符，……管理者做出必要决定时，国会允许其出于谨慎的目的而犯错。”

当前相关讨论中，对风险预防原则最具代表性的表述，有强弱两个不同的版本[②]。

1992 年《里约热内卢环境与展宣言》（*Rio Declaration*）第 15 项原则规定：“为了保护环境，各国应按照本国的能力，广泛运用风险预防原则。面临严重的、不可逆转的损害的威胁时，缺乏充分的科学证据不得成为延迟采取符合成本效益的防止环境恶化的措施的理由。”

1998 年《温斯布莱德声明》（*Wingspread Statement*）有关风险预防原则的规定如下：“当一项活动带来危害人类健康或环境的威胁时，就应当采取防范措施，即使在科学上还不能完全确定某些因果关系。在这种情形下，应当由该活动的主张者，而不是公众，承担相应的举证责任。”

这两项规定即研究者们通常所谓的弱版本和强版本的风险预防原则，其他版本的风险预防原则大多落于这两个极端之间。这两个极端版本的差异明显，如表 3-1 所示。

表 3-1　不同版本风险预防原则差异示意

内容＼版本	里约宣言（弱版本风险预防原则）	温斯布莱德声明（强版本风险预防原则）
针对的风险	可能导致严重、不可逆转的损害	可能导致危害
不确定程度	缺乏充分的科学证据	不能确定因果关系
不确定性的意义	不确定性不得成为迟延规制的理由	不确定性成为规制的基础
规制成本	应当符合成本效益	未提及成本问题
举证责任	规制者证明危害存在应予规制	行动者证明活动无害不应受规制

① 647 F. 2d 1130（1980）U. S. App.

② Sandin. S. 1999. Dimensions of the precautionary principle. Human Ecological Risk Assessment，5（5）：889-907.

3.4.2.2 批评和辩护

风险预防原则在各种国际法律文件中表述各有差异，但有一点明显的共通之处，即要求政府在科学技术知识的“不确定性”之中采取干预行动：如果怀疑某种活动可能导致对人类有害的后果，最好在该后果发生之前不太迟的时候采取行动，而不是等到获得不容置疑的科学证据之后再采取行动。以公法的视角看来，风险预防原则内容的实质是一种利害攸关的授权，即立法者授权政府在国民面临不确定的威胁时，不计较科学上的不确定性而采取保护国民的行动。这种宽泛的、缺乏确定性的授权，引起了许多法律人的忧虑。

许多学者批评风险预防原则过于宽泛，缺乏确定性。例如，C. R. Sustein①以转基因技术和地面臭氧为例，指出风险预防原则含义太模糊，以至不能给我们任何引导，它不能支持介于管制、不作为二者之间的任何措施，后果就是奉行风险预防原则的政府，在面对不确定的风险问题时必将陷入瘫痪。他认为，更好的立场是承认不作为、管制以及二者之间的任何措施都有可能产生广泛的、多样的不利后果。C. R. Sustein 认为应该努力考虑所有的不利后果，既有的知识无法对所有不利影响做出清晰评估的时候，应当发展出简化策略，以昭示面对不确定性时适当的行动方案；应该追求分配正义；应该抵消认知局限；应该确保人们对什么存在危险有比较全面的理解和认识；应该有助于减少利益团体操控的危险；应该认识到公众恐慌本身也是一种危害。

但是，也有不少学者为风险预防原则提出辩护。如 Dana② 教授认为，含义并不精确的风险预防原则也可以发挥矫正认知偏见的作用。他指出，环境政策经常要在避免相对确定、即时或近期的金钱损失（如采取规制措施的花费）与避免相对不确定、非即时的健康或生态利益的损失之间做出选择。举例来说，有关《清洁大气法（Clean Air Act）》中规定的特定新物质和地面臭氧标准的争议和诉讼中，被相提并论的是迫在眉睫且相当确定的规制成本和现在实施规制后，在数十年之后可能会得救的、还不确定多少（也许根本不可能确定多少）的因病死亡人数。在这里，被并列的经济损失与健康及环境损失之间仍存在两大区别：前者确定无疑，后者则不；前者近在眼前，后者却远在未来。这两大区别会使决策者产生偏见，使其更倾向于选择避免经济损失，而不是选择避免健康及环境损失。风险预防原则显然不能通过约束决策者不做有偏见的决定来超越偏见。然而，风

① Sunstein. C. R. 2003 Beyond The Precautionary Principle , 151 *U. Pa. L. Rev.* 1003 (2003).

② Dana. D. A. 2003. A new social scientific assessment of law and human behavior: A behavioral economic defense of the precautionary principle. 中译见：金自宁编译，《风险规制与行政法》，北京：法律出版社 2012 年出版。

险预防原则在两个方面有助于减少上述偏见的影响：首先，要求决策做出必须遵循一定的约束程序，而不是指向特定的实质决策，该原则能使人们以更少偏见的方式产出信息并对信息做出评价；第二，即使在缺乏约束程序的情况下，该原则进入公共话语也会给规制倡议者提供一种推论工具（discursive tool），以增加信息量并提高信息分析的质量。

3.4.3 预防原则在我国立法中的体现

预防原则的第一层含义危害预防在我国法律中较早（20 世纪 70 年代末）就有了体现，第二层含义风险预防在我国法律中则至今尚未得到明确和完整的确认。

1973 年，国务院在《关于保护和改善环境的若干规定（试行草案）》中，就规定了要全面规划、工业合理布局，实行“三同时”制度等若干项预防性措施，同时还特别指出，环境保护要贯彻“预防为主”的方针，要采取综合性防治措施。

1979 年颁布的《环境保护法（试行）》、1989 年颁布的《环境保护法》都沿习了这一原则并不断完善体现这一原则各项具体制度。一些单行法，如《中华人民共和国大气污染防治法》（以下简称《大气污染防治法》）、《水污染防治法》、《中华人民共和国水土保持法》、《环境影响评价法》等也明确地规定了这一原则并确立了许多体现这一原则的具体制度。具体而言，这些制度包括：考虑了环境影响的各类规划，如经济与社会发展规划、土地利用规划、能源规划等；环境影响评价，包括了项目环评和规划环评；环境标准，包括污染物排放标准、总量控制标准、有毒有害物质的使用和处置标准、能源开发和生产的安全标准等等。这些制度是预防原则的具体体现，若无这些制度，预防原则就只能停留在政策倡导层面，而无法成为实际运行的、具有法律拘束力的法律原则。

至于风险预防原则，在作者有限搜寻范围之内，只发现了一起立法例：2009 年颁布的《中华人民共和国规划环境影响评价条例》（以下简称《规划环境影响评价条例》）第 21 条规定：“有下列情形之一的，审查小组应当提出不予通过环境影响报告书的意见：（一）依据现有知识水平和技术条件，对规划实施可能产生的不良环境影响的程度或者范围不能做出科学判断的；……”。这显示出在我国仍需强调谨慎对待对环境具有不确定影响的开发利用活动的必要性和重要性，增强风险防范意识。事实上，虽然随着环境风险后果不断显现，社会公众的风险意识也在不断强化，但对环境风险的研究，尤其是如何从法律政策角度应对环境风险的研究，还远远不够。

3.5 公众参与原则

3.5.1 公众参与原则的提出

公众参与原则，也有学者称之为民主原则，指在能源的开发利用和环境的保护改善过程中，公众应当有途径获得相关信息，参与到环境与能源事务的决策和处理之中。

当代环境法是在20世纪60年代兴起的生态运动的推动下发展起来的，公众参与从一开始就发挥了至关重要的作用，并被确立为一项法律原则。1972年《人类环境宣言》及其后的许多国际环境法律文件都强调公众在生态保护中的作用。其中比较详细的是1992年发表的《里约热内卢环境与发展宣言》原则10的规定："环境问题最好是在全体有关市民的参与下，在有关级别加以处理。在国家一级，每一个人都应能适当地获得公共部门所持有的有关环境的资料，包括关于在其社区内的危险物质和活动的资料，并应当有机会参与环境议题的决策过程。各国应当通过广泛提供资料来便利及鼓励公众认识和参与决策。应当让人人都能有效地使用司法和行政程序，包括补偿和补救程序。"

国外学者为了给公众参与环境与能源管理提供理论依据，提出了环境和自然资源的"公共财产"理论和"公共信托"理论。公共财产理论认为：空气、水、阳光等人类生活所必需的环境要素是人类的"共享资源"，是全人类的"公共财产"，任何人不能任意对其占有、支配和损害。公共信托理论则认为（如美国学者萨克斯），政府的权力来自公众授权；为了合理支配和保护生态环境和自然资源这一公共财产，共有人委托国家来管理；国家对环境资源的管理依据的是共有人的委托，因此必须忠于共有人的利益，受到共有人委托的限制，不能滥用被委托的管理权力。

卢曼的风险社会理论给环境与资源管理事务中的公众参与提供了另一有力的理由：只有承受风险后果的主体才有资格做出风险决定。

从日常生活经验中我们就能了解到，任何面向未来的决定都伴有或大或小的风险，零风险状态只存在于对完美世界的幻想之中。因此，真正重要的问题，不是有没有风险，而是有什么样的风险，更确切地说就是：什么样的风险是"可接受的"。同样从日常生活经验中我们就能知道，这一问题并不存在统一的答案，因为对风险的态度是因人而异的：一些人愿意或能够从容承受的风险远远高于另一些人愿意或能够承受的风险。

正是在这种情况下，卢曼对"风险"与"危险"的区分具有独特的价值。卢曼用"风险"指一个人的决定给自己带来的不利后果，而用"危险"指一个人的决定给他人带来的不利影响。借助此区分，我们可以更容易地看到，给自己带来“风险”的决定，在原则上是可接受的；而给他人带来“危险”的决定，则在原则上是不可接受的。风险决定所涉及一个基本的公平和正义问题由此得以呈现：一个人的“风险”决定成为他人的“危险”来源是不公平不正义的现象，好的制度应当尽量避免一个人的“风险”决定成为他人“危险”的来源。

无论我们喜欢或不喜欢、承认或不承认，我们都已经置身于风险社会，风险已经成为我们生活中“最为常规的例外”。在这样的背景下，反思风险决定者与受影响者在实际上的分离，其首要的制度意涵就是：必须改变现有的、未经反思的风险决定模式，将决定权真正交给受影响者。否则，必然导致受影响者或者说受害者的反抗。

风险社会的研究者们声称，风险决定的受影响者与决定者之间的矛盾大有已经取代或将要取代劳资矛盾，成为当代社会冲突的首要来源之势。二十世纪六七十年代以来，世界范围风起云涌的环保运动为此种说法提供了丰富的证据。我国近年来厦门 PX 事件、东莞垃圾焚烧场选址纠纷、深圳西部通道建设方案调整等公共事件中，也可看到类似的抗争。当前，因一系列食品安全事件所激起的公开讨论仍在激烈进行中，作为普通消费者的我们，也很难不感受到那种成为“别人风险决定的受害者”的义愤。

如何使受影响者参与到风险决定中来？答案就是：公众参与风险决定的做出。

3.5.2 公共参与原则的制度化

公众参与原则要具体化为可操作的制度，就要回答三个问题：谁来参与，如何参与，如何保障参与的效果。

3.5.2.1 谁来参与

首先要明确的是参与者，即谁是公众参与中的“公众”。

在这里，“公众”可以泛指一般公众，也可以特指对环境决策具有法律上利害关系的公民、法人或社会团体、社会组织。此处的“利害关系”包括了“利”也包括了“害”。

构成公众的不同主体可以分为不同的类别，在参与环境决策过程中会扮演不同的角色。

1）居民。环境与居民的生活息息相关，居民是环境决策最直接的利害相关者，所以居民通常是最有动力的参与者。

2）专家。不同学科的各类专业人士参与环境决策领域，在各国都很普遍，充分表明了环境问题的跨学科性质。人们通常期待专家在环境决策相关的参与中保持中立、客观的立场。但在实际运作中，如果缺乏良好的参与规则，专家也极有可能丧失其中立性，成为利益团体的代言人或者掌权者的应声虫，结果是丧失专家的“公信力”。

3）社会团体。可分为公益团体和特殊利益集团。历史经验表明，公益团体，尤其是环保团体的作用十分重要，特殊利益团体却往往是起负面作用的。比如控烟运动受到公益团体的支持，而被大的烟草公司所抵制。这些特殊利益团体由于强大的经济实力，不仅上缴利税，还可以提高当地 GDP，所以对政府决策往往具有相当大的影响力。而未组织化的公众，作为个体，在经济实力和影响力方面，包括参与活动的时间、精力方面，都无法与这些利益团体相抗衡。所以公益团体和社会组织在公众参与中如此重要正在于此。

4）相关行政机关。即决策机关以外的相关行政机关，它们也可由于事务的相关性而参与到环境与能源管理的决策中来。

3.5.2.2　如何参与

美国学者 T. O. Mcgarity 在其经典名篇《风险规制中的公众参与》中，提出了六种可供选择的公众参与模式①。

1）排他模式。在这种模式下，受规制企业及行政机构在相当正式的规制程序中展开规制战。如果二者像经常发生的那样基于双方均可接受的条款而握手言和，那么事情到此结束，不用进一步查问基于同意的解决方案是否有利于公共利益。这里的假定是，行政机构是唯一的公共利益守护者，任何自封的公共利益代表都是过分殷勤的多管闲事者。唯一被邀请参与此过程的公众成员是受规制企业——根据问题的性质，可能还包括商会和竞争者。

在多数情况下，排他模式并不符合当前非正式决定体系所公认的公众参与规范。这意味着，在做出风险取向的决定过程中，适用排他模式在很大程度上是不适当的。只在有限的场合，排他模式才是具有吸引力的。例如，尽管行政机构不能合法地排除那些可能对正式的审判程序造成不利影响的、利害相关的公众成员，但是，他们可以合法地尝试限制这种参与，例如排除不相关的证据或论点或者阻止参与者进行重复的交叉讯问。再如，健康和环境决定做出者通常需要考察并评估一些商业上敏感的信息，这时往往需要平衡受规制者保护敏感商业信息机密性的需要和公众成员了解行政决定所依据信息的需要，对参与者做出一些限制。

---

① McGarity. T. O. 1990，Public participation in risk regulation. Risk 1（1990）：103. 中译见：金自宁编译，《风险规制与行政法》，法律出版社 2012 年出版。

2）抗争模式。抗争模式是最不讨人喜欢的模式之一，却存在大量历史先例。事实上，抗争模式往往是过分严格地适用排他模式的结果。当个人或团体感到被排除在行政决定过程之外或其利益并未得到行政机构的充分考虑时，就会利用任何可得到的机会以任何可用手段——包括公民不服从（civil disobedience）——来与行政机关对抗。

一般而言，只有极其令人激愤的问题或高度原则性的事务才可能激发公众足够的投入热情。单纯影响到经济利益的规制决定通常不会引发抗争模式。在抗争发生时，所有行政机构都负有政治责任并因此而厌恶抗争。抗争可以十分有效地使行政机构重新考虑之前的决定。当激进者引起了大量公众成员（这些公众成员在别的情形中可能表现消极）的同情时（例如，在组织抵制有害垃圾场时），他们常常可以十分成功地获得想要的结果，尽管并非总是能获得想要的结果。

3）对抗模式。在此模式下，所有利害关系人都有权参与决定做出的过程并提供事实、证据、观点和论证。在对抗模式下每一参与方都可做出自己的论证并努力反驳其他参与者的论点，行政机构假定为中立的决定者，冷静地根据客观标准权衡双方对相关问题的论证。法庭内的审判是对抗模式的源头，所以此模式通常应用于在很大程度上类似于司法的正式行政裁判场合。

虽然在对抗模式下，程序的结果也可能是一种基于同意的折中“解决”，但是，该模式的基本假定是：结果会有输有赢。对抗模式在参与者中鼓励了“我们”对抗“他们”的态度，妨碍了妥协的达成，强化了不满意的感受。所有人对结果满意的情况是极少见的，很多时候所有人都对甚至微不足道的程序裁定感到不满。

4）适当考虑模式。适当考虑模式允许所有利害关系方提出观点，且行政机构有义务给予所有相关事实和论点“适当考虑”。在最近二三十年的演化中，要求行政机构说明其选择的理由已经成为该模式的核心要素。

适当考虑模式更适合于那些政策主导以及事实的精确性并不重要的问题。从参与者的立场来看，适当考虑模式不如对抗模式或下文要讨论的协调模式令人满意。参与者很少直接地进入实际的决定做出过程，很容易出现的猜疑是：行政机构并没有真正对不同看法给予适当考虑，特别在行政机构最后采用的仍是其最初提出的选项时。

5）协调模式。在协调模式下，与规制决定有利害关系的团体代表们聚在一起，在“协调人”或“促成者”的帮助下，彼此提出事实和论证，尝试就最终结果达成协议。之后，可能积极参与了讨论也可能只是扮演了调停者角色的规制机构，会努力实施基于同意的解决方案。在美国，协调模式因“规制协商”（regulatory negotiation）概念而受到追捧。

协调如果成功，就可实质性地节省行政机关制订规则的成本与时间。协调模式的好处还包括避免诉讼，更确切地界定当事人的真实关切（因为他们没有陷入诉讼时的对抗心态），有机会识别当事人对不同问题的关切程度，以及所发布规则作为行政机构与当事人合作产品的合法性。

然而，协调成功需要具备一定的前提，发生的争议越具对抗性，协调模式就越难以实施。

6）咨询委员会模式。在此模式下，决定做出者任命由无利害关系的专家组成的委员会就技术问题给行政机构提供咨询。专家根据科学规范深思熟虑，分析科学报告，争论科学数据的适当解释及推论，最终就如何解决问题向决定做出者提出建议。在这里，公开程序可能仍会运用对抗或适当考虑模式，但专家建议对行政机关的最终决定总是具有举足轻重的影响。

因为技术考虑通常接近风险管理的核心，此模式对于未受科学训练的决定做出者是有吸引力的。但事实表明，专家不一定无偏见，反倒是经常互相争论，这限制了此种模式的作用。

概而言之，公众参与方式是多种多样的，不同参与方式各有利弊，没有哪一种方式可以解决所有问题。制度设计时应当仔细区分、全面考虑不同参与方式的适用条件和限度。

3.5.2.3 公众参与效果的保障

公众参与的效果即公众对于所参与的事项决策所具有的影响力。美国学者阿恩斯坦（Arnstein）曾在《市民参与的阶梯》（*A ladder of citizen participation*）一文中提出“市民参与是分等级层次的”，并列出了八档阶梯式参与形式。阶梯最底部的横档是执行操作和教育后执行，这两档其实表示公众没有参与决策，而是掌权者教育和矫正参与者；第三档和第四档提供信息和征询意见是“象征性的参与”过程，人们能够表达意见并被听取，当被掌权者当做最大限度的参与采用时，可以听取市民的意见，而市民们的意见也将被听取。但在某种条件之下，公众缺少权力来保证意见被掌权者采纳。当公众参与处于这种水平时，就没有后续行动，也没有“力量”，因而没有改变现状的保证。第五档是政府让步，这仅是一种高水平的象征性参与，因为这个层次的参与措施是允许提建议，而掌权者依然享有决定权。阶梯的进阶是市民权力和决策影响力程度的提高。市民进入一种合作关系（第六档），使这一阶层可以同传统的掌权者协商和进行公平交易。最顶层的权利代表和市民控制（第七档和第八档），遵循少数服从多数的原则决策，或者享有完全的管理权力①。

① Arnstein. A ladder of citizen participation. Journal of American Institute of Planners，35（4）：216-224.

可以看出，同样是公众参与，效果是不一样的。公众参与的效果，既取决于参与者的实际参与能力，也取决于制度提供的参与机会和空间。前者主要指参与者的知识、时间、精力和经济条件等，后者主要包括以下几点。①公众知情权与信息公开制度。获得相关信息是公众有效参与的前提，公众拥有获得和利用环境相关信息的权利。公众知情权的另一面就是：行政机关和企业有公开环境相关信息的义务。因此知情权的确立和信息公开制度的完善成为决定公众参与效果的关键保障之一。②参与程序。具体明确的参与程序是公众有效参与的另一保障条件。如果只有公众参与原则性规定而无参与程序的相关规定或参与程序的相关规定不具操作性，则公众仍然无法真正参与到相关事务的决策和管理中。③救济制度。无救济则无权利，公众应当能够通过司法和行政途径要求有效救济，包括：要求停止损害、采取补正措施和损害赔偿等。如果公众参与权受妨碍或侵害时无法获得救济的话，公众参与权仍将停留在纸面上。

3.5.3 在我国立法上的体现

在我国，公民有参与国家环境与资源管理的权利。这项权利首先在《宪法》第 2 条中作了规定："中华人民共和国的一切权力属于人民，……人民依照法律规定，通过各种途径和形式，管理国家事务，管理经济和文化事业，管理社会事务。"根据这一规定，我国公民可以广泛参与国家的环境与能源管理事务。

我国《环境保护法》第 6 条规定："一切单位和个人都有权对污染破坏环境的单位和个人进行检举和控告。"我国《能源法（征求意见稿）》第 15 条规定："各级人民政府及有关部门进行涉及公共利益和安全的重大能源决策时，应当听取有关行业协会、企业和社会公众的意见，增强能源决策的民主性、科学性和透明度。"

纵观环境与能源法上对公众参与的相关规定，大多是概括性和一般性的，相对而言较为详细和具体的，是环评领域里的公众参与规定。我国 2002 年通过的《环境影响评价法》（2003 年实施），2006 年实施的《环境影响评价公众参与暂行办法》，2009 年实施的《规划环境影响评价条例》，均对公众参与做出了规定。其中，《环境影响评价法》对公众参与做出了原则性规定，如第 5 条规定："国家鼓励有关单位、专家和公众以适当方式参与环境影响评价"。《环境影响评价公众参与暂行办法》相关规定较为具体，但主要针对建设项目环境影响评价的公众参与，规划环评的公众参与只在第 4 章稍有提及；《规划环境影响评价条例》颁布时间虽然较晚，但对公众参与的规定并无显著发展。

综合起来，《环境影响评价法》、《环境影响评价公众参与暂行办法》及《规划环境影响评价条例》的规定，对于谁是（除了专家以外的）公众、如何参与、参与实效等操作性问题做出了如下回答。

1）谁来参与。《环境影响评价公众参与暂行办法》第 15 条规定，选择和确定被征求意见的公众，应当综合考虑地域、职业、专业背景、表达能力、受影响程度等因素。

2）如何参与。上述立法中明文规定的有 5 种参与方式：（问卷）调查、（专家个人或单位）咨询、座谈会、论证会、听证会（第 3 章）。另外，还有一种专家咨询委员会方式，特为专家作为环评报告的审查者参与环评程序而设（第 17 条）。

3）参与效果的保障。这方面现行立法主要是有一些程序规定。其中，学术界公认应该能够对于公众参与效果起到一定保障作用的，是要求决定做出者就公众意见采纳与不采纳情况及其理由做出说明。如《环境影响评价法》第 11 条规定，规划“编制机关应当认真考虑有关单位、专家和公众对环境影响报告书草案的意见，并应当在报送审查的环境影响报告书中附具对意见采纳或者不采纳的说明”。第 21 条规定：“建设单位报批的环境影响报告书应当附具对有关单位、专家和公众的意见采纳或者不采纳的说明。”

值得一提的是，《环境影响评价公众参与暂行办法》第 6 条对于未履行公众参与相关义务的情况规定了具有实质意义的法律后果：“按照国家规定应当征求公众意见的建设项目，其环境影响报告书中没有公众参与篇章的，环境保护行政主管部门不得受理。”

另外一个比较特殊的规定是，《环境影响评价公众参与暂行办法》第 17 条规定：“环境保护行政主管部门可以组织专家咨询委员会，由其对环境影响报告书中有关公众意见采纳情况的说明进行审议，判断其合理性并提出处理建议。环境保护行政主管部门在作出审批决定时，应当认真考虑专家咨询委员会的处理建议。”事实上，我国《环境影响评价法》已经规定，环境行政机关有权召集有关部门代表和审查小组对专项规划的环境影响报告书进行审查，《规划环评条例》也明确此种审查的内容包括了公众意见采纳的说明。但是，《环境影响评价公众参与暂行办法》第 17 条授权环境行政机关专门就公众意见采纳情况成立专家咨询委员会，并且要求环境行政机关“认真考虑”专家对公众意见采纳情况所提出的建议，这是独具特色的。

参考文献

金瑞林．2006. 环境与资源保护法学．北京：北京大学出版社.

李艳芳．2004. 公众参与环境影响评价制度研究．北京：中国人民大学出版社.

吕忠梅，吴汉东．2010. 环境法导论．第二版．北京：北京大学出版社.

莫法特．I. 2002. 可持续发展——原则、分析和政策．宋国君译．北京：经济科学出版社.

汪劲．2011. 环境法学．第二版．北京：北京大学出版社.

夏光，王凤春，舒庆，等．2000. 环境与发展综合决策：理论与机制研究．北京：中国环境科学出版社.

第4章　环境与能源行政机关

Environment and Energy Agencies

> 一国的环境与能源行政管理秩序通过环境与能源行政机关实现。具体设置何种行政机关，各行政机关职权与职责及相互关系等，则因各国历史文化社会经济条件及国体和政体不同而各有不同。依据公法学上的“国家法人”说，国家也是法人，属于不同于公司、企业等私法人的公法人。作为法人，国家是一个单一的意志主体。但是，这种国家是法学和法律上的抽象存在。现实中的国家，由立法、司法、行政等不同国家机关构成，其意志的实现，最终要落在这些国家机关及其工作人员身上。行政机关是行政权力和行政职责的承担者，是行政活动的实施者。行政活动通过行政机关及其工作人员来实施，行政活动的秩序也要通过行政机关及其工作人员来实现。行政机关本身无秩序的话，行政秩序就不可能实现。

4.1　行政机关概述

4.1.1　行政机关的涵义及特征

4.1.1.1　行政机关的涵义

行政机关指国家为实现公共行政目标和任务而依法设置的、行使国家行政职能的国家机关。

首先，行政机关是由国家为实现公共行政目标和任务而依法设置的国家机关，这使行政机关区别于社会组织、民间团体等。社会组织和民间团体经法律、法规授权，也可行使一定的国家行政职能。但社会组织和民间团体是由公民为了个人的兴趣和利益自愿结社而成，并非由国家基于实现国家目标和任务的目的而设立。

其次，行政机关是行使行政职能的国家机关，这使行政机关区别于立法和司法等其他国家机关。立法机关行使的是国家的立法职能，司法机关行使的是国家的司法职能，而行政机关行使的是国家的行政职能，即执行法律和管理国家内政外交事务。

4.1.1.2 行政机关的特征

行政机关相对于其他国家机关，一般具有如下特征。

(1) 行政机关职能行使方式通常是主动、经常和不间断的

行政机关的职能广泛涉及国家社会经济文化各个方面，虽然也有部分行政职能是行政机关应申请而为，如颁发许可证照等，但传统和核心部分的行政职能，如维护社会治安、保障国家安全等，从性质上说要求其职能行使方式是连续不间断并且积极主动的。这种行使职能的主动性使其区别于“不告不理”的司法机关；而行使职能的连续不间断特征使其区别于通常以定期召开会议方式行使职能的立法机关。

(2) 行政机关的决策体制上一般实行首长负责制

由于职能性质的要求，行政机关在决策体制上一般实行首长负责制，机关的最终决策权归于行政首长一人，并由行政首长对机关的决策负责。这一点与大多数国家的立法机关的集体审议制和我国司法机关的合议制形成了对照。首长负责制的优点是权限清楚、责任明确，时间紧迫时可快速做出决定。只有在特殊情况下，行政机关才会采用集体讨论、集体决策、共同负责的合议制（亦称委员会制），如美国有部分独立规制机构采取合议制。

(3) 行政机关在组织体系上一般实行领导—从属制

出于行动速度和效率的考虑，行政机关组织体系一般实行领导—从属制，即上级行政机关领导下级行政机关，上级行政机关指令下级行政机关应当服从；下级行政机关从属于上级行政机关，下级行政机关应向上级行政机关负责和报告工作。这种层级节制关系是行政机关组织体系所特有，在国家权力机关和国家审判机关体系内均不存在。在立法和司法体系内上级机关不能直接对下级机关发号施令，下级立法机关的立法与上级立法相抵触的，只能通过法定立法监督程序撤销；上级司法机关认为下级司法机关裁判错误，只能通过法定的审判监督程序予以纠正。

4.1.2 行政机关的职能定位

在西方，直到十九世纪中期以前，国家行政职能都极其有限，主要是国防和治安等职能。这种国家被形象地称为“夜警国家”。从十九世纪后期开始，经济和技术发展使得政府有能力以追求社会福利为名扩大对经济和社会的干预。尤其在二十世纪二三十年代（1929～1933 年）爆发世界性经济危机之后，国家干预经济的观念被广泛接受。包括二十世纪五十年代兴起的环境保护运动在内的各类社会运动，反映了民众对国家保障其权益的需求也在不断高涨，这些都推动着国家行政职能的进一步扩张。尽管某些国家在某些具体历史时期有些反复，但二十世纪以来西方世界总的趋势是国家行政职能不断扩张：政府从“管得最少就最好”的“守夜人”变成“从摇篮到坟墓”全面接管的“新家长”。这种行政职能大大扩张的国家被称为“福利国”或“社会国”。环境和能源规制成为国家行政职能内容亦被认为是福利国或社会国的体现。

在我国，新中国成立之后的历届政府对政府职能定位亦在不断地探索的调整之中。最初学习原苏联，政府职能无所不包。二十世纪六七十年代，政府主要职能曾被定位为阶级斗争，“阶级斗争、一抓就灵”，结果却显示出“抓革命”根本没能“促生产”。之后，政府主要职能被调整为“以经济建设为中心”、“发展是硬道理”，为此，需要“政企分开”、“放权让利”。这种调整取得了显著的成果，但同时也暴露出“一手硬一手软”等新问题。二十一世纪以来，国务院对政府主要职能的定位又有了新的调整：在强调“经济调节、市场监管”的同时也强调“社会管理和公共服务”①。环境保护和能源安全是现代社会管理与公共服务的重要内容。

4.1.3 我国现行行政机关体系

我国现行行政机关体系分为中央行政机关和地方行政机关两大部分。其中地方行政机关又包括了一般地方行政机关、民族自治地方行政机关和特别行政区行政机关。

4.1.3.1 中央行政机关

我国的中央行政机关即国务院，由各部委、各直属机构和办事机构组成。

国务院即中央人民政府，是最高权力机关的执行机关，是最高国家行政机关。国务院由全国人民代表大会产生，对全国人民代表大会负责，受全国人民代表大会及其常务委员会监督。国务院实行总理负责制，设有全体会议和常务会议。常务会议由国务院总理、副总理、国务委员、秘书长组成。全体会议由总理、副总理、国务委员、各部部长、各委员会主任、审计长、秘书长组成。

国务院各部委（含行、署）是国务院的工作部门。部委的设立经总理提出，

① 参见国务院：《全面推行依法行政实施纲要》，中国法制出版社 2004 年出版，见第 5 页。需要注意的是，在这里，政府充当社会管理者和公共服务的提供者，并不改变其作为经济调节者、市场监管者的角色。也就是说，对社会管理和公共服务的强调应当被理解为对社会公平、社会保障方面的现实需要的正当回应，而不能理解为对计划经济时代全能政府的回归。

由全国人民代表大会决定，在全国人民代表大会闭会期间，由全国人民代表大会常务委员会决定。部委实行部长、主任负责制。

直属机构是国务院主管各项专门业务的机构，如海关总署。直属机构由国务院根据工作需要设立，无需全国人大及其常委会批准。

办事机构是协助总理办理专项事务的机构，如国务院外事办公室、港澳办公室等。办事机构由国务院根据工作需要设立，无需全国人大及其常委会批准。

4.1.3.2 一般地方行政机关

地方行政机关即地方各级人民政府及其工作部门。地方行政机关通常分为三级：省、直辖市人民政府；县、自治县、县级市人民政府；乡、民族乡、镇人民政府。在某些地方，省与县之间还有一级下设区县的市，即这些地方的行政机关是四级而非三级。至于省级政府之下设立的地方行署、县级政府之下设的区公所，市、市辖区之下设立的街道办事处，并不是一级地方行政机关，而只是相应地方政府的派出机关。

地方各级政府是地方各级人民代表大会的执行机关。地方各级人民政府实行双重从属制：即从属于本级人民代表大会，对本级人民代表大会负责和报告工作，同时也从属于上一级国家行政机关，对上一级国家行政机关负责和报告工作，并且接受国务院的统一领导。

地方政府工作部门的设立由本级人民政府决定，报上一级人民政府批准。乡、镇不设专门工作部门。地方政府各工作部门通常既受本级人民政府统一领导，同时受上一级政府主管部门的领导或业务指导。

4.1.3.3 民族自治地方行政机关

民族自治地方行政机关是指自治区、自治州、自治县、民族乡的人民政府及其工作部门（民族乡不设专门工作部门）。民族自治地方政府是民族自治地方人民代表大会的执行机关。民族自治地方行政机关的组织与一般地方行政机关相同，只是自治区、自治州、自治县政府的正职行政首长必须由实行民族区域自治的民族的公民担任。民族自治地方依据宪法、民族区域自治法和其他相关法律，享有自治权。

4.1.3.4 特别行政区行政机关

我国《宪法》第 31 条规定：“国家在必要时得设立特别行政区，在特别行政区内实行的制度按照具体情况由全国人民代表大会以法律规定。”据此，我国已于 1997 年设立香港特别行政区，1999 年设立澳门特别行政区。依据《香港特别行政区基本法》的规定，香港特别行政区政府是香港特别行政区行政机关。依据

《澳门特别行政区基本法》的规定，澳门特别行政区政府是澳门特别行政区行政机关。

4.2　我国环境与能源行政机关

二十世纪七十年代，西方发达国家的政府纷纷设立和强化环境保护和能源管理的专门机构。1970 年，英国、法国、加拿大成立环境部，美国设国家环保局；1971 年，日本设比一般部有更大权限的环境厅，丹麦设立环境保护部；1974 年，德国设立相当于部的联邦环境局。1977 年，美国成立能源部。1976 年，丹麦设立能源署。相形之下，我国专门主管环境与能源事务管理的行政机关出现较晚。

4.2.1　我国环境与能源主管行政机关的设立

我国环境与能源管理行政机关经历了由分散到综合、由薄弱到强化的多次调整和发展过程。

4.2.1.1　我国环境主管行政机关设置的历史变迁

新中国成立以后至 20 世纪 70 年代初，我国环境行政由有关部、委兼管。如国家农林部、国家水产总局等，分别负责本部门的污染防治与资源保护工作。

1974 年 5 月，国务院成立了 20 多个有关部、委组成的环境保护领导小组，主管和协调全国环境工作，下设办公室。

1982 年机构改革，成立了城乡建设环境保护部，同时撤销了国务院环境保护领导小组。城乡建设环境保护部下属的环境保护局为全国环境主管机关。另外在国家计划委员会内增设了国家土地管理局，负责国土规划与整治工作。

1984 年 5 月，根据《国务院关于环境保护工作的决定》，成立国务院环境保护委员会，领导和组织协调全国环境保护工作。同年 12 月，城乡建设环境保护部属环境保护局升格为国家环保局，作为国务院环境保护委员会的办事机关。根据国务院的决定，国务院环保委员会和国家环保局为环境主管机关，国家计划委员委、经济委员委、科学技术委员会要负责国民经济、社会发展和生产建设、科学技术发展中的环境保护平衡工作；其他各有关部委要负责本系统的污染防治和生态保护工作。据此，国务院在 19 个有关部委设立了司局级的环保机关。在冶金部、电子工业部和解放军系统还成立了部级环境保护委员会。

1998 年国务院机构调整中，国家环境保护局升格为部级的国家环境保护总局，撤销了国务院环境保护委员会。

2008 年第十一届全国人大一次会议，通过了国务院机构改革方案。按照该方案，国家环境保护总局被升格为国家环境保护部①，由国务院直属机关升级为国务院常设部门。其主要职责是，拟订并组织实施环境保护规划、政策和标准，组织编制环境功能区划，监督管理环境污染防治，协调解决重大环境问题等。

4.2.1.2 我国能源主管行政机关设置的历史变迁

1）初建阶段。新中国成立之初，我国就设立了燃料工业部，主管煤炭、电力和石油工业的生产建设工作。

2）拆分阶段。1955 年，为了促进能源工业加快发展，国家将燃料工业部拆分为煤炭工业部、电力工业部和石油工业部，分别组织煤炭、电力和石油工业的生产建设。1978 年 3 月撤销石油化学工业部，设立石油工业部、化学工业部。1979 年 2 月水利电力部撤销，分设水利部和电力工业部。此阶段的分拆，主要是适应能源工业化和专业化发展情况而进行。

3）整合阶段。1980 年国家能源委员会成立，负责统筹协调煤炭、电力、石油三个部门的工作，煤炭工作具体事务仍由煤炭工业部管理。1982 年国家能源委员会撤销，将水利部和电力工业部合并，设立水利电力部。1983 年 7 月，石油部等部门及部分石化企业合并组建成立中国石油化工总公司，直属国务院领导，对全国重要的炼油、石油化工和化纤企业进行集中管理，1988 年能源部成立，撤销煤炭工业部、石油化学工业部、水利电力部和核工业部，重新恢复水利部，同时在石油工业部的基础上组建了中国石油天然气总公司，并承担部分政府管理职能。这一阶段的调整主要思路是尝试统一管理。值得注意的是，中国石油化工总公司、中国石油天然气总公司作为营利性的企业，同时负行业监管的职责，这种政企不分的现象一直备受批评。

4）摇摆阶段。1993 年能源部撤销，再次设立煤炭工业部，并组建电力工业部（1997 年组建国家电力公司）。1998 年撤销煤炭工业部和电力工业部，设立由国家经贸委管理的煤炭工业局、国家石油化学工业局、电力司。2001 年撤销煤炭工业局、石油化学工业局，由国家经贸委（电力司）和国家计委等有关部门负责能源行业管理，同时将中国石油天然气总公司、中国石油化工总公司进行资产重组，组建了上下游一体化的中国石油天然气集团公司、中国石油化工集团公司。前一阶段统一管理遇到了现实障碍，在此阶段，国家尝试通过国家计委和国家经贸委的实权来克服这些障碍。

5）尝试行业监管模式。2002 年国家电力监管委员会成立。2003 年国家计委变更为国家发改委，实施对煤炭、电力、石油、天然气等行业的管理。2005 年下半年国家能源领导小组专家组成立，尝试强化能源管理的综合协调和战略

---

① 核安全管理职能已经归入环境保护部（核安全管理司），但对外仍保留国家核安全局的牌子。

管理。

6）2008 年组建国家能源局。2008 年，第十一届全国人民代表大会第一次会议审议批准国务院机构改革方案，不再保留能源领导小组，设立高层次议事协调机构国家能源委员会（两年后，即 2010 年国家能源委员会才正式成立）；同时在国家发改委下组建国家能源局（副部级）。根据该方案，国家发改委能源行业管理相关职责、国家能源领导小组办公室职责、国防科技工业区委员会的核电职责，均被整合归于新组建的能源局；能源局负责煤炭、石油、天然气、电力（含核电）、新能源和可再生能源等能源行业管理，同时管理国家石油储备中心。

7）2013 年机构改革。2013 年的国务院机构改革方案中，环境保护部未作调整，重新组建了国家能源局，不再保留国家电力监管委员会，而将国家电力监管委员会与原能源局的职责整合进新的国家能源局，仍属发展改革委员会管理。

上述环境与能源行政主管机关的历史变迁，与中国体制改革、政府职能转变的历史过程紧密相关。自 1982 年以干部年轻化和知识化为目标的“体制改革”以来，国务院机构改革已经进行了七次（1982 年、1988 年、1993 年、1998 年、2003 年、2008 年、2013 年）①。

4.2.2 我国环境与能源行政机关现状

与我国整体行政机关组织体系相适应，我国环境和能源主管行政机关也分为中央和地方两级。目前，中央的环境主管行政机关为环境保护部，隶属于国务院；中央的能源主管行政机关为能源局，隶属于国务院的国家发展和改革委员会。

4.2.2.1 中央环境行政主管机关

我国环境行政的中央主管机关，即环境保护部，内部设有职能司（厅）（16 个）、派出机构（12 个）和直属事业单位（17 个）三类机构，如图 4-1 所示②。

（1）职能司（厅）

办公厅协助领导组织协调机关工作；规划财务司拟定国家环保规划；政策法规司负责拟定国家环境保护政策和法规，制定和修订行政规章；行政体制与人事司承担机构编制和人事管理工作；科技标准司负责组织协调环保科技研究和技术引进，制定环保行业标准；环境监察局负责实施环境监察，监督环境执法活动，指导和协调解决跨地区、跨流域的重大环境问题；国际合作司参与协调环保国际

① 中国机构编制网：http：//www. scopsr. gov. cn/once/zlzx/jglsyg/.

② 中华人民共和国环境保护部门户网站：http：//www. mep. gov. cn/.

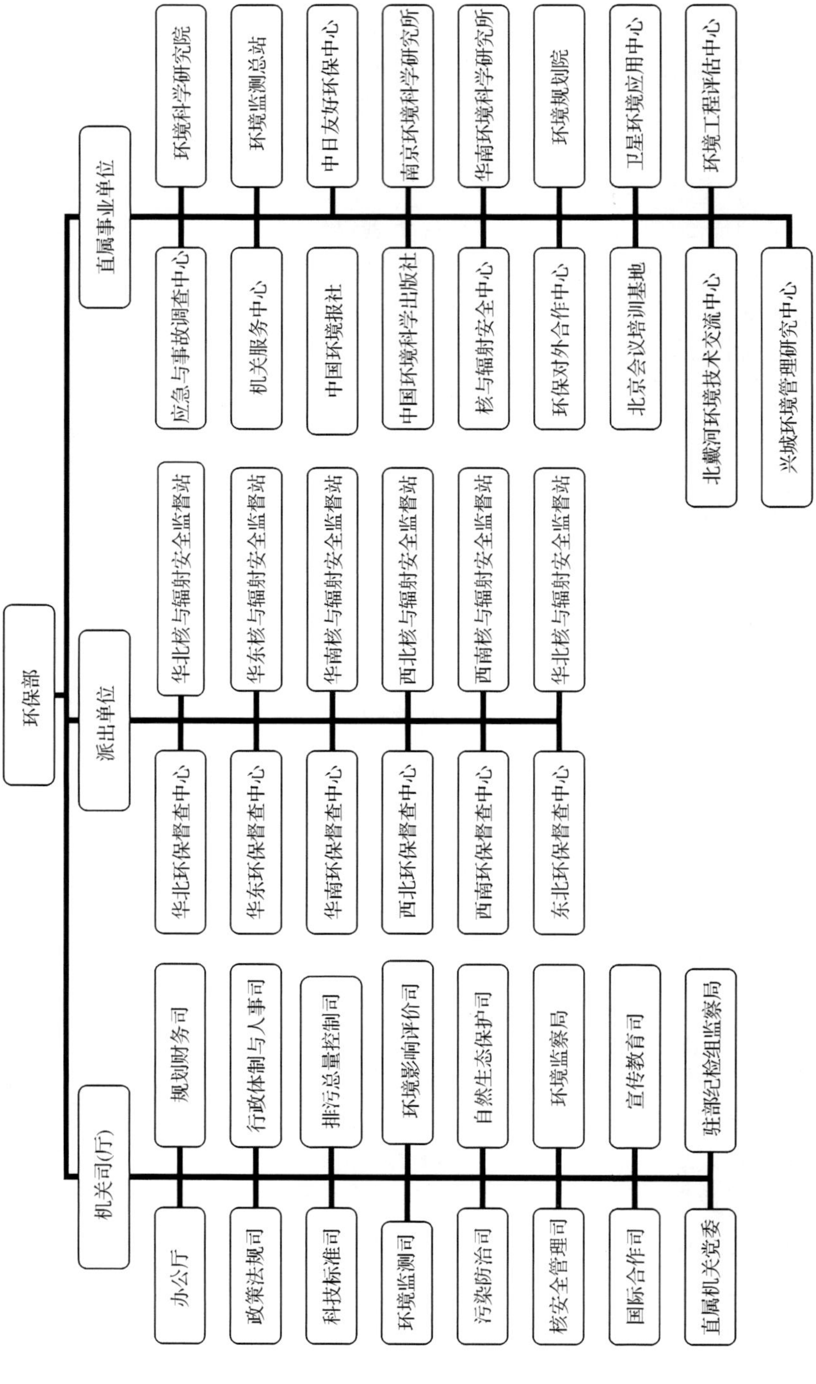

图 4-1 我国环保部机关机构设置

活动，承办涉外环境污染处理工作和其他涉外环境保护事务；宣传教育司组织、指导和协调全国环境保护宣传教育工作，同时收集、分析环境舆情动态。

自然生态保护司负责指导、协调、监督生态保护工作；拟订生态保护和农村土壤污染防治政策、规划、法律、行政法规、部门规章、标准；指导、协调、监督各类自然保护区、风景名胜区、森林公园的环境保护工作；监督对生态环境有影响的自然资源开发利用活动、重要生态环境建设和生态破坏恢复工作；协调和监督野生动植物保护、湿地环境保护、荒漠化防治和珍稀濒危物种进出口管理工作；牵头负责生物多样性保护、生物物种资源（含生物遗传资源）和生物安全管理工作；组织协调农村环境保护工作，组织指导农村环境综合整治工作，指导生态示范建设与生态农业建设。核安全管理司主要承担核安全、辐射环境、放射性废物管理工作，对核设施安全、核技术应用、伴有放射性矿产资源开发利用中的污染防治实施监督管理。

污染防治司负责环境污染防治的监督管理，拟定和组织实施大气、水体、噪声、光、恶臭、固体废物、化学品、机动车的污染防治政策、规划、法律、行政法规、部门规章、标准和规范。

污染物排放总量控制司承担落实国家减排目标责任，拟订主要污染物排放总量控制、排污许可证和环境统计政策、行政法规、部门规章、制度和规范，并监督实施；组织编制总量控制计划，提出实施总量控制的污染物名称、总量控制的数量及对各省（自治区、直辖市）和重点企业的控制指标；监督管理纳入国家总量控制的主要污染物减排工作；组织编制并发布环境统计年报和统计报告；组织开展排污权交易工作。

环境影响评价司负责从源头上预防、控制环境污染和生态破坏，拟订环境影响评价政策、法律、行政法规、部门规章并组织实施。

环境监测司负责环境监测管理和环境质量、生态状况等环境信息发布，拟订环境监测的政策、规划、行政法规、部门规章、制度、标准并组织实施；负责建立和实行环境质量公告制度，组织编报国家环境质量报告书，组织编制和发布中国环境状况公报，指导全国环境监测队伍建设和业务工作。

（2）派出机构

2006 年 7 月，原国家环境保护总局宣布组建 11 个地方派出环保执法监督机构，包括华东、华南、西北、西南、东北 5 个环境保护督查中心；上海、广东、四川、北方、东北、西北 6 个核与辐射安全监督站。2008 年 12 月，国家环境保护部增设华北环境保护督查中心。2010 年 10 月，国家环境保护部将原上海、广东、四川、北方核与辐射安全监督站分别改为华东、华南、西南、华北核与辐射安全监督站。由此形成目前环境保护督查中心和核与辐射安全监督站各 6 个的局面。

其中，华北、华东、华南、西北、西南、东北6个环境保护督查中心在所辖区域内主要承担以下职责：监督地方对国家环境政策、规划、法规、标准执行情况；承办重大环境污染与生态破坏案件的查办工作；承办跨省区域、流域、海域重大环境纠纷的协调处理工作；承办或参与环境执法稽查工作；督查环境功能区、国家级自然保护区（风景名胜区、森林公园）、国家重要生态功能保护区环境执法情况；承担或参与跨省、跨流域、跨海域环境污染与生态破坏案件的来访投诉受理和协调工作等等。

华北、华东、华南、西北、西南、东北核与辐射安全监督站在所辖区域内的主要职责包括：负责核设施与辐射安全、核设施辐射环境管理，负责环境保护部直接监管的核技术利用项目辐射安全和辐射环境管理，负责由环境保护部直接监管的核设施营运单位和核技术利用单位核与辐射事故（含核与辐射恐怖袭击事件）应急准备工作的日常监督。负责由环境保护部直接监管的核设施和核技术利用项目辐射监测工作的监督及必要的现场监督性监测、取样与分析；督查地方环保部门辐射安全和辐射环境管理工作，就核设施现场民用核安全设备安装活动实施日常监督，民用核设施进口核安全设备检查、试验的现场监督、民用核设施厂内放射性物品运输活动监督等。其中华北核与辐射安全监督站还负责全国核安全设备设计、制造、安装持证单位的监管工作。

(3) 直属事业单位

国家环境保护部直属事业单位的业务与环境保护部各项职能性事务具有相关性，多为环保部履行职责提供技术支持和专业咨询服务，典型的如：环境科学研究院、环境监测总站、环境工程评估中心等。但也有直属事业单位直接参与国家环境保护部的职能履行。如环境应急与事故调查中心，职责定位为环境应急与事故调查，有权组织拟定重、特大突发环境污染事故和生态破坏事件的应急预案，对存在环境安全隐患的行业或单位的建设项目提出环评审查意见，提出有关区域限批、流域限批、行业限批的建议等；但是，该中心同时对外加挂“环境保护部环境应急办公室”和“环境保护部环境投诉受理中心”的牌子，负责管理12369电话投诉和网上投诉有关工作，同时承担环境应急指挥小组办公室（简称应急办）工作。

4.2.2.2 中央能源行政主管机关

在2013年机构改革之前，一般认为我国能源行政的中央主管机关是国家能源局；而国家能源委员会为国务院高层次议事协调机构，负责研究拟订国家能源发展战略，审议能源安全和能源发展中的重大问题，统筹协调国内能源开发和能源国际合作的重大事项。一直未明确的是，2002年成立的国务院直属机构国家电力监管委员会与国家能源局是何种关系。2013年机构改革中，国家电力监管委员会被撤销，其职能并入国家能源局。

2013 年重组后的国家能源局仍由国家发展和改革委员会管理，内设 10 个司级机构①。

综合司负责机关日常运转和财务、资产管理工作；承担能源行业统计、预测预警工作，统筹协调能源应急有关工作和政务公开工作；承担国家能源委员会办公室日常工作。

国际合作司承担能源国际合作工作；拟订能源对外开放战略、规划及政策；协调境外能源开发利用；承担机关外事工作。

直属机关党委（人事司）负责机关和局直属单位的人事（退休干部）管理工作、党建工作、精神文明建设和纪检监察工作；指导机关工会、青年和妇女工作。

政策法规司研究能源重大问题；组织起草有关能源法律法规和规章草案；承担有关规范性文件合法性审核工作；承担相关行政复议、行政应诉工作；承担新闻发布工作；组织拟订能源产业政策。

发展规划司研究提出能源发展战略的建议；组织拟订能源发展规划、年度计划；承担能源综合业务；承担能源体制改革的有关工作。

能源节约和科技装备司负责指导能源行业节能和资源综合利用工作；承担科技进步和装备相关工作；组织拟订能源行业标准；拟订炼油、煤炭加工转化为清洁能源产品的发展规划、计划和政策并组织实施。

电力司拟订火电、核电和电网有关发展规划、计划和政策并组织实施；承担电力体制改革有关工作；组织核电厂的核事故应急管理工作。

煤炭司承担煤炭行业管理工作；拟订煤炭开发、煤层气发展规划、计划和政策并组织实施；承担煤炭体制改革有关工作；协调有关部门开展煤层气开发、淘汰煤炭落后产能、煤矿瓦斯治理和利用工作。

石油天然气司（国家石油储备办公室）承担石油、天然气行业（含管道）管理工作；拟订油气开发的发展规划、计划和政策并组织实施；承担石油天然气体制改革有关工作；承担国家石油储备管理工作，监督管理商业石油储备。

新能源和可再生能源司指导协调新能源、可再生能源和农村能源发展；组织拟订新能源、水能、生物质能和其他可再生能源发展规划、计划和政策并组织实施。

4.2.2.3 地方环境与能源行政机关

在地方一级，各省、市级政府均建立了环境保护和能源管理专门机关，比较

---

① 能源局门户网站：http：//www.nea.gov.cn/.

发达的市和县，一般也设立了专门机关或由有关部门兼管。省和市（县）级环境和能源主管部门内部机构设置基本与国家环境保护部和国家能源局内设机构对应。

4.2.2.4 其他环境与能源相关行政机关

其他相关的行政机关，主要指依照相关法律规定对环境污染防治、资源保护、能源行业实施监督管理的部门上。如《环境保护法》第 7 条第 3 款规定："国家海洋行政主管部门、港务监督、渔政渔港监督、军队环境保护部门和各级公安、交通、铁道、民航管理部门，依照有关法律的规定对环境污染防治实施监督管理。"第 7 条第 4 款规定："县级以上人民政府的土地、矿产、林业、农业、水利行政主管部门，依照有关法律的规定对资源的保护实施监督管理。"《可再生能源法》第 5 条规定："国务院（能源主管部门以外的）有关部门在各自的职责范围内负责有关的可再生能源开发利用管理工作。……县级以上地方人民政府有关部门在各自的职责范围内负责有关的可再生能源开发利用管理工作。"

当前我国环境与能源行政管理机关体系，综合起来，如图 4-2 所示。

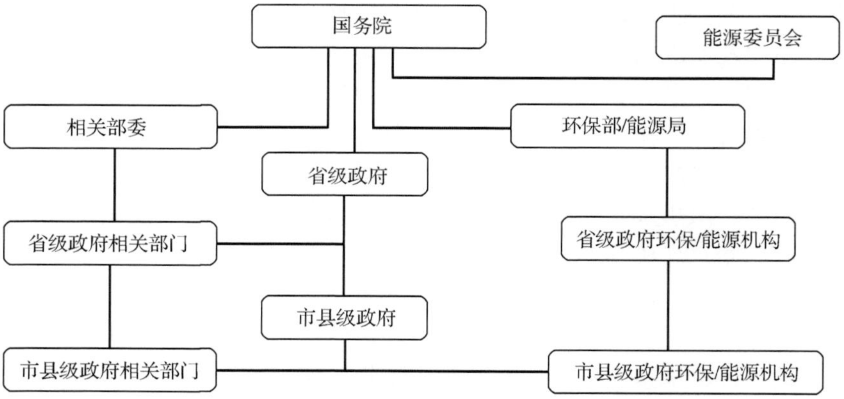

图 4-2 我国环境与能源行政机关体系

注：国家能源局（副部级）比国家环境保护部低半级。国家能源委员会是国务院的议事机构。

4.2.3 我国环境与能源行政机关体系的特点

4.2.3.1 统一管理与部门管理结合

所谓统一管理，是指中央环保和能源主管部门对全国环保和能源工作的统一管理。如《环境保护法》第 7 条规定：“国务院环境保护行政主管部门，对全国环境保护工作实施统一监督管理。”《可再生能源法》第 5 条规定：“国务院能源主管部门对全国可再生能源的开发利用实施统一管理。”《电力法》第 6 条规定国务院电力管理部门负责全国电力事业的监督管理。《能源法（征求意见稿）》第 12 条也提出：“国务院能源主管部门统一管理全国能源工作。”

所谓部门管理，是指政府相关业务部门分别在自己职权领域和职责范围内实施环境和能源管理（即前文其他相关行政机关实施的管理）。如海洋行政主管部门、港务部门、渔政部门所主管的业务与环境保护具有密切关联，对于污染防治也有相应的监督管理职责；而交通、铁道、民航管理部门，土地、矿产、林业、农业、水利行政主管部门所主管的业务，亦同时涉及生态保护和能源资源的利用问题，并负有相应的监督管理职责。我国《环境保护法》第 7 条规定：“……国家海洋行政主管部门、港务监督、渔政渔港监督、军队环境保护部门和各级公安、交通、铁道、民航管理部门，依照有关法律的规定对环境污染防治实施监督管理。县级以上人民政府的土地、矿产、林业、农业、水利行政主管部门，依照有关法律的规定对资源的保护实施监督管理。”《可再生能源法》第 5 条规定：“国务院有关部门在各自的职责范围内负责有关的可再生能源开发利用管理工作。……县级以上地方人民政府有关部门在各自的职责范围内负责有关的可再生能源开发利用管理工作。”《电力法》第 6 条规定：“国务院有关部门在各自的职责范围内负责电力事业的监督管理。……县级以上地方人民政府有关部门在各自的职责范围内负责电力事业的监督管理。”

这样，就有所谓的旨在跨越部门分割的“横向协调”问题，即环境和能源主管部门与不存在行政隶属关系或与之平级的不同业务部门之间如何就环境和能源管理事务进行协调的问题。事实表明，这一问题十分复杂和棘手。

4.2.3.2 “条条”与“块块”结合

中央的管理，即国务院环保和能源部门自上而下的纵向管理，此即所谓的“条条”。而地方的管理，指地方政府对当地环境和能源资源的管理，属于所谓的“块块”。我国环境保护和能源管理相关立法均明确了“条条”与“块块”相结合的管理模式。如《环境保护法》第 7 条规定：“国务院环境保护行政主管部门，对全国环境保护工作实施统一监督管理。县级以上地方人民政府环境保护行政主管部门，对本辖区的环境保护工作实施统一监督管理”。《电力法》第 6 条规定：“国务院电力管理部门负责全国电力事业的监督管理。……县级以上地方人民政府经济综合主管部门是本行政区域内的电力管理部门，负责电力事业的监督管理。……”《可再生能源法》第 5 条规定：“国务院能源主管部门对全国可再生能源的开发利用实施统一管理。……县级以上地方人民政府管理能源工作的部门负责本行政区域内可再生能源开发利用的管理工作。”

这样的制度安排，一个突出的问题是需要克服地方本位主义和地方保护主义。在环境保护和能源管理领域，由于地方政府绩效考核以 GDP 为主要指标，并且地方财政支出主要依赖当地税收收入，地方企业与地方政府成为利益共同体，地方政府有强烈动机纵容包庇当地企业的生态破坏和环境污染活动。

4.2.3.3 流域管理与区域管理并立

跨行政区的流域/区域环境管理机构在《环境保护法》中并无明确规定，只在第 15 条提到，跨行政区的环境污染和环境破坏的防治工作，由有关地方人民政府协商解决，或者由上级人民政府协调解决。在二十世纪七八十年代，我国主要河流污染问题严重，政府先后在主要流域成立了专门的流域水资源保护机关，受国家环境保护部（原国家环境保护总局）和国家水利部双重领导。长期以来，这些流域管理机构和跨行政区的水资源保护机构并未取得法律上的管理权，仅仅作为研究或咨询机构存在。（仅有的例外是，二十世纪末，《中华人民共和国防洪法》首次直接赋予流域管理机构在防洪救灾方面的行政管理权力。）

2002 年，我国《水法》修订（并于当年 10 月 1 日起实施），注意到按行政区划（块块）或职能部门（条条）管理的传统思路无法适应水资源自然流动的属性和流域生态系统的整体性，为了强化了国家对水资源的管理，授权由国务院水行政主管部门在重要江河、湖泊设立流域管理机构，确立了与传统区域管理相并立的流域管理制度。被广泛认为是我国环境与能源行政管理制度在立法上的一次重大突破。

4.3 我国环境与能源行政机关体制的完善

4.3.1 补正行政组织法的缺失

根据现代民主和法治的原则，公共权力主体获得和运用行政权力必须有人民的授权，必须有法律根据。即所谓的“行政组织法定”原则。但是，我国目前行政组织法体系很不健全。迄今为止，中央行政组织法只有一个，即《国务院组织法》，总共只有 11 条。地方行政组织法只有一个同时规范地方各级人民代表大会和地方各级人民政府组织的《中华人民共和国地方各级人民代表大会和地方各级人民政府组织法》（1979 年颁行，1982 年、1986 年、1995 年、2004 年四次修订，共 69 条）。这两个组织法的规定比较原则化，可操作性不强，对行政组织的许多法律问题没有涉及。国务院 1997 年颁布了《国务院行政机关设置和编制管理条例》，对国务院行政机关的设置程序及编制管理作了规定。除此之外，行政机关的设置与授权、行政机关的编制管理、行政预算的确定与监督等等，实际依据的是国务院所制定的“三定方案”（定职能、定机关、定编制）①。但是，无论是《国务院行政机关设置和编制管理条例》还是“三定方案”，均属于行政机关自己制定的规范性文件，而不属于立法机关的立法，因此，其本身的合法性和正当性存疑。

4.3.2 继续调整政府角色定位

在我国语境中，调整政府角色定位最关键的内容是界定政府与市场关系。计划经济时代，所有者与管理者双重角色不分；在体制改革中，各方认识到政府职能转变的重要性。2003 年颁布（2004 年实施）的《行政许可法》第 13 条②典型地代表了我国立法者对政府与市场关系的基本认识，即市场优先，政府有限。但是，相比其他领域，在环境与能源领域，政府角色的转变比较迟缓。从可资利用以满足人类需要的角度，不仅仅能源属于资源，生态环境本身也属于重要资源。对资源的管理，如涉及水、电、燃气等基本生存保障类公共服务的，应由政府职能部门负责；但除此之外，对资源的多样化利用，特别是那些有显著经济效益的利用活动，则应充分发挥市场机制在资源配置效率方面的比较优势，政府不宜直接干预。不止煤炭、石油领域应如此，水资源、土地资源管理均应如此。

调整政府角色定位的另一关键是权责相匹配问题。目前，我国环境和能源行政机关具体职权和职责的法律依据主要在各项专门的环境和能源立法中明确。这些规范面临的主要批评是重行政机关的职权而轻行政机关的职责。不少学者认为，当前我国环境保护法律体系已经基本完备，但法律执行的情况不容乐观，这种情况出现很大程度上要归因于政府行政机关执法不力，特别是缺乏落实地方政府环保责任的法律机制，使得地方政府在追求政绩的过程中往往重经济发展而轻环境保护。因此，有必要将环境质量和经济指标一样纳入到地方政府的政绩考核中。

---

① “三定方案”之前长期并未对社会公众公开。《政府信息公开条例》颁行后，大多可在政府机关官网上查询，但许多地方语焉不详。

② 《行政许可法》第 13 条：“本法第十二条所列事项，通过下列方式能够予以规范的，可以不设行政许可：（一）公民、法人或者其他组织能够自主决定的；（二）市场竞争机制能够有效调节的；（三）行业组织或者中介机构能够自律管理的；（四）行政机关采用事后监督等其他行政管理方式能够解决的。”

> 阅读思考：应当如何理解国家（政府）的环境保护职责
>
> 2005 年 11 月 13 日，中国石油天然气股份有限公司吉林石化分公司双苯厂硝基苯精馏塔发生爆炸，造成 8 人死亡，60 人受伤，直接经济损失 6908 万元，并引发松花江水污染事件。国务院事故及事件调查组经过深入调查、取证和分析，认定中石油吉林石化分公司双苯厂“11·13”爆炸事故和松花江水污染事件，是一起特大安全生产责任事故和特别重大水污染责任事件①。2007 年原环境保护总局对吉林石化分公司处以 100 万元的行政罚款。
>
> 2011 年 6 月 1 日，国家环境保护部称，2005 年中石油松花江重大水污染事件发生 5 年来，国家已为松花江流域水污染防治累计投入治污资金 78.4 亿元。此外，其邻省黑龙江也从省长基金中拨出 1000 万元专款用于此次事故应急。同时，根据国家 2006 年批复并实施的《松花江流域水污染防治规划（2006～2010 年）》，为防止松花江流域水污染，安排治污项目达 222 个，总投资约 134 亿元。并且，2011 年到 2016 年间，吉林省松花江流域重点工程项目投资总额将达 181.07 亿元②。
>
> 中央和地方政府为处理松花江流域水污染事故付出了巨大的代价，治污资金数目之巨大，再次引起公众一片质疑：中石油埋下的祸患，却为何是国家和纳税人来买单？中石油缺钱吗？回答是否定的，作为亚洲最赚钱的公司，中石油 2010 年年报显示，中石油 2010 年实现净利润 1399 亿元，相当于每日盈利 3.83 亿元③。

4.3.3 强化跨行政区域的流域/地区协调机制

由于生态环境的整体性，环境污染和生态保护问题也往往超出行政边界，需要跨越行政区域的应对。国际上也不乏通过跨区域协调而达成环保目标的成功经验，典型的如莱茵河的治理。但是，在我国传统的行政区域管理或职能部门管理体制下，跨行政区的协调十分困难。典型事例如淮河治理。从二十世纪八十年代开始，淮河水资源保护办公室（后升级为淮河流域水资源保护局）即已经成立，国务院于 1995 年即颁布了我国第一部流域专项法规《淮河流域水污染防治暂行

---

① 新华网《国务院对吉化爆炸事故松花江水污染作处理》：http：//news.xinhuanet.com/politics/2006-11/24/content_5370695.htm.

② 新华网《松花江污染事件国家买单 80 亿、中石油始终不言赔》：http：//news.xinhuanet.com/legal/2011-06/08/c_121508510.htm.

③ 中国新闻网《中石油惹的祸，为何要纳税人来买单?》：http：//www.chinanews.com/ny/2011/06-10/3102757.shtml.

条例》。但是治理了几十年，投入了数百亿，却未见治理成效。2004 年中央电视台新闻调查曝光了淮河流域的癌症村，引起社会广泛关注。治淮失败原因主要有：水利部门与环保部门间协调失灵（水利部门在枯水期关闸蓄水，加重水体生态功能退化；暴雨后开闸放水，又造成污染团爆发，引发环境污染事故）、地方政府消极不作为（关停污染企业会造成财政收入减少，而污水集中处理设施运作成为当地财政负担）和跨行政区协调机制无效。

2002 年新《水法》虽然赋予了跨行政区的流域管理机构以合法地位。但此种流域管理机构与传统的行政区域管理机关权限仍有交叉重合、难以清晰划定，而且二者之间并不存在从属关系。因此，如何保证跨行政区域协调的有效性，当前仍属未解决问题。

阅读材料：太湖蓝藻事件

2007 年 5 月 29 日，因太湖蓝藻暴发，造成无锡市自来水水源地水质恶化，一场突如其来的饮用水危机，几乎席卷了整座城市，城区大量居民家中自来水发臭，难以饮用，居民们做饭、洗漱只能临时去买纯净水、矿泉水替代。太湖蓝藻疯长无情地制造了一场公共饮水危机①。

显然，太湖水给人们“颜色”看绝非偶然，而是长期潜伏的危机。太湖病症表象是蓝藻，真正源头是遭污染的水体。这一事件暴露出我国在水体管理体制等方面的问题。太湖治理涉及多个区域和部门，条块分割造成“多头治水”的体制性问题②。环保部门主要职责是监督水环境，却由于城市污水和江河不在其管理范围，大量城市污水被直接排入江河而无法进行管理；河道虽属水行政管理部门管理，但河道水政部门对于水污染管理缺乏法律依据；渔业养殖对水环境有重大影响，但是却属于其他行业主管部门。在治理太湖的具体措施上，相关部门之间的步调有时候不一致，甚至出现扯皮现象。目前太湖流域的管理组织有太湖流域管理局、太湖渔业管理委员会等，但都无法打通区域隔阂，协调好太湖流域各行政区域的湖泊治理资源。流域管不了区域，造成区域规划与太湖流域综合规划不接轨，“规划打架”现象时有发生。

4.3.4 探索专家咨询制度

环境与能源管理事务广泛涉及现代科学技术，行政官员的知识和经验不足以

---

① 施勇峰，凌军辉．2007. 太湖“蓝藻之祸”追踪．瞭望．（23）：.

② 新华网《蓝藻危机：唇亡齿寒的环保悲歌》：http：//news. xinhuanet. com/legal/2007-06/03/content _ 6190731. htm.

胜任全部环境能源管理工作，因此需要引入专家的协助。这就需要明确专家参与环境能源事务管理的相关制度，如专家遴选标准及机制、参与形式及程序、专家的法律地位及专家意见的法律效力等。其中最关键的是要解决如何保障专家中立性（避免利益冲突）的问题。1986 年颁行的《民用核设施安全监督管理条例》第 5 条规定："国家核安全局可以组织核安全专家委员会。该委员会协助制订核安全法规和核安全技术发展规划，参与核安全的审评、监督等工作。"核安全与环境专家委员会自成立以来，广泛参与了国家核安全局（1998 年并入原国家环境保护总局）核安全及辐射环境安全评估工作。2007 年 12 月，经国家能源领导小组批准，国家能源领导小组专家组被调整为国家能源专家咨询委员会，下设 6 个专业委员会，分别是煤炭专业委员会、电力与核能专业委员会、油气专业委员会、可再生能源专业委员会、能源节约专业委员会和能源经济专业委员会，共由 40 名国内知名专家组成，就能源管理相关的重大问题提供咨询意见，为国家能源局对重大问题的最终决策提供智力支持。但是，相对于对专家参与的现实需要而言，我国目前有关专家咨询的法律规定相当粗疏，存在比较严重的制度空白和规则缺位现象，亟须完善。

参考文献

陈宜瑜，王毅，李利锋，等 . 2007. 中国流域综合管理战略研究 . 北京：科学出版社.

姜明安 . 2011. 行政法与行政诉讼法 . 北京：北京大学出版社和高等教育出版社.

金瑞林 . 1999. 环境法学 . 北京：北京大学出版社.

陆桂华，张建化 . 2011. 太湖蓝藻监测处置与湖泛成因 . 北京：科学出版社.

皮尔克 . 2010. 诚实代理人 . 李正风等译 . 上海：上海交通大学出版社.

王勇 . 2010. 政府间横向协调机制研究——跨省流域治理的公共管理视界 . 北京：中国社会科学出版社.

| 第 5 章 | 环境与能源规划与许可制度

Planning & Permit System on Environment and Energy

为了履行环境与能源法规定的任务，达成环境与能源法的目标，立法机关必须给国家行政机关提供足够的可用资源，也即法律上的可用措施、方法和途径。这些措施、方法以及途径中，许多并非环境保护和能源监管领域所特有的，而是长久以来就被广泛适用的一般行政规制手段，只是在环境保护和能源监管领域，会有一些特定的要求。这种传统规制手段中，最典型的是行政规划和行政许可制度。

5.1 环境与能源行政规划制度

5.1.1 行政规划的概念

环境与能源规划属于行政规划。

行政规划的实质是一种面向未来的计划，一般而言，包含三项内容：①现状；②希望达成的未来状况；③从现状达成希望之未来所要采取的措施。从实质来看，它是一种力图克服人类经济社会活动短视、盲目和主观随意性等缺陷的努力。

5.1.2 我国环境与能源规划种类

从现行立法来看，我国环境与能源规划根据内容，可分为如下几类：环境规划、能源战略与规划和相关规划。

5.1.2.1 环境规划

环境规划是应用各种科学技术信息，在了解环境质量现状和预测经济发展对环境影响的基础上，为达到预期的环境目标，进行综合分析后作出的带有指令性的方案[①]。

① 国家环境保护局计划司．1994．环境规划指南．清华大学出版社：9.

在环境规划概念出现之前，行政计划（规划）制度早已存在。当环境破坏、生态危机问题在二十世纪六七十年代变得不可忽视，环境领域事先预防重于事后整治的观念深入人心之后，才出现了专门的环境规划。二十世纪六十年代以来，美国、日本、英国、德国、法国等均在全国或地方层面开展实施环境规划，并取得了较好的效果。

我国的环境规划始于 20 世纪 70 年代初。1973 年第一次全国环境保护会议上就提出了“合理规划、合理布局”的环境保护工作思路。在国民经济和社会发展的“六五”计划（1981～1985 年）中，我国首次将国家环境保护规划作为一个独立的篇章纳入其中，之后的五年计划均延续了这一做法（见表 5-1）。1993 年原国家环境保护局要求各城市编制城市环境综合规划，并组织编写了《环境规划指南》。1994 年，原国家环保局还颁布了《环境保护计划管理办法》，依据该办法，环境保护计划包括城市的环境质量控制计划、污染物排放控制和污染治理计划、自然生态保护计划以及其他相关计划等。

表 5-1　我国国民经济和社会发展五年规划提出的主要环境保护目标

相关规划	环保目标
“六五” 1981～1985 年	加强环境保护，制止环境污染进一步发展，并使一些重点地区的环境状况有所改善。
“七五” 1986～1990 年	进一步搞好国土整治，加强对自然资源的合理开发利用和对污染的防治，使生态环境和劳动环境得到改善。
“八五” 1991～1995 年	加强自然资源管理和环境保护，珍惜和合理开发利用土地、水、森林、草地和各种矿产资源，加强对地质灾害、大气、水域、土壤污染、固体废物和噪声等公害及地震等自然灾害的监测和防治，抑制自然生态环境恶化的趋势，并使一些重点城市和地区的环境质量有所改善。
“九五” 1996～2000 年	将“加强环境、生态、资源保护”列为社会发展的主要任务和基本政策之一：坚持经济建设、城乡建设与环境建设同步规划、同步实施、同步发展。所有建设项目都要有环境保护规划和要求，特别要加强工业污染控制和治理。搞好环境保护宣传教育，增强全民环保意识。大力发展生态农业，保护农业生态环境。加快水土流失地区的综合治理和防护林体系建设。提高森林覆盖率，增加城镇绿地面积。依法保护并合理开发利用土地、水、森林、草原、矿产和其他自然资源。城乡建设都要合理规划，严格控制用地。完善自然资源有偿使用制度和价格体系，逐步建立资源更新的经济补偿机制。加强灾害性天气、气候和地震监测预报，减少自然灾害损失。到本世纪末，力争环境污染和生态破坏加剧趋势得到基本控制，部分城市和地区环境质量有所改善；2010 年基本改变生态环境恶化的状况，城乡环境有比较明显改善。

续表

相关规划	环保目标
“十五” 2001～2005 年	① 提出可持续发展的主要预期目标是：人口自然增长率控制在 9‰以内，2005 年全国总人口控制在 13.3 亿人以内。生态恶化趋势得到遏制，森林覆盖率提高到 18.2%，城市建成区绿化覆盖率提高到 35%。城乡环境质量改善，主要污染物排放总量比 2000 年减少 10%。资源节约和保护取得明显成效。 ② 设“人口、资源和环境”专篇，包括“控制人口增长，提高出生人口素质”和“节约保护资源，实现永续利用”、“加强生态建设，保护和治理环境”3 章。坚持资源开发与节约并举，把节约放在首位，依法保护和合理使用资源，提高资源利用率，实现永续利用。加强生态建设，遏制生态恶化，加大环境保护和治理力度，提高城乡环境质量。积极参与全球环境与发展事务，履行义务，实行有利于减缓全球气候变化的政策措施。 ③ 确定了一系列量化目标：如“十五”期间，新增治理水土流失面积 2500 万公顷，治理“三化”草地面积 1650 万公顷；2005 年城市污水集中处理率达到 45%；2005 年“两控区”二氧化硫排放量比 2000 年减少 20%等。
“十一五” 2006～2010 年	① 将“资源利用效率显著提高”和“生态环境恶化趋势基本遏制”列入“经济社会发展的主要目标”。单位国内生产总值能源消耗降低 20%左右，单位工业增加值用水量降低 30%，农业灌溉用水有效利用系数提高到 0.5，工业固体废物综合利用率提高到 60%。可持续发展能力增强。全国总人口控制在 136000 万人。耕地保有量保持 1.2 亿公顷，淡水、能源和重要矿产资源保障水平提高，主要污染物排放总量减少 10%，森林覆盖率达到 20%，控制温室气体排放取得成效。 ② 提出“把经济社会发展切实转入全面协调可持续发展的轨道”，“必须加快转变经济增长方式。要把节约资源作为基本国策，发展循环经济，保护生态环境，加快建设资源节约型、环境友好型社会，促进经济发展与人口、资源、环境相协调。推进国民经济和社会信息化，切实走新型工业化道路，坚持节约发展、清洁发展、安全发展，实现可持续发展。” ③ 设“建设资源节约型、环境友好型社会”专篇，下有发展循环经济、保护修复自然生态、加大环境保护力度、强化资源管理、合理利用海洋和气候资源等 5 章。坚持开发节约并重、节约优先，按照减量化、再利用、资源化的原则，在资源开采、生产消耗、废物产生、消费等环节，逐步建立全社会的资源循环利用体系。生态保护和建设的重点要从事后治理向事前保护转变，从人工建设为主向自然恢复为主转变，从源头上扭转生态恶化趋势。坚持预防为主、综合治理，强化从源头防治污染，坚决改变先污染后治理、边治理边污染的状况。以解决影响经济社会发展特别是严重危害人民健康的突出问题为重点，有效控制污染物排放，尽快改善重点流域、重点区域和重点城市的环境质量。

续表

相关规划	环保目标
“十二五” 2011～2015 年	① 坚持把建设资源节约型、环境友好型社会作为加快转变经济发展方式的重要着力点。深入贯彻节约资源和保护环境基本国策，节约能源，降低温室气体排放强度，发展循环经济，推广低碳技术，积极应对全球气候变化，促进经济社会发展与人口资源环境相协调，走可持续发展之路。 ② 资源节约环境保护成效显著。耕地保有量保持在 18.18 亿亩。单位工业增加值用水量降低 30%，农业灌溉用水有效利用系数提高到 0.53。非化石能源占一次能源消费比重达到 11.4%。单位国内生产总值能源消耗降低 16%，单位国内生产总值二氧化碳排放降低 17%。主要污染物排放总量显著减少，化学需氧量、二氧化硫排放分别减少 8%，氨氮、氮氧化物排放分别减少 10%。森林覆盖率提高到 21.66%，森林蓄积量增加 6 亿立方米。 ③ 设“绿色发展、建设资源节约型、环境友好型社会”专篇，下有积极应对全球气候变化、加强资源节约和管理、大力发展循环经济、加大环境保护力度、促进生态保护和修复、加强水利和防灾减灾体系建设等 6 章。

依据《环境保护法》第 4 条的规定，国家制定的环境保护规划依法应被纳入国民经济和社会发展计划的环境保护规划。《环境保护法》第 12 条还规定：“县级以上人民政府环境保护行政主管部门，应当会同有关部门对管辖范围内的环境状况进行调查和评价，拟订环境保护规划，经计划部门综合平衡后，报同级人民政府批准实施。”

5.1.2.2 能源战略与规划

战略与规划的实质均为计划，只是各国能源立法习惯于区分能源战略与能源规划。其中能源战略强调全局性的目标、思路和方向，而能源规划强调一定时期内的行动方案。能源规划包括能源综合规划和专项规划，其中专项规划既包括煤炭、石油、天然气、电力、核能、新能源、可再生能源等行业发展规划，也包括能源节约、能源替代、能源储备、能源科技、农村能源等专题规划。

自 2001 年以来，国家经贸委、原国家计委先后颁布了《能源节约与资源综合利用“十五”规划》、《新能源和可再生能源产业发展“十五”规划》、《能源发展重点专项规划》等几部重要的能源战略规划。2007 年，国家发改委公布了《能源发展“十一五”规划》。

《能源法（征求意见稿）》中分别规定了能源战略制度和能源规划制度。其中第 20 条将能源战略定位于“国家能源战略是筹划和指导国家能源可持续发展、保障能源安全的总体方略，是制定能源规划和能源政策的基本依据。国家能源战略应当规定国家能源发展的战略思路、战略目标、战略布局、战略重点、战略措施等内容。”第 22 条规定了“国家能源战略由国务院组织制定并颁布。国务院委托有关部门或机构负责国家能源战略的评估。国家能源战略的战略期为二十至三十年，每五年评估、修订一次，必要时可以适时修订。”第 23 条将能源规划定位于：“国家能源规划是实施国家能源战略的阶段性行动方案。国家能源规划应当规定规划期内能源发展的指导思想、基本原则、发展目标和指标、阶段性任务、产业布局、重点项目、政策措施及其他重要事项。”同时第 26 条规定：“国家能源规划由国务院能源主管部门组织编制，报国务院批准后实施。国家能源规划的规划期为五年。国家能源规划应当在同期国民经济和社会发展规划颁布后一年内向社会公布。”《能源法（征求意见稿）》第 27 条同时对能源规划评估修订以及监督实施作出了安排：“国务院委托有关部门或者机构负责国家能源规划的评估。国务院能源主管部门根据需要或者评估结果对国家能源规划适时修订，报国务院批准后实施。”第 28 条规定：“国务院有关部门及地方各级人民政府应当执行国家能源规划，对不符合国家能源规划的能源项目不得办理相关批准手续。国务院和省级人民政府建立能源规划监督制度，对国家能源规划的执行情况进行监督检查。”

5.1.2.3　相关规划

土地利用、区域、流域、海域开发规划等综合性规划，工业、农业、交通等专项规划，在内容上均与环境保护和能源管理密切相关。其中重要性比较突出、立法相对完备的有土地利用规划和城乡规划。我国《能源法（征求意见稿）》第 24 条明确规定了能源规划应与土地利用等相关规划相协调。

（1）土地利用规划

人类的任何活动，包括生活活动和生产活动，都需要在一定的空间和地区上进行，都要占用一定的土地。土地利用规划指国家根据自然条件、资源状况和经济发展需要，对城镇设置、工农业布局、交通设施等的土地利用进行总体安排。

20 世纪 70 年代后，发达国家先后认识到，在国土利用规划中考虑预防环境污染的因素，是贯彻环境管理“预防为主”方针的有效方法。目前，运用土地利用规划以防止环境污染和生态破坏已经被许多国家所采用。

我国已经颁布的与土地利用规划相关的法律，主要是《土地管理法》（2004 年第二次修正）。其中专设一章（第 3 章）规定了土地利用总体规划。其中特别值得注意的规定是，土地利用总体规划编制应当服从我国实行的“土地用途管理制度”。这里的土地用途管理制度，包括了土地用途、建设用地控制和耕地保护三项实质内容。

1）土地用途。目前我国立法将土地分为农用地、建设用地和未利用地三类。按《土地管理法》第 20 条的规定，“县级土地利用总体规划应当划分土地利用区，明确土地用途。乡（镇）土地利用总体规划应当划分土地利用区，根据土地使用条件，确定每一块土地的用途，并予以公告。基层（县、乡镇）土地利用总体规划应当划分土地利用区，明确土地用途。”

2）建设用地控制。我国现行《土地管理法》规定，严格限制农用地转为建设用地，控制建设用地总量。具体规则包括：地方各级政府编制的土地利用总体规划建设用地总量不能超过上一级土地利用总体规划确定的控制指标；建设用地实行审批制度，其中农用地转为建设用地的审批，将征地审批权集中在国务院和省、自治区、直辖市人民政府，其他机构不再有征地审批权。按照规定，征用基本农田、征用基本农田以外的耕地超过 35 公顷、征用其他土地超过 70 公顷的，都必须由国务院批准；征用上述以外的土地的，由省、自治区、直辖市人民政府批准，并报国务院备案。乡镇企业建设用地和公共建设用地，按省、自治区、直辖市规定的权限，由县以上地方政府审批。农村住宅建设用地亦需经乡（镇）政府审核，由县级政府批准。

3）耕地的特殊保护。我国现行土地管理法规定的耕地特殊保护制度包括三点。第一，耕地总量不减少。为保证耕地总量不减少，《土地管理法》要求，非农业建设经批准占用耕地的，按照“占多少，垦多少”的原则，由占用耕地的单位负责开垦与所占用耕地的数量和质量相当的耕地；没有条件开垦或者开垦的耕地不符合要求的，应当按照省、自治区、直辖市的规定缴纳耕地开垦费，专款用于开垦新的耕地。第二，基本农田保护。基本农田，是指根据一定时期人口和国民经济对农产品的需求以及对建设用地的预测，确定的长期不得占用的和基本农田保护区规划期内不得占用的耕地。《土地管理法》规定，各省、自治区、直辖市规定的基本农田应当占本行政区域内耕地的 80%以上。第三，节约使用土地，禁止闲置、荒芜耕地。具体规定包括以下三点：①非农业建设必须节约使用土地，可以利用荒地的，不得占用耕地，可以利用劣地的，不得占用好地；②禁止占用耕地建窑、建坟或者擅自在耕地上建房、挖沙、采石、采矿、取土等，禁止占用基本农田发展林果业和挖塘养鱼；③禁止任何单位和个人闲置、荒芜耕地，已经办理审批手续的非农业建设占用耕地，一年内不用而又可以耕种并收获的，应恢复耕种，一年以上未动工的，应按规定缴纳闲置费，连续两年未使用的，经原审批机关批准，无偿收回，恢复耕种。

（2）城乡规划

《中华人民共和国城乡规划法》（以下简称《城乡规划法》）将原来的一法一条例合并，被认为意在促进城乡一体化，但目前城乡区别仍然客观存在。

1）城市规划。城市规划指根据城市所在地区的自然条件、历史、现状和未来发展，对城市一定时期内城市发展计划和各项建设的综合部署。城市是人口、工业相对集中的地区。城市的环境污染问题，是迄今为止最受关注的环境问题。

《中华人民共和国城市规划法》(以下简称《城市规划法》) 已于 2008 年《城乡规划法》实施之日起废止。原来的《城市规划法》规定，城市规划一般分总体规划和详细规划两个阶段进行。大城市、中等城市为了进一步控制和确定不同地段的土地用途、范围和容量，协调各项基础设施和公共设施的建设，在总体规划的基础上，可以编制分区规划。《城乡规划法》删除了分区规划，但保留了依据总体规划编制详细规划（第 19 条)，此外还增加了修建性详细规划（第 21 条)。另外，城乡规划法第 34 条还规定了近期建设规划即：城市、县、镇人民政府应当根据城市总体规划、镇总体规划、土地利用总体规划和年度计划以及国民经济和社会发展规划，制定近期建设规划，报总体规划审批机关备案。近期建设规划应当以重要基础设施、公共服务设施和中低收入居民住房建设以及生态环境保护为重点内容，明确近期建设的时序、发展方向和空间布局。近期建设规划的规划期限为五年。

2）乡村规划。我国土地绝大部分是乡村土地。但长期以来，乡村规划相比城市规划要薄弱得多。

1982 年，原国家建委、国家农委发布了《村镇规划原则》，对村镇规划的主要问题作了原则性规定。

1987 年颁布的《土地管理法》第 17 条对乡镇用地规划作了规定：“乡（镇）村建设应当按照合理布局、节约用地的原则制定规划，经县级人民政府批准执行。”1998 年、2004 年该规定修订为：“各级人民政府应当依据国民经济和社会发展规划、国土整治和资源环境保护的要求、土地供给能力以及各项建设对土地的需求，组织编制土地利用总体规划。”规定中各级人民政府包括乡镇人民政府。并且第 21 条规定“乡（镇）土地利用总体规划可以由省级人民政府授权的设区的市、自治州人民政府批准。”

需要注意的是，并非所有乡村均需制定规划，县级以上地方人民政府根据本地农村经济社会发展水平，按照因地制宜、切实可行的原则，确定应当制定乡规划、村庄规划的区域。在确定区域内的乡、村庄，应当依照《土地管理法》制定规划，规划区内的乡、村庄建设应当符合规划要求。县级以上地方人民政府鼓励、指导前款规定以外的区域的乡、村庄制定和实施乡规划、村庄规划。

3）城乡规划协调。我国《城乡规划法》2007 年通过，2008 年开始实施，将乡规划和村庄规划纳入“城镇体系规划、城市规划、镇规划、乡规划和村庄规划”这一城乡规划体系，被普遍认为是立法者试图打破城乡二元分隔状况，协调城乡规划布局的努力。

立足于城镇和乡村的相互依赖关系，《城乡规划法》规定了城镇应当合理考虑周边乡村的需要。第 29 条规定：城市的建设和发展，应当优先安排基础设施以及公共服务设施的建设，妥善处理新区开发与旧区改建的关系，统筹兼顾进城务工人员生活和周边农村经济社会发展、村民生产与生活的需要。镇的建设和发展，应当结合农村经济社会发展和产业结构调整，优先安排供水、排水、供电、供气、道路、通信、广播电视等基础设施和学校、卫生院、文化站、幼儿园、福利院等公共服务设施的建设，为周边农村提供服务。乡、村庄的建设和发展，应当因地制宜、节约用地，发挥村民自治组织的作用，引导村民合理进行建设，改善农村生产、生活条件。

5.1.3 环境与能源规划的法律效力

就学理而言，行政规划法律效力可分为三类：①资讯性的（informative），在法律上没有约束力，只是告知一些数据和信息，目的在于将政府对未来的目标周知民众；②影响性的（influential），不具有法律上的强制执行力，只是通过推荐和指引，鼓励人民配合政府对未来的期望。由于政府的权威，这类规划在事实上具有较强影响力，另外，此类规划中有时会含有一些具有法律约束力的内容：如若人民听从指引政府将给予一定经济奖励、或人民若接受政府帮助应承担一定义务等；③强制性的（imperative）或规范性的（normative），相当于法规命令，具有强制性的法律效力。

我国的环境与能源规划的效力，应当根据其编制、通过与执行情况进行具体分析。其中，作为国民经济与社会发展规划一个组成部分的国家环境保护规划，与国民经济与社会发展五年规划纲要其他内容一样由全国人大审议通过，应具有高于其他政府规划的效力，也就是说，其他层面的政府规划应当符合该环境保护规划的要求。由于我国现行的环境与能源法律并未对环境与能源规划编制和执行规定明确的法律后果，所以由政府及其主管部门编制的环境与能源规划一般只是充当政府机关依法审批相关环境能源开发利用项目的指导和依据，对公民、法人和其他组织一般不具有法律的强制力。例外的是，《土地管理法》第 4 条明确规定“使用土地的单位和个人必须严格按照土地利用总体规划确定的用途使用土地”，《城乡规划法》第 7 条明确规定“经依法批准的城乡规划，是城乡建设和规划管理的依据，未经法定程序不得修改”，第 9 条规定“任何单位和个人都应当遵守经依法批准并公布的城乡规划，服从规划管理，并有权就涉及其利害关系的建设活动是否符合规划的要求向城乡规划主管部门查询。”。这意味着，我国的土地利用规划和城乡规划，不只是对于政府机关而言具有约束力的执法依据，对于公民、法人和其他组织而言也一般地具有法律的强制力。

5.2　环境与能源行政许可制度

5.2.1　环境与能源行政许可

5.2.1.1　概念

环境与能源许可，是指法律授权的环境能源管理部门依据环境能源利用人的申请，以颁发批准文书、执照和许可证等形式，赋予环境能源利用人实施环境能源法上一般禁止的权利和资格的行政行为。

环境与能源许可属于行政许可，具有行政许可的一般特征。

1）前提是“一般禁止”。行政许可是对“一般禁止”或者“限制”的解除。没有法律上的一般禁止或者限制，行政许可就无从谈起。取得行政许可的公民、法人或者其他组织，可以从事行政许可规定的特定活动，即获得从事特定活动的权利。没有行政许可从事这种一般禁止的活动，是违法的。正是在“解禁”意义上，行政许可是授益行政行为。

2）行政许可是应申请的行为。没有公民、法人或者其他组织的申请，就没有行政机关的许可。

3）行政许可是要式行政行为。按《行政许可法》的要求，行政许可即使是当场作出的，也应当是书面形式的；需要颁发行政许可证件的，则应当向申请人颁发加盖行政机关印章的行政许可证明。但也有极少的例外，如《集会游行示威法》第 9 条规定：“主管机关接到集会、游行、示威的申请书后，应当在申请举行日期前，将许可或不许可的决定书面通知其负责人。不许可的，应当说明理由。逾期不通知的，视为许可。”

5.2.1.2　类型

环境与能源许可是一种行之有效的环境与能源管理工具，应用相当广泛。从许可设立的目的来看，大致可分为如下几类。①环境污染防治中的行政许可。如排污许可，危险废物收集、贮运和处置许可，危险化学物品的生产经营许可等。在污染物的排放许可方面，通常法律授权行政主管部门根据环境容量和生态效益，环境可容纳人类行为的最大限度等具体状况，依据核定排污的种类、数量、浓度等标准，予以限定。②自然资源利用方面的行政许可。如林木采伐许可、取水许可、采矿许可等。我国自然资源属于全民所有，对自然资源的利用一般由单项自然资源法律予以规范。③特殊行业或技术的安全管理方面的行政许可。如核设施运营许可、转基因技术应用许可等。

依据我国《行政许可法》有关对行政许可类型的规定，环境与能源许可不止包括行政法学通常界定的许可（如石油开采许可、排污许可等），还包括认可和核准。其中认可是对环境能源法规定要求具备某种信誉、条件或资格、资质而作出的确认行为。如环评师、能源师资格认定，环评组织、能源企业的资质认定等。核准是依环境能源标准或技术规范审核、认定以及补充第三人的行为，使第三人行为得以完成的行政行为。如对社会组织认定的环境标准（如 ISO14000）或能效标准予以核准。

5.2.2 环境与能源许可制度

环境与能源许可制度即有关环境与能源许可设立、实施和监督的法律制度。其主要内容一般包括：①环境与能源许可的设定；②环境与能源许可实施机关和实施程序；③环境与能源许可监督检查；④法律责任。其中，设立条件、实施机关、实施程序、监督检查和法律责任因许可具体类型、适用的具体领域不同而各有不同。此处重点讲解各类环境与能源许可设立的共通法理。

5.2.2.1 许可的合法性

环境与能源行政许可属于行政行为，受到行政法治原则的约束，应当具备形式和实质的合法性。具体而言，设定和实施行政许可，应当依照法定的权限、范围、条件和程序；应当遵循公开、公平、公正的原则。公民、法人或者其他组织对行政机关实施行政许可，享有陈述权、申辩权；有权依法申请行政复议或者提起行政诉讼；其合法权益因行政机关违法实施行政许可受到损害的，有权依法要求赔偿；公民、法人或者其他组织依法取得的行政许可受法律保护，行政机关不得擅自改变已经生效的行政许可；依法取得的行政许可，除法律、法规规定依照法定条件和程序可以转让的外，不得转让。行政机关应当对公民、法人或者其他组织从事行政许可事项的活动实施有效监督等。

5.2.2.2 排除设立许可的情形

许可以一般禁止为前提条件，增设一项环境与能源许可，就意味着多了一项对一般人行动自由的干预，而且，这种干预属于事先干预。因此，特别需要谨慎限制许可的设立。虽然许可的具体类型和具体适用领域的情况千差万别，但根据《行政许可法》相关规定，判断是否可以设立环境与能源许可时，应当服从以下排除性标准：①公民、法人或其他组织可以自主决定的事项，不应设立许可；②市场机制可以有效调节的事项，不应设立许可；③行业组织或者中介机构能够自律管理的，不应设立许可；④主管机关采用事后监督等管理方式能够解决的，不应设立许可。

5.2.3 我国的环境与能源许可制度

我国《环境保护法》、《电力法》、《城乡规划法》、《中华人民共和国海洋环境保护法》(以下简称《海洋环境保护法》)、《农药登记规定》、《放射性同位素与射线装置放射保护条例》、《民用核设施安全监督管理条例》、《猎枪、弹药管理办法》、《中华人民共和国渔业法》、《中华人民共和国渔业法实施细则》、《中华人民共和国文物保护法》、《中华人民共和国森林法》、《中华人民共和国矿产资源法》(以下简称《矿产资源法》)、《中华人民共和国固体废物污染环境防治法》(以下简称《固体废物污染环境防治法》) 等,规定了形形色色的行政许可制度。主要包括排污许可、固体废物转移许可、危险废物经营许可、海洋倾倒废弃物许可、危险化学品安全管理许可、放射性物质安全管理许可、取水许可、探矿许可、采矿许可、林木采伐许可、海域使用许可、土地使用许可、野生动物狩猎许可等。此处选择有代表性的两类即矿产资源的勘探开采许可和排污许可分述之。

5.2.3.1 *矿产资源的勘探开采许可*

我国矿产资源属于国家所有,国家对矿产资源的勘探和开采实行许可制度。这项制度包括了探矿许可和采矿许可两类。

(1) 探矿许可

探矿许可要求勘查矿产资源,必须依法登记,领取许可证,取得探矿权。这里的探矿权指在依法取得的探矿许可证范围内有勘查矿产资源的权利。这种权利具体包括了按照许可证规定的区域、期限、工作对象进行勘查;在勘查作业区及相邻区域架设供电、供水、通信管线;在勘查作业区及相邻区通行;据工程需要临时使用土地;优先取得勘查作业区内的矿产资源采矿权;销售勘查中按批准的工程设计施工回收矿产品等。同时控矿权人需要履行如下义务:在规定的期限内开始施工,在规定的期限内完成勘查工作;向勘查登记机关报告开工情况;按照工程设计施工;在查明主要矿种的同时,对共生、伴生矿产资源进行综合勘查、综合评价;按照规定汇交矿产资源勘查成果档案资料;遵守有关劳动安全、土地复垦和环境保护的相关法律规定;勘查作业完毕及时封、填或采取其他措施消除安全隐患等。

(2) 采矿许可

采矿许可要求开采矿产资源,必须依法申请登记,领取采矿许可证,取得采矿权。这里的采矿权指在依法取得的采矿许可证范围内,开采矿产资源并获得所开采的矿产品的权利。采矿权具体包括:按照采矿许可证规定的开采范围和期限从事开采活动、销售矿产品、在矿区范围内建设采矿所需的生产和生活设施;根据生产建设的需要依法取得土地使用权等。同时采矿权人还需履行如下义务：在批准的期限内进行矿山建设或开采；有效保护、合理开采、综合利用矿产资源；依法缴纳资源税和矿产资源补偿费；遵守有关劳动安全、水土保持、土地复垦和环境保护的相关法律规定，接受地质矿产主管部门和有关部门的监督管理等。

(3) 探矿权与采矿权的关系

在我国，探矿权和采矿权被合称为矿业权，二者具有明显的关联。二者均是国家对矿产资源所有权所派生出来的权利，其最终目的均是对矿产资源的利用和收益。但是，二者亦有明显差异，主要包括以下几点。①探矿权是矿产资源勘探工作阶段的权利，其内容是对矿产资源进行普查、详查和勘探，采矿权则是矿产资源开采工作阶段的权利，其内容包括采掘矿产资源并获得、销售矿产品等权利。②与第一点区别相对应，通常情况下，探矿权和采矿权的行使在时间有先后，即先有探矿权的行使后才有采矿权的行使；只有在特殊情况下，对于一些特别复杂的，难以正规开采的矿床，采取边探边采或滚动开发的方法时，探矿权和采矿权的行使时间才会出现重合交叉。③探矿权人行使探矿权所获得的成果即地质成果报告，作为一种智力成果属于无形财产；而采矿权人行使采矿权所获得的成果则是矿产品，作为一种实物商品它属于有形财产。

(4) 历史沿革

由于矿产资源勘探开采关系到环境保护和国家自然资源可持续利用，关系甚大，我国对矿产资源的开发利用，较早就实施了比较严格的监管，但我国的采矿相关许可立法却迟至 1986 年才起步。

1986 年 3 月 19 日，六届全国人大常委会第十五次会议审议通过的《矿产资源法》创设了采矿许可制度。该法规定“矿产资源属于国家所有”、“勘查矿产资源，必须依法登记。开采矿产资源，必须依法申请取得采矿权。国家保护合法的探矿权和采矿权不受侵犯，保障矿区和勘查作业区的生产秩序、工作秩序不受影响和破坏”。这一时期探矿采矿许可是无偿取得并且不可转让的。

1996 年 8 月 29 日，八届全国人大常委会第二十一次会议审议通过了《关于修改〈中华人民共和国矿产资源法〉的决定》。该修正案规定了“国家实行探矿权、采矿权有偿取得制度”，并规定：“探矿权人有权在划定的勘查作业区内进行规定的勘查作业，有权优先取得勘查作业区内矿产资源的采矿权。探矿权人在完成规定的最低勘查投入后，经依法批准，可以将探矿权转让他人。”此外，修正案还规定：“已取得采矿权的矿山企业，因企业合并、分立，与他人合资、合作经营，或者因企业资产出售以及有其他变更企业资产产权的情形而需要变更采矿权主体的，经依法批准可以将采矿权转让他人采矿。”由此，我国采矿许可进入有偿取得时期。

1998 年 2 月，国务院颁布了《矿产资源勘查区块登记管理办法》（国务院令第 240 号)、《矿产资源开采登记管理办法》(国务院令第 241 号) 和《探矿权采矿权转让管理办法》(国务院令第 242 号),对探矿采矿许可有偿取得和依法转让制度作了具体的规定。

2004 年正式施行的《行政许可法》第 5 条规定“设定和实施行政许可,应当遵循公开、公平、公正的原则”,为采用招标拍卖挂牌方式出让矿业权提供了法律依据。此后,采用招标拍卖挂牌方式出让矿业权逐步得到矿业界的认同。

5.2.3.2 排污许可

排污许可指向环境排放大气污染物、水污染物或噪声、固体废物等的排污者,应向环境行政主管部门提出申请,经审查取得许可证后,按许可证规定的条件排放环境污染物。

排污许可是环境能源管理领域里较早得到应用的一项规制工具。美国在 1972 年通过了著名的《联邦水污染控制修正案》,确立了其延续至今的国家污染物排放消除系统,在美国首次以法律的形式正式明确了排污许可证制度,规定所有排入国家通航水体的污染源必须在排放前取得许可证,否则就是违法行为。法国于 1973 年确立了排污许可制度,规定所有排污单位(家庭除外)均须向政府主管机关进行排污申报登记,政府主管机关依职权以“通知书”和“许可证”两类形式给予许可。其中通知书适用于小型企业,而许可证适用于中型及以上企业或污染物需要做特别处理的企业。

我国推行排污许可制度的试点工作开始于 1987 年。其中水污染排污许可制度发展较快,原国家环境保护局早在 1988 年即颁发了《水污染物排放许可证管理暂行办法》。按照《水污染物排放许可证管理暂行办法》,我国水污染排放许可证的颁发和管理大致可以分为如下步骤。

1)排污申报登记。排污单位必须在规定时间内,向当地环境保护行政主管部门(通常为当地环保机关)办理排污申报登记手续,并提供有关材料和资料。

2)排污许可申请。排污单位必须在规定的时间内,持当地环境保护行政主管部门批准的排污申报登记表申请《排放许可证》。这一点充分体现了排污许可“一般禁止”前提的强制性。

3)排污许可的审核。该规定要求地方环保机关根据水体功能或水质目标的要求进行总量分配,根据水污染和污染物排放现状,确定污染物削减量;在此基础上,根据当地污染排放总量控制的指标核准排污单位的排放量。但是,跨省、自治区、直辖市的排污单位,特殊性质的排污单位,特大型项目必须报国务院环境保护行政主管部门审查核准污染物排放量。

4)排污许可的决定。有权发放排污许可证的行政机关作出颁发许可证或驳回申请的决定。就行政法一般法理而言,拒绝颁发许可证的,应当向申请人说明理由。

5）监督管理。许可机关及法律法规授权的行政机关和组织在排污许可证颁发后，对排污单位执行许可证的情况进行监督检查，发现有违背许可证制度相关规定的情况的，依法给予包括警告、罚款、中止或吊销许可证等方式的处理。

《水污染物排放许可证管理暂行办法》的规定有明显的“过渡”特色。①这一规定并未一刀切地规定全面实施排污许可制度，而是同时规定了排污申报和排污许可两项制度，使前者成为后者的前提，并且第 10 条规定：“在申报登记的基础上，分期分批对重点污染源和重点污染物实行排放许可证制度。”从此制度的实际实施进程来看，先实施的是排污申报登记，之后才逐渐推行排污许可制度。②从立法目的来看，此时排污许可制度立足“浓度控制”，争取总量控制[①]。实际上，早期排污许可制度的重心不在于在禁止和允许排污行为之间做出选择，而在于回答允许何种程度的排污行为，也即控制排污的浓度和数量。

早期有关排污许可的规定和实践大都采纳了这一基本的制度框架，即同时包括了排污申报登记和排污许可两项制度，只是丰富和完善了上述几个步骤的具体内容。在排污许可的审核决定过程中，还需要行政机关对申请人所在地进行实地调研，以包括听证会在内的各种形式征求当地居民意见等。

20 世纪 90 年代后期我国开始出现将排污申报登记制度和排污许可制度分离的立法例。如 1999 年深圳市政府通过《深圳经济特区污染物排放许可证管理办法》，未规定排污申报登记制度，只规定了排污许可的申请、审核发证和监督管理。2008 杭州市人大通过的《杭州市污染物排放许可管理条例》，亦未规定排污申报登记，只规定了排污许可申请、决定和监督管理等内容。

5.3 总量控制下的排污许可交易制度

5.3.1 概念

通常所说的排污交易（pollution trading；emission trading；marketable pollution permits），更为准确的说法是总量控制下的（排放许可）交易（cap and trade），是结合政府监管和市场的力量，由环境规制部门在特定范围内设定一个排污的总量限额，然后将总量分割成不同份额、分配到个别排污者，此即排污者可自行使用的排污额度。实际排污量低于自己配额的排污者，可把剩余的额度出售图利，至于超配额排污者，则必须从其他排放量低于配额的排污者那里购买可

① 《水污染物排放许可证管理暂行办法》第 2 条规定：在污染物排放浓度控制管理的基础上，通过排污申报登记，发放水污染物《排放许可证》，逐步实施污染物排放总量控制。

用额度，用以抵消超标的排污量，否则便要受罚。

这种制度安排允许企业按照相对成本，决定自行投资减排设施，抑或在市场购买所需的排污额度，以符合成本效益的方法来管理企业排污问题。而从环境质量监管目标而言，个别企业的实际排污量其实无关宏旨，最重要的是控制整个地区污染物排放的总量；而总量控制下许可交易的好处是透过市场力量，使规制者不必大量投入以实现对个别企业的严密监管，却同样可达成降低污染总量的目标。另外，超额减排者可以出售其排污额度而获利，鼓励了企业采用环境友好的生产工艺和低成本高效益的污染治理技术，从而有利于提高整个社会的环保技术水平。

一项完整的排污交易制度至少要包括如下内容。①适用范围。即划定排污许可制度适用于何种污染物的排放管理，以及将多大范围的污染源纳入同一“泡泡”。只有那些从技术上能衡量、可核查的污染物，才能够应用许可交易制度。而只有“泡泡”达到一定的规模，容纳足够多的污染源，才能真正在污染者之间形成交易市场。②总量控制目标。总量控制，是排污许可交易制度作为规制工具所要达成的规制目标；也是确定可供分配的排污许可总额度的技术前提。③排污额度的初始分配。这是污染者之间交易得以发生的前提。④排污交易的操作性规则。⑤政府的审查与监督。这些内容都需要技术和信息的支持。

5.3.2　源起和发展

排污交易首创于美国。

总量控制下的排污许可交易，其前身是 1979 年美国在《清洁空气法》(1970 年) 领域内实施的“泡泡”政策 (The bubble policy)。即，将一个工厂的多个排放点或一个公司下属的多个工厂，甚至一定区域内的多个工厂视为有着一定排污总量的一个“泡泡”，在这个“泡泡”内，若要新增污染源或原污染源的排污量增加，需要以其他污染源减少排放以使整个“泡泡”的污染总量不增反减。在非达标地区，美国国家环境保护局 (U. S. Environment Protection Agency, EPA) 要求以总量削减 20%为批准实施“泡泡”政策的前提。这种政策着眼于控制整个区域的污染物排放总量，而不是控制每一个排放点的排放量。政府规制的单位是由多个污染源组成的“泡泡”，而不是个别污染源。具体操作上，有扩改、新增排污项目需要的排污者，可以在属同一泡泡内的本厂、本公司内调剂排污额度来使自己的扩改、新增项目的排污合法化，亦可购买同一泡泡内其他排污者的“排污份额”来使自己的扩改、新增排污合法化，后者即排污交易。

1990 年，美国修订《清洁空气法》(*Clean Air Act*)，推行二氧化硫 (SO_2) 和氮化物 (NO_x) 的排放交易机制 (TPP)，以期解决酸雨问题。法令强制超额排放的企业如未能在市场回购超标的排放额度，便须缴付每吨 2，000 美元的罚款，罚款金额相当于排放额度市价大约十倍，并会按 1990 年以后的物价逐年调整。至于排放额度的初始分配，适用所谓的“老祖父条款”，按照排污者原有排污记录分配排污许可额度，只保留少量新的排污许可额度供新出现的排污者使用或在商品交易所拍卖。

此立法开始施行后，芝加哥商品交易所即率先推出了二氧化硫排污交易规则，随后，纽约交易所也推出了自己的排污交易的标准合同。1993 年，两家交易所开始交易“环境物品”，明示交易对象不限于二氧化硫的排污权。有了这些操作性的规则和工具，美国的排污交易飞速发展起来。目前，美国排污交易仍大体沿用了上述交易规则，只是交易内容得到了逐步扩展（从空气排污交易到水体排污和含铅燃油排污交易等）。

美国总量控制下的排污许可交易在解决二氧化硫减排问题方面成效显著。美国国家环境保护局推行了雄心勃勃的二氧化硫减排计划，首阶段于 1995 年正式实施，主要针对大量排放二氧化硫的煤电厂（美国 1980 年至 1999 年发电量增加了 20%以上，二氧化硫排放量却下降了 20%以上）。第二阶段于 2000 年开始推行，针对的污染者扩展至较小型的煤电厂以及燃气和燃油发电设施（当时计划到 2010 年，整项措施使二氧化硫每年排放量较 1980 年的水平下降 1000 万吨，相当于降低 50%）。

美国排污交易制度的应用很快从二氧化硫扩展至其他空气污染物。如美国国家环境保护局要求，煤电厂在燃煤过程中对空气排放的水银物质，亦须接受同类排放监管。后来排污交易制度逐渐推适广适用于水污染领域，如钢铁行业的“水泡”、田纳西州的水污染管制等。近年来排污交易制度更扩展到跨国合作领域：2003 年美国开始与加拿大政府商讨设立跨越边境的总量控制下的交易安排，适用于二氧化硫（SO_2）和氮氧化物（NO_x）的排放交易。此外，美国与墨西哥也在展开类似磋商。

排污交易制度在全球温室气体减排中也得到了应用。欧盟于 2005 年 1 月开始实行二氧化碳（CO_2）排放交易，共有 25 个国家（后增加到 27 国）参与。欧盟的目标是由 2008 年至 2012 年，把成员国的温室气体排放总量由 1990 年的水平下降 8%。

发展中国家根据《京都议定书》所规定的清洁发展机制（clean development mechanism，CDM），亦可作为“卖方”参加欧盟的“碳交易”，即：发达国家通过在发展中国家实施具有温室气体减排效果的项目，把项目所产生的温室气体减少的排放量作为履行京都议定书所规定的一部分义务。一方面，对发达国家而言，给予其一些履约的灵活性，使其得以以较低成本履行义务；另一方面，对发展中国家而言，协助发达国家能够利用减排成本低的优势从发达国家获得资金和技术，促进其可持续发展；对世界而言，可以使全球在实现共同减排目标的前提下，减少总的减排成本。

5.3.3 与传统标准设定方法的比较

从发生历史来看，这一制度是在实行传统的污染物浓度控制下的标准设定方式仍不能满足环境需求的背景下产生的，是实现总量控制的重要方式。

最早采用的针对个别污染者"设定排污标准"方式，即规制者首先确定浓度控制标准，如大气中二氧化硫平均浓度不得超过 0.02ppm，然后地方当局据此确定"执行计划"，要求二氧化硫排放者（企业或开车者）采取特定措施，以满足环境标准要求。排放标准体系往往给排污者直接设定了排放的限额。但这种方式，被批评为"昂贵、浪费并且无效率"①。

在所有规制都会遇到的信息不足的问题之外②，传统标准设定方法的特殊困难是：标准设定者很难解决标准的一般化与适应特定地区、特定污染物和特定行业的具体情况之间的两难：单位污染控制成本并不是均匀分布的。最后 10%的污染控制成本相比前 90%的污染控制成本可能戏剧性增加。不同污染源（如汽车和工厂）控制同量污染的成本也可能存在极大差异。而且，即使有了高度特定化的，并因此具有适应性的标准，实施起来仍然面临问题。理性自利的排污者没有利益驱动去自愿"减少污染"，在违法排污很难查处或处罚低于守法成本时，排污者倾向于违法排污。所以，简单、整齐划一的标准在实践中，很难不是"昂贵、浪费并且无效率的"。

总量控制下的排污许可交易恰恰在这些方面具有比较优势。①它提供了"自愿"减少污染的动机。很显然，因为富余的排污许可配额可卖钱，而超额排污要费钱，自利的排污者当然有动机尽可能减少污染并尽量提高治污技术以降低治污成本。②它能包容特定范围内不可避免存在的个别化差异。事实上，此制度得以运行的前提正在于总量控制范围内多个污染源的治污成本各不相同。如果各污染源治污成本是一样的，就不会出现配额交易了。③与前两点相关，排污许可交易最终提高了污染治理的"效率"，使企业付出最低代价而达到减少污染物排放的公益目的。因为排污许可配额可自由交易，治污成本低于配额市价的企业会实施减排并卖出配额，而治污成本高于市价的企业会购买配额，那些削减污染成本最

---

① 布雷耶 . 2008. 规制及其改革 . 李洪雷等译 . 北京：北京大学出版社：374.

② 首先，环境污染的规律（排污数量与损害后果的因果关系）十分复杂，随时间地点变化而变化。如从工厂烟囱排放出来的二氧化硫会带来多少污染或损害，不是简单取决于这一特定排放源的排放数量，同时取决于风向、温度、空气中已有的二氧化硫数量、排放的时段等。

低的人会最先治污。这种决策完全由企业自主做出，结果必是符合经济效率的，即使用最少的资源耗费来削减相同的污染量。

5.3.4 我国排污交易制度发展状况

总量控制下的排放许可交易制度在我国仍处在试行阶段，尚未进入正式立法阶段。

5.3.4.1 立法现状

我国 2000 年修订《大气污染防治法》第 15 条规定："国务院和省、自治区、直辖市人民政府对尚未达到规定的大气环境质量标准的区域和国务院批准划定的酸雨控制区、二氧化硫污染控制区，可以划定为主要大气污染物排放总量控制区。主要大气污染物排放总量控制的具体办法由国务院规定。大气污染物总量控制区内有关地方人民政府依照国务院规定的条件和程序，按照公开、公平、公正的原则，核定企业事业单位的主要大气污染物排放总量，核发主要大气污染物排放许可证。有大气污染物总量控制任务的企业事业单位，必须按照核定的主要大气污染物排放总量和许可证规定的排放条件排放污染物。"2002 年修订的《水法》，第 7 条规定："国家对水资源依法实行取水许可制度和有偿使用制度。……"第 32 条规定："县级以上人民政府水行政主管部门或者流域管理机构应当按照水功能区对水质的要求和水体的自然净化能力，核定该水域的纳污能力，向环境保护行政主管部门提出该水域的限制排污总量意见。县级以上地方人民政府水行政主管部门和流域管理机构应当对水功能区的水质状况进行监测，发现重点污染物排放总量超过控制指标的，或者水功能区的水质未达到水域使用功能对水质的要求的，应当及时报告有关人民政府采取治理措施，并向环境保护行政主管部门通报。"2008 年修订的《水污染防治法》第 20 条明确规定："国家实行排污许可制度。……禁止企业事业单位无排污许可证或者违反排污许可证的规定向水体排放前款规定的废水、污水"。第 9 条规定："排放水污染物，不得超过国家或者地方规定的水污染物排放标准和重点水污染物排放总量控制指标。"

也就是说，我国大气法和水法都规定了污染物排放许可制度，并且授权行政机关实施总量控制制度，但并未规定总量控制下许可"交易"制度。

我国《行政许可法》（2003 年通过）第 9 条规定："依法取得的行政许可，除法律、法规规定依照法定条件和程序可以转让的外，不得转让。"也就是说，行政许可不得转让是原则，转让是例外。总量控制下的许可交易，必须依法律、法规的规定进行。

我国立法机关先后批准了《联合国气候变化框架公约》（1992 年 6 月签署，1993 年 1 月交存加入书）及其《京都议定书》（1998 年 5 月签署并于 2002 年 8 月核准），为我国按照公约的指引参与国际碳市场交易铺平了道路。

目前试点中有一些地方（如上海、江苏、太原、浙江等）就排污许可交易出台了地方性规定。如 2008 年江苏省太湖流域主要水污染物排污权有偿使用和交易试点启动（2007 年获得国家财政部和国家环保总局对开展试点的批准），江苏省就制定了《江苏省太湖流域主要水污染物排污权有偿使用和交易试点方案细则》（2008 年）和《江苏省太湖流域主要水污染物排污权交易管理暂行办法》（2010 年），以指导和规范试点工作的实施。

5.3.4.2 试点情况

（1）早期试点

我国水污染物交易试点工作在二十世纪八十年代即开始。1986 年，上海市建立了一个试验性的污水排放许可交易系统，允许 COD 排放交易。

1990 年，首批被选定的进行大气排污许可证试点工作的 16 个城市中，有太原、包头等 6 个城市同时被选定开始进行大气排污交易的试点工作。

但早期试点工作只听响雷，不见雨点。

（2）中美合作的二氧化硫交易试点

1999 年 9 月，美国环境保护协会与中国国家环境保护总局签署协议，在中美合作框架下开展总量控制与排污交易的研究和试点工作。南通与本溪被确定为首批试点城市。

2002 年，原国家环境保护总局发布了《关于二氧化硫排放总量控制及排污交易政策实施示范工作安排的通知》（环办函［2002］188 号），国家环境保护总局和美国环境保护协会的合作，在中国实施排污权交易项目的第二阶段试验，选取了江苏省、山东省、河南省、山西省、上海市、天津市、柳州市和华能发电集团作为试点，简称为 4＋3＋1。7 省市均制定了《二氧化硫排放总量分配方案》、《二氧化硫排放许可证管理办法》以及《排污权交易管理办法》。

2004 年，由国家环境保护总局、美国环境保护协会牵头的二氧化硫排污权交易正式启动第三阶段试验，试点由第二阶段试点地区的点状分布转向包括江苏省、上海市、浙江省三个省区的长三角区域合作试验。

（3）最近新闻

“十一五”期间，国家在部分省、市开展了排污权交易试点工作，先后将江苏、浙江、天津、湖北、湖南、内蒙古、山西、重庆、陕西、河北共 10 个省、自治区、直辖市列为国家排污权交易试点省份，此外，广东、山东、辽宁、黑龙江等10多个省份也在省内进行探索。另据中国环境规划研究院统计，全国已有过半省市试行排污权交易。

2012年4月26日，国家环境保护部在广东省佛山市召开了排污权有偿使用和交易试点省份工作总结会议。10个试点省（市）分别汇报了各地的排污交易试点工作情况。

国家环境保护部总量司、财政部经济建设司和国家发改委价格司等部门2009年就开始酝酿的《排污权有偿使用和交易试点工作指导意见》，迄今仍在讨论中[①]。同样已经期待很久的《排污许可证管理条例》，可能率先围绕水污染物领域制定出台，成熟后再扩展到大气污染物领域。

阅读材料：中国排污交易的典型案例

2002年夏，江苏省太仓市太仓港环保发电有限公司（以下简称"太仓港"）计划扩建，扩建后公司每年要多排放二氧化硫2000吨，此时江苏省排污总量控制指标已无存量，"太仓港"的扩建工程面临搁置。

为了解决这个问题，"太仓港"同江苏省环保厅进行了多次磋商。以往的做法就是依靠行政手段从其他的厂商那里硬性拿到排污指标，即强行要求其他厂商缩减排污量。但这一次最终方案有所不同：当时南京下关电厂刚经过烟气脱硫系统改造，每年二氧化硫的实际排污量比环保部门核定的总量指标减少了3000吨。在江苏省环保厅的协助下，"太仓港"与南京市下关发电厂达成协议：从2003年7月起至2005年，"太仓港"每年从南京市下关发电厂异地购买1700吨的二氧化硫排污指标，并以每公斤1元的价格支付170万元的交易费。双方还商定到2006年之后，将根据市场行情重新决定交易价格。

"太仓港"的扩建工程由此得以如期投产。

问：此中国案例与美国早期"泡泡"政策下的实践有何异同？与美国后来成熟的排污许可市场上的交易又有何异同？

资料来源：《排污权交易的中国实验》，载《财经》2003年第9期。

另外，2011年12月，国家发改委办公厅下发了《关于开展碳排放权交易试点工作的通知》（发改办气候〔2011〕2601号），批准北京、天津、上海、重庆、湖北（武汉）、广东（广州）、深圳等7省市，开展碳排放权交易试点工作。2013年，深圳、湖北、广东、上海等地已按国家要求启动了碳交易市场。

---

① 陈湘静．摸石头过河：排污权有偿使用和交易面临挑战．http://gx.people.com.cn/n/2012/0514/c229259-17035763.html［2013-12-31］．

5.3.5 相关理论争鸣

5.3.5.1 排污是不是一种权利

许多人将排污交易称为排污“权”交易。这种表达是不确切的，甚至可以说是引人误解的，因为这种表达方式不符合通常的表达习惯。我们通常以权利的标的或权利的标的加上权利行使方式来命名一种权利，前者如人身权、财产权、水权等，后者如土地使用权、采光权等。而这些权利之所以得到法律认可，通常是因为这些权利标的对权利主体而言具有重要的和立法者认为值得以法律方式予以保护的价值。由此，“排污权”的说法，似乎意指“污染物”对于权利主体而言具有某种重要价值，这显然是违背常识常理的。

而且，在排污许可交易中，排污者之间交易的标的物，也并非具体有形的污染物，而是规制者在一般禁止前提下许可给特定排污者的排放额度。因此，有学者主张，应当将排污交易称为排污许可交易。

但是，亦有学者（如邓海峰）对此提出异议。因为若将排污交易称之为排污许可交易，仿佛是指排污交易的标的是一份行政许可证所载明的权益。但事实上，现实中，可以参与交易的主体并非只是获得行政许可证的主体，交易的内容也不限于许可证所载明的权益。例如，自古以来就在河边定居的居民，并不需要从行政机关取得一份“排污许可”，即被认为有权向河中排放生活污水；相反，政府机关决定将此河划入某种生态功能区（如水源保护地），则应向居民支付一定的经济补偿以购买居民的“排污权”。

还有学者（如吕忠梅）提出，排污交易的表达方法不准确，应当称之为“环境使用权交易”，才能准确地表达交易的内容。这种表述的优点是，不仅表明了此处涉及的权利标的（即环境使用权），同时还能够包括排污交易和自然资源利用权交易两类性质相同内容有异的交易。排污，实质是对环境自净能力所决定的环境容量的使用。而自然资源的利用，实质是对环境自我再生能力所决定的资源总量的使用。两者都以生态环境承载力为物质前提。比较而言，这种观点表达更为准确，逻辑相对周延。

5.3.5.2 排污许可交易的初始分配

20 世纪 80 年代，美国开始探讨排污交易的规则时，一个焦点问题就是：作为排污交易的前提，一开始管制者是应当标价出售或拍卖那些可交易的排污许可（排放额度）还是免费分配它们？此即排污许可的初始分配问题。

学者们的意见莫衷一是。出售或拍卖显然能够为政府带来可观的收益，并且符合污染者付费的原则，而且“价高者得”也能充分利用市场机制分配有限资源的效率。但免费分配显然更受排污者的欢迎。经济学家们指出，一方面，排污权拍卖会给排污者带来沉重的财政负担，若无相应的资本市场可利用，则此负担将构成严重的进入障碍；但是另一方面，如果政府根据已有的排污记录来免费地分配排污权，则不仅不能体现“污染者付款”的原则，而且也失去了一项重要的财源①。最后，美国国家环境保护局采取了折中的立场：以免费分配为主，辅以拍卖方式。而免费分配的具体额度以排污历史记录为依据。

这种按历史记录免费分配排污许可额度的做法受到较多批评。主要包括：①这种分配方法惩罚了那些原来积极保护环境控制自身排污量的行为人，因为他们原来越是努力保护环境现在得到的排污许可额度越小；②此种方法对那些未来可能存在排污需求的排污者不公平，未来的排污者在初始分配排污额度时尚不存在，没有排污记录，因此其可能的需求被忽略了②。

参考文献

布雷耶 . 2008. 规制及其改革 . 李洪雷等译 . 北京：北京大学出版社.

邓海峰 . 2008. 排污权：一种基于私法语境下的解决 . 北京：北京大学出版社.

国家环境保护局计划司 . 1994. 环境规划指南 . 北京：清华大学出版社.

吕忠梅 . 2009. 环境法 . 北京：高等教育出版社.

肖国兴，肖乾刚 . 1999. 自然资源法 . 北京：法律出版社.

徐祥民 . 2008. 环境与资源保护法学 . 北京：科学出版社.

① Casson. F. 1993. “Seller incentive properties of the EPA’s emission trading aution. Journal of Environmental Economics and Management. 25 : 177-195.

② 可参见：Cheung. S. N，“Transaction Costs，Risk Aversion and the Choice of Contractual Arrangements”，Journal of Law and Economics，Vol. 18，1975，pp. 535-554.

第 6 章 环境与能源标准制度

Environment and Energy Standards

在当前，标准还是一个相对而言被法律学者所忽视的课题。然而，在各国环境与能源法律实践中，实际上发挥着类似于法律规范作用的标准大量存在，数量已经远远超过了国家的正式立法，并由此带来许多重要的理论研究和实务操作问题。

6.1 标准制度概述

6.1.1 标准的概念

什么是标准？能够找到的标准的定义大多并非来自法学，而是来自经济学、行政学或政治学。讨论标准的概念，此处也只能从最一般的基础共识出发。

1）标准是一种行为规则，是“在特定类型情况下，对行为或活动加以规定或引导的一般性规范”①。标准的确立，旨在影响人的行为，从而达成某些欲达成的目标或避免某些不利的后果。

2）标准通常包含基于专门知识和经验的判断。这首先是因为现代社会中大量的标准都涉及高深的科学知识或尖端的技术知识。但是，高深或尖端的科技知识并非标准中包含的唯一专门知识，许多标准还涉及一些基于特定领域的实践经验但不能归入精确科技知识的特定专长或技能，例如，对因环境污染而引起的流行病爆发的判断标准。

3）就表现形式而言，有些标准属于正式法律，有些则不属于正式法律。有一些标准出现在正式的法律文本中，是正式法律的一部分，但更多的标准，并非以正式法律的形式出现，而是以技术导则、操作指南、作业流程、技术要求的形式出现。

我国在 1983 年颁布的国家标准《标准化基本术语第一部分》（GB39351.1-1983）中，将“标准”定义为“对重复性事物和概念所作的统一规定。它以科学、

① Baldwin. R. 1995. Rules and Government. Oxford：Clarendon Press：7.

技术和实践经验的综合成果为基础，经有关方面协商一致，由主管机构批准，以特定形式发布，作为共同遵守的准则和依据。”这一界定相当巧妙，一方面概括了各种标准所共有的三项一般特征，同时又通过“经有关方面协商一致”（未明确哪些有关方面）、“特定形式”（未明确何种特定形式）、作为“共同遵守”的准则和依据（未明确谁来共同遵守?）等包含不确定性的表达，容纳了标准的多样性。

6.1.2 标准的分类

标准是多种多样的，它们所欲达成的目标也是多种多样的，例如旨在促进工作场所安全的标准，旨在促进消费者知情权的标准，旨在保障环境清洁标准和旨在促进能源效率的标准等。它们所针对的事项也是多种多样的，可能涉及人类健康能承受的对某物质的接触浓度或大气/水的质量，也可能涉及工作规则或产品规格，或者是这些内容的混合。而且，这些不同的标准在适用范围和执行手段方面差异也可能极大。这一现实使得类型化的研究既极其必要也十分困难。但学者们还是努力从学理上对标准做出了一些具有实质意义的划分。

6.1.2.1 控制过程/行为的标准和控制目标/结果的标准

依据标准的实质内容不同，可将标准划分为控制过程/行为标准和控制目标/结果的标准两类。控制过程/行为的标准，确切地指示被规制者如何行为；控制目标/结果的标准，则直接将必须实现的最终目标或应当追求的结果当作行为人的义务，被规制者可以自行决定以何种方式来达成目标或结果。

对于受规制者而言，显而易见的是，控制过程/行为的标准，例如规定发电机必须符合特定规格的环境与能源标准，所发出的指示比控制目标的标准指示更为具体而明确，被规制者相对比较容易了解自己如何做才能达标。但是，硬币的另一面是，控制过程/行为的标准限制了被规制企业的灵活性和创造性，在控制目标/结果的标准下，被规制企业有更强的动机去寻找和应用更有效或更低成本达成同一规制目标的方法。

控制目标/结果的标准直接面对所要解决的问题。在这个意义上，过程/行为控制标准的制订以绩效标准的确定为前提。只有依据某种目标/结果的绩效标准，才能证明过程/行为控制标准的正当性。而究竟要对行为/过程实施何种性质以及何种程度的控制，才能达成特定的目标/结果，通常涉及非常复杂的判断。就此而言，对于规制机关来说，直接确立某种目标/结果标准，比仔细设定特定的过程/行为标准似乎更容易。但是，硬币的另一面是：目标/结果标准的实施存在较大的不确定性，因为以何种方式判断受规制者达成或未达成特定目标/结果往往会成为问题。举例来说，假如标准的要求是企业必须安装使用特定污染控制设备

（行为/过程控制标准），那么规制者的监督只涉及查看该种设备是否已经安装并使用；假如标准的要求是企业的不得污染河流湖泊（目标/结果控制标准），则监督者为了实施该种标准，将不得不发展出更具体和明确的，有可用技术支持的标准，例如生物需氧量（biochemical oxygen demand，BOD），以确定河流湖泊的水质是否已经受到污染。

6.1.2.2　强制标准与非强制标准

依据标准得以实施的方式，可将标准分为强制性标准和非强制性标准两类。其中强制性标准指以国家强制力保障其实施的标准，被纳入标准调整范围内的行为主体有遵从标准的义务，否则将受到法律的追究。非强制性标准则指不具强制执行力的标准，被纳入标准调整范围的行为主体可以自己选择是否遵从标准；行为主体不遵从标准时，不受法律追究。

我国《标准化法》将强制性标准与推荐性标准对应。该法将我国的国家标准和行业标准分为强制性标准和推荐性标准两类。其中强制性标准指“保障人体健康、人身财产、安全的标准以及法律、行政法规规定强制执行的标准”，其他行业标准和国家标准为推荐性标准。显然，在这里，推荐性标准属于非强制性标准。但是，需要注意的是，就一般用语而言，推荐性标准往往意味着存在某位权威的推荐者或某种正式的推荐程序，但事实上许多非强制性标准未经“推荐”。也就是说，“推荐性”与“强制性”就一般语义而言并非互相排斥的两分，因而以推荐性标准与强制性标准对应，不如用非强制性标准与强制性标准对应周延。

也有论者将强制性标准与自愿性标准对应。但自愿性标准缺乏一般公认的清晰定义。考虑到总有一些非强制标准得不到自愿的遵从，则非强制标准外延大于通常所谓的自愿性标准。

6.1.3　作为规制工具的标准

标准是一种传统的规制工具。

理想状态下，标准制定者（立法者、行政人员或社团成员）首先会识别出某种与人类活动相关的负面影响，并确立应当努力去控制这种负面影响的目标。然后，出于控制这种负面影响的目标，标准制定者会基于技术分析、成本—收益分析以及对公众接受程度（通过征求意见或公开评议体现）判断，制定出“技术上可行、经济上可负担、政治上可接受”的标准。之后，确保这种标准得到执行的种种手段（如罚款、吊销许可证甚至刑罚）被发展出来，执法机构和人员会执行这些标准；最后，这些标准的遵从和执行的情况会受到监督，如果事情恰如完美主义者所期，这种标准的有效性将根据对实际遵从情况和执行情况的分析而得到恰如其分的评估；根据评估，如有需要，这些标准可能会被修订。

然而，在现实生活中，上述每一步均会遭遇种种困难。

1）议程设定的偶然性。需要规制的事务是繁杂多样的，而规制机构的人、财、物等可用资源是有限的，因此有取舍和优先排序的问题。此处议程的设定，既涉及何种事项优先于其他事项的判断，也涉及在多种可用规制工具中，优先选择设立标准而非禁令或许可、处罚等其他工具的判断。规制机构在决定优先规制何种事务或优先选用何种规制方式时，往往并无充分时间和信息进行成本—收益比较分析，而只是简单地回应来自立法机关或民众吁求的压力，因此，很难保证议程设定本身的合理性。例如，我国 PM2.5 监测标准的出台，在很大程度上是政治压力的结果①。PM2.5 监测标准从无到有，无疑是一种进步。但是，即使在强大的政治压力下，也不应否认理性的标准设立决策应当考虑标准实施方案及实施成本，而 2012 年 2 月 PM2.5 监测标准的匆匆出台，我们并没有看到对于 PM2.5 监测标准实施成本的分析报告，更没有看到为了更有效运用有限资源而进行的多种污染因素控制标准之间实施成本的比较分析报告。强烈的公众关注和政治压力还可能遮蔽了对重要性的判断，在 PM2.5 监测标准出台事例中，容易被忽略的是，在我国，对人体健康造成负面影响的环境污染因素并不限于 PM2.5②，公共机构在决策时不应忽略那些公众当前并未强烈关注，实际上却对人体健康危害极大的污染因素的控制。

2）信息获取的困难。这是标准制定的核心难题。理论上，规制机构可以从许多渠道获得制定标准的相关信息，如被规制企业、相关消费者、邻近居民、本领域的专家、管辖事务有关联或重合的其他公共机构等。关键问题在于，这些信息的准确性缺乏保证。具体而言，被规制企业掌握着丰富的信息，却有强烈动机拒绝提供、隐瞒甚至歪曲信息；消费者和居民因为利益攸关有提供信息的动机，但此种动机激励同时也会影响其对信息的选择和处理，并由此带来片面性，可能造成信息一定的程度的歪曲；独立专家能提供制定标准所必需的、一般性的专业知识，但标准设立时所必需的信息还包括那些更具特定性的信息，而在对具体信息的了解方面，专家往往也要依赖于被规制企业；其他相关公共机构所能提供的信息往往是有限的，并且这些信息的最终来源往往还是被规制企业。这一信息难题可以部分地解释为什么“协商制定规则”、环境协议等“合作治理”模式③在美国环境行政领域一经出现即受到广泛欢迎。

---

① 马力. 环境空气质量标准：公众支持 PM2.5 纳入监测标准. http：//news.sohu.com/20111207/n328138792.shtml [2011-12-07].

② 例如，“PM2.5 重要，地表水污染同样重要”，http：//www.epchina.com/2012/0607/34271.shtml.

③ 弗里曼·J. 2010. 合作治理与新行政法. 毕洪海等译. 北京：商务印书馆.

3）参与程序的两难。由于前述信息难题的存在，标准制定中多元主体的参与方式受到欢迎。从公平的角度，多元主体参与标准制定也确有必要。但是，多元主体参与标准制定的一个明显代价，是时间上的迟延。最糟糕的是，没有什么能够保证这种时间迟延能够换来令人满意的结果：多元参与程序下，最终制定出来的标准很可能是参与各方政治实力互相牵制而形成的不得已妥协，而并非任一参与方所希望达成的结果。

4）无法回避不确定性的实质权衡。在制定标准时，规制机关不得不面临实质的利益权衡，在这些权衡中，存在无法回避的不确定性。首先，标准是一般行为规则，因此必须回答一般化到什么程度或在多大程度上考虑特殊性的问题。例如，控制水污染的环境标准，通常采用 BOD 作为度量指数。但是许多因素会影响到 BOD 的量，如水中的鱼类和植物种类和数量不同对于氧气的需要有差别，这些因素是否应当考虑在内？甚至水流更快的河流比水流平缓的河流能更快地补充氧气，这种因素是否应当考虑在内？如果完全不考虑这些特殊情况的话，制定出来的标准可能是悖谬不合理甚至完全不可实施的，但如果考虑到一切因时因地而异的具体情况的话，标准又将丧失作为一般行为标准所具有的明确性和便捷性。所以，必须整体权衡而有所取舍。第二，当零风险不可实现时，何种程度的风险应被当作“可接受的”的风险？任何社会都不可能是没有任何风险的社会，通过包括标准在内的规制手段来控制风险，并不意味着消除一切风险，而只意味着避免“不合理的”风险或尽量削减“过大”或“太多”的风险，但是，何谓“可接受”、“不合理”、“过大”或“太多”，是聚讼纷纭而且通常并无唯一正确答案的问题。

5）实施问题。标准一旦制定，受标准规制的行为主体如违反标准，将付出一定的代价。如果此代价过低，则受规制者就缺乏遵循标准的足够动力。规制者的执行能力，包括监督检查的人力、物力和技术手段当然是极其重要的因素，但现实中，绝大部分标准的实施，事实上取决于绝大多数受规制者的遵从，而不是监督者对于不遵从者的监督和惩罚。所谓“法不责众”，指的是如果违法者众多，则除非执法人员的数量增加到无法想象的地步，就不可能对违法者实施惩罚。因此，标准的实施问题远比加重对违反标准者的惩罚更为复杂。

阅读思考：技术标准的制定与实施问题

长期以来，污染物排放相关规定并未涉及 A 物质。最近，科学家研究揭示 A 物质是一种强致癌物。为此环保部门发出命令：禁止企业向大气排放 A 物质。一些排放企业提出异议称，本企业的排放行为完全符合现行有效的污染物排放标准，现行大气污染物排放标准并无禁止 A 物质排放的规定，在现行排放标准修订之前，环保部门无权禁止企业向大气排放 A 物质。请问你的意见。

6.2 我国的环境与能源标准制度

6.2.1 我国的标准制度

6.2.1.1 相关立法

环境标准和能源标准均属于标准。

我国当前的标准制度基本法律框架是1988年全国人大通过的《中华人民共和国标准化法》（以下简称《标准化法》）确立，并由1990年国务院颁布的《中华人民共和国标准化法实施条例》（以下简称《标准化法实施条例》）细化。

1988年，国务院决定撤销国家标准局、国家计量局、国家经委质量局，合并成立国家技术监督局，负责全国标准化、计量、质量工作并进行执法监督工作。根据《标准化法》的规定以及国务院内设机构的分工，国家技术监督局先后颁布《国家标准管理办法》、《行业标准管理办法》、《地方标准管理办法》、《企业标准化管理办法》、《能源标准化管理办法》、《全国专业标准化技术委员会章程》、《采用国际标准和国外先进标准管理办法》、《标准出版管理办法》等规章和规范性文件。

2001年，中国加入世界贸易组织。在世界贸易组织的法律体系框架里，《政府采购协议》要求政府按国际标准和国家标准采购；《装运前检验协议》要求按合同的标准进行质量检验，如无这样的标准，则按国际标准检验；《实施卫生和植物卫生措施协定》规定卫生及动植物检疫应以国际标准、准则为基础。由15个条文和3个附件组成的《技术贸易壁垒协定》(Agreement on Technical Barriers Trade，简称TBT协定）以及TBT协定的附件3《良好标准行为规范》对技术法规、标准和合格评定程序作了全面的规定。其中，TBT协定中规定的“技术法规”大致同我国的强制性标准相近；TBT协定中规定的“标准”大致同我国的推荐性标准相近。而TBT协定以及附件所确立的有限干预原则、非歧视原则、透明度原则、采用国际标准和国际准则的原则、争端磋商机制原则、整齐划一原则等基本原则，对我国的技术标准的体系构成、制定程序以及司法审查等，构成了全方位的挑战。在此背景下，2001年4月，中共中央、国务院决定组建国家质量监督检验检疫总局，并同时决定成立的国家标准化管理委员会作为国家质量监督检验检疫总局的管理事业单位，是国务院授权履行行政管理职能、统一管理全国标准化工作的主管机构。国家标准化管理委员会于2002年2月24日印发《关于加强强制性标准管理的若干规定》，对强制性标准或强制条文内容的范围、起草、审查和批准程序都作了规定。

6.2.1.2　标准制定主体

《标准化法》（1988 年颁布，1989 年开始实施）将我国的标准分为国家标准、行业标准、地方标准、企业标准四级。其中，国家标准由国务院标准化行政主管部门制定；行业标准由国务院有关行政主管部门制定，并报国务院标准化行政主管部门备案；地方标准由省、自治区、直辖市标准化行政主管部门制定，并报国务院标准化行政主管部门和国务院有关行政主管部门备案；企业标准由企业制定，企业产品标准须报当地政府标准化行政主管部门和有关行政主管部门备案（第 6 条）。

《标准化法》第 6 条还规定："法律对标准的制定另有规定的，依照法律的规定执行。"这里所谓"另有规定"，指的是专门领域内的特别立法，明确规定将强制性标准的制定权授予国务院的相应行政主管部门，如《水污染防治法》第 11 条规定：" 国务院环境保护主管部门制定国家水环境质量标准。"《大气污染防治法》第 6 条规定："国务院环境保护行政主管部门制定国家大气环境质量标准。"

因此，在我国有关制定标准的行政机关，包括标准化主管部门和相关业务主管部门，其标准制定权分别来自《标准化法》以及其他单行法律规范的直接授权。这种安排的合理性在于：标准行政机关作为综合主管部门，拥有专门的标准化科研机构和专业人员，掌握大量的标准信息，但是，对于环境保护、职业卫生等具有高度专业性的领域而言，往往欠缺相关的科学信息以及畅通的信息收集渠道，因此更适宜由专业行政机关来制定这些技术标准。

6.2.1.3　标准制定程序

《标准化法》对标准制定程序的规定相当简略。根据《国家标准管理办法》、《国家发展改革委行业标准制定管理办法》、《行业标准管理办法》的规定，标准制定程序大致可以分为计划、准备、起草、审查和报批几个环节。

对标准制定程序规定较为详细的是 2002 年标准化委员会颁布的《关于加强强制性标准管理的若干规定》（以下简称《强制性标准若干规定》），规定标准制定程序包括以下几个阶段。①项目提案。各有关政府部门、标准化技术委员会、企事业单位或个人均可按规定第 4 条的范围向标准化主管部门提出强制性标准项目提案。②公告信息。标准化主管部门确定强制性标准项目计划后，应在指定的媒体上通报项目计划的信息。③起草。起草单位应按《强制性标准编写规定》的要求起草强制性标准，并编写包括概况，编制原则，确定标准主要内容（如技术指标、参数、公式、性能要求、试验方法、检验规则等）的依据，重大意见分歧的处理结果和依据、强制的理由，预期的社会经济效果等内容的"编制说明"。同时规定起草单位应当广泛征求意见。④审查和批准。强制性标准的审查必须采用会议审查程序。强制性标准送审稿的审查应由技术委员会按《全国专业标准化技术委员会章程》采用会议审查程序进行技术审查。未成立技术委员会的，应成立审查组采用会议审查程序进行技术审查。标准化主管部门经修改后将报批稿交强制性标准审查机构进行审查。强制性标准审查机构重点就强制必要性、强制范围、与现行法律法规的关系、实施措施及过渡期等内容进行审查，并作出通过、取消或调整为推荐性标准等审查结论。⑤发布。标准化主管部门根据审查结论批准发布强制性标准。⑥复审与修订。强制性标准实施后，应定期进行复审，复审周期不应超过五年。强制性标准复审的技术审查工作由标准化技术委员会承担，并应采用会议审查程序。复审结束后，应给出复审报告，内容包括：复审简况和继续有效、修改、修订、废止的复审结论。标准化主管部门根据复审结论作出复审结果，并及时向社会公布复审结果。标准化主管部门要根据复审结果及时安排有关强制性标准的修改、修订工作。

标准制定程序中比较受关注的有两点。一是公布问题。《标准化法》中没有对标准的公布以及出版发行予以明确规定。但是，《中华人民共和国加入世界贸易组织议定书》第 13 条“技术性贸易壁垒”条款的第 1 款规定：“中国应在官方刊物上公布作为技术法规、标准或合格评定程序依据的所有正式的或非正式的标准。”《强制性标准若干规定》对此规定较为明确，其中第 6 条规定：“标准化主管部门应确定固定的媒体（报刊或网站）用于向国内外通报和咨询强制性标准工作，并公开媒体的名称。”

二是非政府主体的参与问题。在有关专家和社会团体的参与方面，《标准化法》只是在第 12 条中简单规定“制定标准应当发挥行业协会、科学研究机构和学术团体的作用。制定标准的部门应当组织由专家组成的标准化技术委员会，负责标准的草拟，参加标准草案的审查工作。”关于公众参与的规定则更为简略，《强制性标准若干规定》也只规定了，“起草单位在起草强制性标准过程中应广泛征求各方面的意见”（第 14 条）；同时为适应世界贸易组织（The World Trade Organization，WTO）的要求而就“有关贸易的强制性标准”作了特别规定，《强制性标准若干规定》第 17 条规定“标准化主管部门应将与贸易有关的强制性标准报批稿刊登在有关媒体上，向国内外公开征求意见，期限一般为两个月”。总体而言，关于非政府主体的参与方面，既缺乏可供具体实施的操作细则，也未确立保证参与实效的有效机制（如不采纳公众参与意见时应说明理由的制度）。

6.2.1.4 标准的实施

根据我国相关规定，行政机关可以通过禁止使用认证标志、拒绝许可、给予处罚等方式来保障标准的实施。

1）监督检查和行政强制。例如，《中华人民共和国产品质量法》（以下简称

《产品质量法》）第 18 条规定：“县级以上产品质量监督部门和工商行政管理部门，按照法定职权，根据已经取得的违法嫌疑证据或者举报，可以行使下列职权：（一）对当事人涉嫌从事违反本法的生产、销售活动的场所实施现场检查；（二）向当事人的法定代表人、主要负责人和其他有关人员调查、了解与涉嫌从事违反本法的生产、销售活动有关的情况；（三）查阅、复制当事人有关的合同、发票、账簿以及其他有关资料；（四）对有根据认为不符合保障人体健康和人身、财产安全的国家标准、行业标准的产品或者有其他严重质量问题的产品，以及直接用于生产、销售该项产品的原辅材料、包装物、生产工具，予以查封或者扣押。”

2）禁止生产、销售和进口。例如，《标准化法》第 14 条规定，“不符合强制性标准的产品，禁止生产、销售和进口。”《能源领域行业标准化办法》也沿用此规定（第 14 条）。

3）禁止使用认证标志和撤销认证。《标准化法》第 15 条规定：“企业对有国家标准或者行业标准的产品，可以向国务院标准化行政主管部门或者国务院标准化行政主管部门授权的部门申请产品质量认证；认证合格的，由认证部门授予认证证书，准许在产品或者其包装上使用规定的认证标志；已经取得认证证书的产品不符合国家标准或者行业标准的，以及产品未经认证或者认证不合格的，不得使用认证标志出厂销售。”《标准化法》第 21 条规定：“已经授予认证证书的产品不符合国家标准或者行业标准而使用认证标志出厂销售的……情节严重的，由认证部门撤销其认证证书。”

4）民事责任。例如，《产品质量法》第 40 条规定，“售出的产品有下列情形之一的，销售者应当负责修理、更换、退货；给购买产品的消费者造成损失的，销售者应当赔偿损失：……不符合在产品或者其包装上注明采用的产品标准的；……”。

5）行政处罚乃至刑事责任。例如，《标准化法》第 22 条规定：“产品未经认证或者认证不合格而擅自使用认证标志出厂销售的，由标准化行政主管部门责令停止销售，并处罚款。”再如，《标准化法》第 20 条规定：“禁止生产、销售和进口不符合强制性标准的产品，法律、行政法规有规定的，由规定的行政主管部门依法处理；法律、行政法规未作规定的，由工商行政管理主管部门没收产品和违法所得，并处罚款；造成严重后果构成犯罪的，对直接责任人员依法追究刑事责任。”

6）其他法定手段。例如，《中华人民共和国标准化法实施条例》（以下简称《标准化法实施条例》）第 32 条规定，“违反《标准化法》和本条例有关规定，有下列情形之一的，由标准化行政主管部门或有关行政主管部门在各自的职权范围内责令限期改进，并可通报批评或给予责任者行政处分：……”《能源标准化管理办法》第 14 条规定："能源标准属于科技成果，对技术水平高、取得显著效益的能源标准，应纳入相应的科技进步奖励范围，予以奖励。"

6.2.2 我国环境与能源标准制度

6.2.2.1 环境标准

环境标准是为了维护环境质量、控制污染，从而保护人群健康、社会财富和生态平衡，按照法定程序制定的各种环境技术规范的总称。

根据我国《环境标准管理办法》(1999 年颁布)[①]，我国环境标准体系分为国家环境标准、地方环境标准和国家环保总局（国家环保部）标准。其中，国家环境标准包括国家环境质量标准、国家污染物排放标准（或控制标准）、国家环境监测方法标准、国家环境标准样品标准和国家环境基础标准五类。地方环境标准包括地方环境质量标准和地方污染物排放标准（或控制标准）。其中，环境质量标准和污染物排放标准为强制性标准。

（1）环境质量标准

环境质量标准既取决于人和生态系统对环境质量的综合要求，也取决于一定时期内国家污染控制在技术上和经济上能达到的水平。环境质量标准具体体现了环境保护的目标，是评价环境是否受到污染和制定污染物排放标准的依据，如《大气环境质量标准》、《海水水质标准》等。

（2）污染物排放标准

制定污染物排放标准的直接目的是为了控制污染物的排放量，以保障环境的质量。经国家法律援用，排放标准具有法律强制力，超标排放要承担法律责任。例如，我国第一个综合性的国家排放标准，1973 年颁布的《工业"三废"排放试行标准》，该标准对各类工业排放的气、液、渣三大类污染物分别规定了容许浓度和数量，对 20 世纪 70 年代我国的污染控制起了一定作用。

（3）环境监测方法标准、环境标准样品标准和环境基础标准

这三种标准，是为了规范环境监测工作，保证环境监测结果的准确性和可靠性，就采样、测试、数据处理、术语符号等所作技术性规定。例如，机动车辆噪声测量方法（GB1496-79）等。

6.2.2.2 能源标准

能源标准指为了合理开发、利用能源，降低能耗、提高能效而按照法定程序

---

① 《环境污染标准管理办法》于 1983 年废止，1999 年我国颁布《环境标准管理办法》。另有原环保总局标准（行业标准）。

制定的各种能源技术规范的总称。

能源标准涉及从能源开发到能源利用的各个环节，种类繁多。根据 1990 年《能源标准化管理办法》第 3 条的规定“制定能源标准的主要方面包括：①能源的术语和图形符号；②能源监测、检验、计算方法；③能源产品和节能材料的质量、性能要求；④耗能产品的用能要求；⑤能源消耗定额；⑥耗能设备及其系统的经济运行；⑦能源产品和节能产品质量认证要求；⑧能源开发、利用、管理的其他节能技术要求”。其中，国家需要统一控制的能源检测计算方法、能源消耗定额等，以及法律、法规规定强制执行的能源标准为强制性标准，其他能源标准为推荐性标准。

我国现行的能源标准体系，广泛涉及用能单位、用能设备、用能产品、能源技术、建筑、交通等领域，如工业企业能源管理导则（GB/T 15587-1995）、铅冶炼企业单位产品能源消耗限额（GB 21250-2007）、配电变压器能效限定值及节能评价值（GB20052-2006）、管形荧光灯镇流器能效限定值及节能评价值（GB 17896-1999）、热处理合理用电导则（GB/T10201-1988）、建筑照明设计标准（GB50034-2004）、公路运输能源消耗统计及分析方法（GB/T 21393-2008）、乘用车燃料消耗量限值（GB 19578-2004）等。

根据所欲达成的规制目标，可将我国现行的能源标准大致分为三类。第一类是能耗/能效限定值。此标准一般是强制性实施的，旨在淘汰市场中低能效高能耗的用能产品。第二类是节能评估值。此类标准一般是推荐性指标，指在鼓励企业开发和生产高能效低能耗的产品。第三类是能源效率等级。简称能效等级。此标准是比较用能产品能源消耗状况的指标，比起前两项指标，这种指标所提供的比较性信息对于需要做出选择的消费者而言更加实用和便利。

6.2.3 环境与能源标准的法律效力

显而易见，国家制定环境与能源管理目标必须服从科学规律，环境与能源标准为国家实施环境管理提供了必要的技术基础，国家环境管理的水平和效率在很大程度上取决于环境与能源标准制定得是否科学合理。有时，环境与能源标准还直接成为国家环境能源法律实施的必要前提，如对超标排污者给予处罚时，需要先依据污染物排放标准认定排污者存在“超标”排污行为。这些并无疑义。有疑问的是：现实生活中广泛存在的环境与能源标准是法律体系的构成部分吗?

当前我国多数环境法教材将环境标准纳入了环境法律体系。理由是环境标准同样具有法律规范的规范性，像法律一样须经有权国家机关按法定程序制定颁发，而且强制性环境标准还具有法律上的强制执行力。但也有学者认为，环境与能源标准只是辅助法律实施的手段，本身并无强制力。强制性的环境与能源标准

（如污染物排放标准）须经法律的援引方可适用，其他标准（基础标准、样品标准）根本就不具有法律效力。所以环境与能源标准不应属于环境与能源法律体系。

本书认为，不能笼统谈论这一问题，应做更仔细的区分和分析。首先，标准的效力问题可从两个层面讨论，一是从表现形式上，二是从实质内容上。就表现形式而言，需要判断标准是否具有法律强制执行力；就实质内容而言，需要判断标准对公民、法人和其他组织的权利义务具有何种实质影响。

6.2.3.1 形式效力

从表现形式来看，可以将标准分为三类：法律、行政立法以及“软法”。

（1）法律

一些技术标准以法律的形式存在。也就是说，这些技术标准经立法程序由立法机关颁行，因而从形式来看，具有法律的效力。对于立法机关和立法人员而言，标准的内容往往过于技术化或过于琐碎，立法人员通常认为不值得花费宝贵的立法资源澄清相关的技术细节，同时也缺乏做出判断的相关专业能力。因此，事实上被纳入法律条文之中的标准只是极少数的部分。

（2）行政立法

大量标准的存在形式是基于法律授权而制定的行政规则。现代社会中，各国行政机关均依法律授权而合法地享有制定普遍性行为规范的权力，此即行政立法。行政立法在效力上低于立法机关制定的法律，在内容上也受到授权法的约束。也就是说，理论上，行政机关以行政立法的方式制定标准，必须依据法律授权，并且符合法律的授权。超出授权范围、违反法律的行政立法是无效的。但是，当代各国一个明显的趋势是立法机关对行政立法的控制和监督在实际上越来越宽松，特别是在专业性较强的领域。

（3）“软法”

一些标准以政策指南、倡导建议等“软法”的形式存在。软法与“硬法”相对应，和“硬法”一样属于有效的行为规范。但和硬法不同的是，软法的实效并不直接依赖于国家强制力的保障①。作为现象的“软法”，在国内法和国际法上早已存在，只是最近二十余年，在环保、技术、劳动保护和消费者保护领域里得到大量应用，并引起了越来越多研究者的关注。这些“软法”的地位和正当性仍有争议，但在实际上发挥着重要作用。事实上，有关环境标准与能源标准是不是法律的争议，真正的疑问主要集中在这一部分。

---

① 罗豪才．2006．公域之治中的软法．见：罗豪才．软法与公共治理．北京：北京大学出版社：1.

6.2.3.2 实质效力

标准的实质效力只能具体情况具体分析，根据被标准纳入调整范围的行为主体的不同，可将标准分为两类。

(1) 规范公民、法人和其他组织的环境与能源标准

此类又可分为直接规范具体公民、法人和其他组织的行为或活动的环境与能源标准和不直接规范具体公民、法人和其他组织的行为或活动的总体标准。前者如排污标准、节能标准，后者如环境质量标准、节能总量目标。直接规范具体公民、法人和其他组织的行为或活动的标准，直接规定了特定公民、法人和其他组织的权利义务，发挥着相当于法律的效力。就此而言，符合这些标准的行为是合法的，不符合这些标准的行为就是不合法的。

与前述理论分析一致，许多国家的环境法也明确规定了超标排污是违法行为甚至是犯罪行为，要承担一系列法律后果。但是，从我国目前来看，《大气污染防治法》、《海洋环境保护法》规定了超标排污属于违法行为，其他法律并没有明确规定超标排污属违法行为，只规定了收取超标排污费，或者限期治理。逾期不治理、弃置防污设施而超标排污或造成污染事故时才承担违法责任。也就是说，按我国现行法律，不超标排污是否合法且不说，超标排污若交了排污费，似乎也合法化了。这种缺乏有力论证支撑的规定已经受到很多批评，有必要尽快做出一致的解释和相应的修订。

另外，需要注意的是，像污染物排放总量控制目标这样的总体标准，所指向的并不是单一污染源而是众多污染源排放总量。这时，如果要具体追究某一排污者的责任时，还需先分清其责任份额。考虑到公众的信息劣势以及取证能力弱，难以分清个别责任份额，可以考虑对外负连带责任，内部追索的问题由排污企业自行解决。

(2) 规范环境与能源技术操作人员的环境与能源标准

此类标准如监测方法、样品标准等。这些标准并不直接规定具体公民、法人和其他组织的权利义务，但却可以间接地对具体公民、法人和其他组织的权利义务发生影响。这种间接影响最突出的表现是在环境与能源纠纷中，法官对争执双方所举证据“可采纳性”的判断。根据我国诉讼相关法律规定，证据必须经过查证属实，才能作为认定事实的根据。而用不合格的仪器工具（如未经检定的监测仪器）、不规范的方法（如样本可能受污染）所采集的证据是无效的。环境与能源纠纷中，若无监测方法、标准样品和基础标准，就无法判断和比较纠纷当事人提出证据的可靠性和证明力。

阅读思考：如何理解标准的法律性质

X湖水污染损害赔偿案的源起需回溯到“一五”计划（1953～1957年）期间。当时，A、B两厂（本案被告）作为重点建设项目经国家批准在X湖边设立、投产，并开始向X湖排污。数十年过去，人们发现在A、B两厂排污口附近出现一块逐渐扩大的水域，其水色变黑、有明显异味、水生植物死亡、成为无鱼区或基本无鱼区。1987年，一渔场（本案原告）委托区环境保护监测站调查X湖污染现状。1988年该站提出的报告指出，X湖水体中的主要污染物与A、B两厂排放的工业废水中的主要污染物相吻合，A、B两厂为X湖的主要污染源（其中A厂废水的等标污染负荷比为58.52%，B厂为12.85%）。1989年，原告又委托区环境监测站对X湖区渔业现状，尤其湖区主要污染源对鱼类的影响作出评价。1990年该环境监测站与其他单位合作完成的报告表明：A、B两厂的排污口及扩散区水质污染严重，使原告渔场受到影响。据此，1990年12月，原告起诉A、B两厂，要求停止侵害并赔偿其经济损失135万元。

一审法院判决：A厂超标排污，“对超标排污造成的经济损失应承担赔偿责任”，赔偿1988年、1989年、1990年三年因水污染给原告造成的损失约17万元；B厂的排污并未超标，“属合法排污”，故可不承担赔偿责任。原告不服上诉，二审法院就B厂是否应当承担赔偿责任，依据《环境保护法》向当时的国家环境保护局要求进行法律解释。原国家环保局答复（国家环保局《关于确定环境污染损害赔偿责任的复函》[91] 环法函字第104号)：“承担污染赔偿责任的法定条件，就是排污单位造成环境污染危害，并使其他单位或者个人遭受损失。现有法律法规并未将有无过错以及污染物的排放是否超过标准，作为确定排污单位是否承担赔偿责任的条件。”“至于国家或者地方规定的污染物排放标准，只是环保部门决定排污单位是否需要缴纳超标排污费和进行环境管理的依据，而不是确定排污单位是否承担赔偿责任的界限。”

最后，该案调解结案。

资料来源：根据武法（1991）经字1号民事判决书和鄂高法（1992）经上调字4号民事调解书整理。此判决书和裁决书全文均可见于“北大法宝”数据库。

6.3 我国环境与能源标准制度的完善

6.3.1 慎重限定强制性标准范围、开放多元主体参与标准制定

强制性标准具有法律规范的效力，公民、法人和其他组织应当遵从，行政执

法机关应当保障其得到遵从。因此，除非确有必要，不应扩大强制性标准范围。

根据世界贸易组织 TBT 协议的规定，为了不给国际贸易制造不必要的障碍，各成员国仅应为实现正当目标而制定和实施技术法规。这里的“正当目标”，包括维护国家安全、防止欺诈行为、保护人身健康或安全、保护动植物的生命与健康、保护环境等 5 项目标。在 2004 年 6 月完成的一项研究显示[①]，我国现行的 2952 项强制性国家标准中，超出世界贸易组织 TBT 协定规定的 5 个正当目标范围的有 1612 项，占总数的 54.61%。

因此，未来我国应根据“正当目标”的要求，对现行强制性标准进行清理整顿，逐步缩小强制性标准的范围，对于符合正当目标范围的标准，应将其转化为具有强制力的技术法规；对于超出正当目标范围的强制性标准，应根据具体情况予以废止、修正，或转化为不具有强制力的推荐性标准。强制性标准的设立，应仅限于健康、安全和环境保护等市场自发机制无法克服的外部性的领域。

事实上，在法治发达国家，更多技术标准是由市场机制形成的非强制性标准。这类非强制性标准的实施，依靠更多的，也并非政府机关所实施的国家强制，而是市场竞争的“优胜劣汰”。

2001 年 4 月，我国国务院决定在组建国家质量监督检验检疫总局的同时，成立“国家认证认可监督管理委员会”和“国家标准化管理委员会”。国家标准化管理委员会的机构性质被确定为国家质量监督检验检疫总局领导下的事业单位，而不再是国家行政机关。在我国政府体制改革的大背景下，这种改变代表了一种国家尝试向社会分权的努力，显示出我国的标准制定开始由国家行政机关主导模式向社会化多元主体竞争模式发生转变。在这种趋势下，可以预期，我国国家标准化管理委员会的发展方向是在将来逐渐成为一个独立于政府机构的，对诸多标准制订组织进行协调的组织（类似于德国的 DIN；美国的 American National Standards Institute，ANSI）。

这一转变趋势也表明，未来行业协会、学会等民间组织将在我国的标准制订过程中发挥更大的作用。政府应当更多地授权行业协会来负责技术标准事务的统一管理、规划和协调，政府由此回归到负责监管和财政支持的角色。行业协会、学会等民间团体或研究机构应更多地担负起研究及起草标准的工作。在非强制性标准的发布和选择方面，应当赋予多元社会主体以充分的自主权。在存在充分的市场竞争的前提下，标准的研发和相关信息服务将成为一项新的产业，标准研发和服务机构将通过标准的版权、标准文本销售及相关信息服务，获得经济回报。

---

① 《国家技术标准体系建设研究总报告征求意见稿》，2004 年 6 月，第 10 页。转引自宋华琳：《推动技术标准体系的演进》，载于天津市社会科学界联合会编：《科学·创新·和谐：天津市社会科学界第二届学术年会优秀论文集》，天津人民出版社 2006 年 11 月版，第 219-227 页。

6.3.2 环境与能源标准制度与相关制度的配合发展

6.3.2.1 标准制度与标识制度

标识制度与标准制度存在密切关系。标识制度可以单独起作用，但通常与标准制度相结合发挥作用。实践经验表明，标准制度与标识制度的良好结合，能够在带来巨大的环境效益的同时，为生产者提供积极的经济回报，因此就整体而言，能够以较低的实施成本获得良好的规制效果。

1994 年，代表国家对环境标志产品进行认证的唯一合法机构中国环境标志产品认证委员会成立，标志着我国环境标志产品认证工作的正式开始。紧接着《环境标志产品认证管理办法（试行）》于 1994 年颁行，《环境标志产品证书和环境标志使用管理规定（试行）》于 1996 颁行，环保标志如图 6-1 所示。1998 年，我国开始实施节能产品认证制度（节能标志如图 6-2 所示）。目前，相比国外发达国家环境与能源标识制度（如美国的能源之星）的蓬勃发展，我国环境与能源领域的标识制度还很落后，其促进环境与能源政策目标实现的优势尚未充分展现。其中，环境标志制度推行较早而见效甚缓，而 2004 年颁布、2005 年实施的《能源效率标识管理办法》（其中能效标识如图 6-3

单色标识　　双色标识

图 6-1　中国环境标志（又被称为“绿色十环”）

图 6-2　中国节能产品认证标志

所示)，使得我国能效标识制度大有后来居上之势。

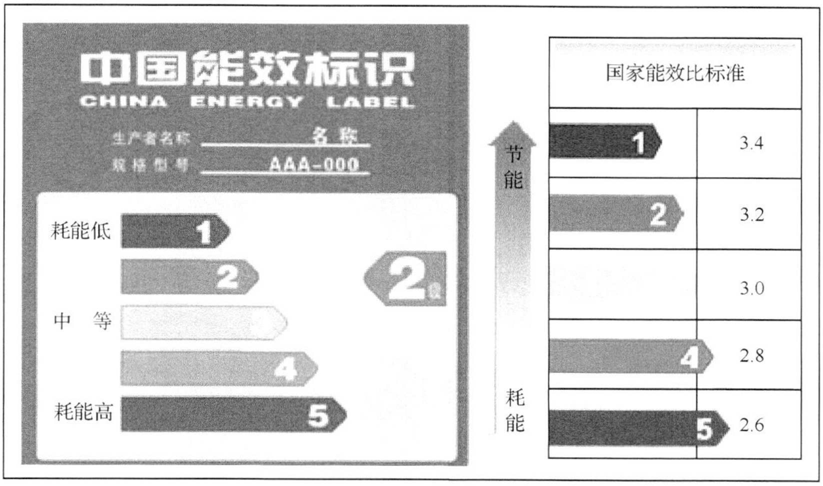

图 6-3 中国能效标识

2005 年 3 月 1 日，我国颁布了第一批能源效率标识产品①。之后，国家有关部门先后颁布了 6 批次的能源效率标识产品目录，共计四十余项强制性用能产品能效标准，其中 2 项随新规则修订实施废止。这些用能产品能效标准涉及家用电器、商用设备、照明器具、工业设备、办公设备和交通工具 6 大类②。我国能效标识制度一大特色是采取了“企业自我声明加备案”的模式。这种模式指的是企业“可以利用自身的检测能力，也可以委托国家确定的认可机构认可的检测机构进行检测，并依据能源效率国家标准，确定产品能源效率等级”，并以“自我声明”的形式将检测报告结果送至相关部门（国家质检总局和国家发改委授权的机构）备案能源效率标识及相关信息。只有在“对产品的能源效率指标发生争议时，企业应当委托经依法认定或者认可机构认可的第三方检测机构重新进行检测，并以其检测结果为准”。这种与国外能效标识的实施模式基本接轨的模式具有明显的优点，即：效率高，不会影响新产品进入市场的时间；实施成本低，基本不会增加产品的价格。但是，显然这种模式对企业自律和市场监管的力度提出了很高的要求，在市场竞争不充分，政府监管又不到位的情况下，很难控制企业

① 我国的能效标识为蓝白背景的彩色标识，分为 5 个等级的标识和 3 个等级的标识两种。其中，等级 1 表示产品达到国际先进水平，耗能最低；等级 5 或等级 3 是市场准入指标，低于该等级要求的产品不允许生产和销售。

② 中国能源报. 多手段规范能效标识发展. http://finance.sina.com.cn/chanjing/b/20100705/11103376229.shtml [2010-07-05].

能效标识申明和使用方面的虚假不实活动或其他不规范活动。针对此问题，近年来，中国标准化研究院能效标识管理中心已在美国能源基金会的资助下，选择上海、山东、四川、江苏 4 个试点省（直辖市）开展能效标识专项检查，帮助各地方构建能效标识监管机构、体制机制，拟在此基础上推广至全国范围。

6.3.2.2 标准制度与监测制度

环境与能源监测是指在一定时间和空间范围内，间断或不间断地测定环境与能源的开发利用状况，分析其变化和影响过程的工作。环境监测的内容主要是环境容量使用中的环境质量变化和污染源污染排放状况；能源监测的内容则主要是能源开发利用中的能源效率、能源消耗状况。环境与能源监测制度则是环境与能源监测的法律化，是围绕环境与能源监测而建立起来的一整套规则体系。它通常由环境与能源监测组织机构及其职责规范、环境与能源监测方法规范、环境与能源监测数据管理规范、环境与能源监测报告规范等组成。

一方面，在环境与能源这种技术性很强的领域，监测工作本身就应符合一定的技术标准，因此监测制度与标准制度在内容上存在交叉重合部分。另一方面，完善的环境与能源监测制度是环境与能源标准制度得以实施的前提条件，即使有了标准制度，若无可行的监测手段以确定“达标”与否，标准制度的实施也无从着手。

我国已经先后颁布了《全国环境监测管理条例》(1983 年)、《节约能源监测管理暂行规定》(1990 年)、《主要污染物总量减排监测办法》(2007 年)、《环境监测管理办法》(2007 年) 等环境与能源监测的法规制度。2008 年，新组建的国家环境保护部设立了环境监测司，加强了环境监测管理。2009 年 2 月成立了国家环境保护部卫星环境应用中心，为实现环境监测“天地一体化”奠定了基础。

但是，我国现有的环境与能源监测制度仍然存在着基础法律规范缺乏，监测机构缺乏独立性，监测网络布局和资源分配不合理，监测设备和监测技术落后，监测信息公开度不够，监测数据不完整、不准确和不可靠等问题，急需完善。

参 考 文 献

布雷耶. 2008. 规制及其改革. 李洪雷等译. 北京：北京大学出版社.

罗豪才. 2010. 软法的理论与实践. 北京：北京大学出版社.

汪劲. 2011. 环境法学. 第二版. 北京：北京大学出版社.

王忠敏. 2004. 标准化新论：新时期标准化工作的思考与探索. 北京：中国标准出版社.

Krislov. S. 1997. How Nations Choose Standards and Standards Change Nations. Pittsbargh：University of Pittsburgh Press.

第7章 环境影响评价

Environmental Impact Evaluation System

严格说来，环境影响评价并非一项独立的制度，而只是多项规制制度（如行政许可、环境标准等传统规制制度）中的一个环节。但是，环境影响评价制度在环境法上享有独特并且极其重要的地位。环境影响评价制度的适用范围并不限于传统上所理解的狭义环境事务管理领域，而是广泛涉及一切“有环境影响的”决定，包括能源开发利用活动领域中的具体决定与宏观政策制定。

7.1 概　　述

7.1.1 环境影响评价与环境影响评价制度

7.1.1.1 环境影响评价

环境影响评价（environmental impact assessment，EIA）①，指在事先对环境现状进行调查，在此基础上提出各种不同的可选方案，并就各种方案可能造成的环境影响进行预测、评价和比较，从而为决策者的相关决定提供依据。

环境影响评价原为环境科学术语，是多种环境评价（environmental assessment，EA）之一。广义的环境评价，在环境影响评价之外，还包括环境质量评价、环境现状评价、环境风险评价、环境质量综合评价等。所有这些环境评价均是运用科学方法就人类活动对环境已经造成或将会造成的影响进行判断和分析，并提出相应的对策、措施。但环境影响评价不同于其他环境评价的一项突出特征是，它一种预断性的评价，而不是事后的评价。也就是说，与其他各类环境评价不同，环境影响评价针对的是拟议中尚未发生的人为活动的影响，而不是已经发生的影响，此种评价的主体内容是基于预测的判断，其基本功能也是“事先预防”而非事后补救。

---

① 又称环境影响分析，参见《中国大百科全书环境科学》第219页之“环境影响评价”词条。“我国台湾和香港地区将此词译为：“环境影响评估”。

事实上，正是因为认识到了“事先预防重于事后补救”这一预防原则的重要性，环境影响评价才受到许多国家的重视而被上升为一项法律制度。

7.1.1.2 环境影响评价制度

环境影响评价制度是环境影响评价方法、程序和标准的法律化，指在作出可能带来环境影响的决定之前，就决定（及其可选方案）的环境影响进行预测、评估和比较，在此基础上综合考虑以做出决定的相关实质与程序规范的总体。

从各国法律实践来看，环境影响评价制度一般包括如下内容[①]。①环境影响评价的适用对象范围，即谁来决定、如何决定哪些行动需要进行环境影响评价。这是极其关键的划界问题，一般应由议会立法划下原则性的界限，多数国家将具体项目是否需要进行环境影响评价的决定权交给行政部门。一些国家（如美国）的立法规定了初步评估（如美国的EA）和环境影响评估两个阶段，仅对据初步评估“有重大环境影响”的项目或行动进行环境影响评价（EIA），初步评估“环境影响较小或没有环境影响的”的项目，无需进行环境影响评价。②环境影响评价的责任主体，即谁有责任进行环境影响评价。一般而言，是项目或行动方案的发起者或倡议者有责任进行环境影响评价。但是，项目或行动方案的倡议者显然会抱有先见，所以，应在环境影响评价的审查和监督程序中注意可能存在的偏见。③环境影响评价的内容，即在进行环境影响评价时，哪些因素应当考虑在内，哪些因素无须考虑在内。虽然技术专家在决定特定环境影响评价的工作范围时总是发挥关键作用，但是各国环境影响评价制度在评价内容上显示出明显的差异。例如，是否考虑以及如何考虑替代选择方案、是否允许以及在何种范围内允许公众参与等。④环境影响评价的程序，其中特别重要的是何时启动环境影响评价程序。作为事先预防的工具，环境影响评价无疑应在项目或行动决策之前完成，但究竟何时开始进行环境影响评价，各国环境影响评价制度对此的回答也存在差异。⑤技术专家的角色。环境影响评价离不开技术专家的工作，从事环境影响评价工作的专业人员应具备何种专业资质，以何种标准程序进行专业资质的认定，以何种机制选择参与环境影响评价文件鉴定的专家，这些专业人士在环境影响评价过程中享有何种权利、负有何种义务。⑥公众参与。公众在环境影响评价中处于何种地位，公众何时通过何种途径参与环境影响评价，以何种方式获得相关信息并表达自己的意见，相关的制度设计将显著影响到公众对环境影响评价的参与程度。⑦环境影响评价文件审批部门的权力。环境影响评价制度能够发挥功能的关键在于，环境影响评价的审批部门（通常是环保部门）有权基于环境影响评价文件向决策者提出接受或拒绝项目或行动的建议，并且此建议能够得到决策

---

① 奥托兰诺．L. 2004. 环境管理与影响评价. 郭怀成等译. 北京：化学工业出版社：306-309.

者的认真考虑，否则环境影响评价制度就是一纸空文。

环境影响评价制度是具有强制性的法律制度。例如，美国《国家环境政策实施程序条例》1502.1 规定："环境影响报告书（制度）的主要目的，是提供一种强制行动手段，保证法律规定的政策和目标能够纳入联邦政府进行中的项目和行动。它应当对显著的环境影响问题进行全面和公正的讨论，将合理的方案提供给决策者和公众，避免或最大限度地减少负面环境影响，改善人类环境质量。"德国《环境影响评价法》（1990 年颁布，1997 年修订）也规定："环境影响评价是公共行政程序中不可分割的一部分，它决定着建设项目是否能得到政府机关的许可"。其他国家相关立法虽然未必直接作出如此明确的说明，但大多将环境影响评价定位为强制性制度而非单纯的政策倡导或目标宣示。

关于为何有必要赋予环境影响评价制度以强制性，为各国立法所强调的，主要是协调经济发展与环境保护、实现预防原则和可持续发展原则的需要。在经济发展的现实需要前，良好环境和生态平衡容易被视为必要的代价而被低估甚至完全被忽略。而且，环境和生态损害的发生往往有一个潜移默化的过程，等到危害显露出来时，往往已经不及补救。不仅被损害的健康和生命不可重来，环境被污染和生态被破坏的土地、森林和草原也不可复原或难以修复。即使像我国厦门 PX 事件①、上海磁悬浮事件②、各地此起彼伏的垃圾场选址纠纷③等事件，由于受到公众的强烈关注和反对而最终在还来得及的时候避免或减轻了可能造成的环境和生态损害，但是，整个事件所付出的各种社会成本远高于采取诸如环境影响评价这样规范化、制度化的"事前"预防方法所需代价。

我国《环境影响评价法》第 1 条明确了确立强制性环境影响评价制度的立法目的："为了实施可持续发展战略，预防因规划和建设项目实施后对环境造成不良影响，促进经济、社会和环境的协调发展，制定本法。"

7.1.2　环境影响评价制度的发展

7.1.2.1　环境影响评价制度首创于美国

环境影响评价制度首创于美国。

---

① 网易新闻. 厦门 PX 项目事件始末. http://news.163.com/07/1231/15/41276U2900011229.html [2013-10-01].

② 腾讯新闻. 担忧磁悬浮，上海市民温和散步. http://news.qq.com/a/20080121/001523.htm [2013-09-15].

③ 如北京六里屯垃圾场事件、广州番禺垃圾场事件等。相关报道见：南方周末. 北京六里屯垃圾场事件如何收场. http://www.infzm.com/content/trs/raw/21708 [2013-10-1]；搜狐财经. 垃圾围城逼近广州番禺垃圾焚烧选址难题待解. http://business.sohu.com/20110824/n317169458.shtml [2013-10-1].

美国 1969 年颁布的《国家环境政策法》第 101 条（a）规定：“作为国家的环境政策国家应采取包括财政、技术支援在内的一切手段，增进公共的福利，协调人与自然的共存关系，创造和维持现在和将来能满足人们的社会需求、经济需求的环境”。该法第 102 条（c）规定：“在对人类环境质量具有重大影响的各项提案或法律草案、建议报告以其他重大联邦行为中，均应由负责官员提供一份包括下列各项内容的详细说明：①拟议行为对环境的影响；②提议行为如付诸实施对环境产生的不可避免的不良影响；③提议行为的各种替代选择方案；④对人类环境的区域性短期使用与维持和强化长期生命力之间的关系；⑤提议行为付诸实施时可能产生的无法恢复和无法补救的资源耗损……。”根据《国家环境政策法》，美国还成立了直接向总统负责的环境质量委员会（Council on Environmental Quality）。

根据国会立法及环境质量委员会颁布的相关指南（guideline）和施行条例（regulation）以及相关司法判例，在美国，可以成为环境影响评价对象的联邦政府行为既包括立法行为（legislation），也包括项目提议行为（proposed action）；既包括联邦政府直接参与的行为，也包括通过其他诸如项目的认可或财政支援等间接参与的行为；有责任提交环境影响报告的是倡议、支持联邦机构行为的官员。环境影响报告在确定环境影响范围时，必须考虑三种行为（有关行为、累积行为、类似行为）的三种影响（直接影响、间接影响、累积影响），同时比较三种可选方案：不作为、其他合理可选方案和保全措施。

7.1.2.2 环境影响评价制度引起仿效

继美国之后，瑞典、澳大利亚分别在 1969 颁布的《环境保护法》和 1974 年颁布的《联邦环境保护法》中，效法美国规定了环境影响评价制度。法国于 1976 年在《自然保护令》中规定了环境影响评价制度，又在次年公布的 77-1141 号政令中，对评价的范围、内容和程序作了具体规定，并补充规定了该法强制执行的措施。1988 年，英国制定了《环境影响评价条例》。1990 年，德国通过了《环境影响评价法》。1992 年加拿大在《加拿大环境评价法》中对环境影响评价作出了诸多规定。1993 年荷兰在其《环境保护法》中专章规定了环境影响评价。1997 年日本通过了《环境影响评价法》。

我国台湾地区于 1994 年颁布《环境影响评估法》，并于 1999 的修订；我国香港地区于 1997 年通过《环境影响评估条例》，并于 1988 年施行。

综观各国环境影响评价制度，其设计的目的、功能以及结果都很类似，但在评价内容、评价程序和公众参与等方面存在较大差异。整体而言，目前世界上大多数国家和地区在开发建设活动中推行着环境影响评价制度。就立法形式而言，环境影响评价制度可分为三类。①在相关环境和能源立法中确立环境影响评价制度，如美国的《国家环境政策法》对环境影响评价作出了规定；葡萄牙的环境法（1995 年）和能源法（1995 年）均对环境影响评价作出了规定。②单独制定环境影响评价法，如加拿大和日本。③将环境影响评价作为规划或许可程序的一部分予以规定，如英国《城镇规划法》的相关规定。也有国家综合采取了其中两种或三种形式，如既在《环境保护法》中规定了环境影响评价制度，而且有单独的环境影响评价立法，或者在建设项目审批制度中规定了环境影响评价为必经程序。

7.1.2.3 环境影响评价制度在国际社会得到广泛应用

环境影响评价制度在国际社会上得到正式确认之前，国际条约中就出现了一些处理跨境环境影响的内容。如 1974 年的《北欧环境保护条约》中规定，缔约国在决定其活动之时，有义务研究该活动对其他缔约国所产生的影响，并且赋予其他缔约国可能受到有害影响的公民与本国公民相同的，参与该活动之认可程序的权利。

一些“软法”性质的国际文件比正式国际条约更早地规定了环境影响评价制度。如 1978 年联合国研究规划署发布的《共有天然资源行动原则》规定，与共有天然资源相关的、可能导致他国环境重大影响的活动，应当事前进行环境影响评价；实施对他国可能产生重大环境影响的活动时，活动国应当在事前向他国通报并予以协商。

1979 年经济合作与发展组织发布的《项目环境影响评价建议》，提出各加盟国应对伴随开发活动所产生的潜在、重大环境影响实施环境影响评价。为此，1985 年 6 月，欧洲共同体部长级理事会议正式通过了《环境影响评价指令》(85/337/EEC)，并于同年 7 月 5 日正式实施。欧盟成立后，于 1996 年颁布了《欧盟关于特定规划与项目环境影响评价指令建议》；1997 年颁布《环境影响评价指令》的修正案（97/11/EU）。2001 年 1 月 8 日，欧盟通过了 COM（2000）839 号指令，规定了公众参与环境有关的项目和规划的权利。

联合国欧洲经济委员会于 1991 年通过《越境环境影响评价条约》，规定了跨境环境影响评价，并确认可能受影响的他国居民享有与本国居民同等的参与环境影响评价程序的权利。据此，联合国欧洲经济委员会于 2003 年在乌克兰的基辅订立了《越境环境影响评价条约有关战略环境评价的协定》，供成员国签署。

1980 年，以世界银行、亚洲开发银行为首的地域开发银行、联合国开发署以及环境规划署等通过了《经济开发环境政策程序宣言》，要求各国在考虑融资时应当将审查开发活动的环境影响程序予以系统化和制度化。1984 年，世界银行还颁布了《环境政策程序》，更为详细的程序规定则见于其业务政策规定中。根据世界银行 1999 年修订的业务政策 OP4.01 的规定，所有申请其融资的项目都要进行环境评价；进行环境影响评价是借款人的责任，世界银行根据银行的环境评价要求向借款人提出意见（advice），审查借款人的环境评价并提出结论（findings）和建议（recommendations）；环境影响评价结论和建议是世行决定是否资助该项目的考虑依据之一①。

另外，1982年的《联合国海洋法公约》规定了海洋环境影响评价的条款。1991年的《南极条约环境保护议定书》也规定了南极地区的环境影响评价条款。

7.1.2.4 我国环境影响评价制度的历史沿革

在1973年第一次全国环境保护会议后，环境评价的概念开始被引入我国。我国早期主要在环境质量评价方面做了部分工作。

1978年，国务院《环境保护工作汇报要点》中，特别提到了："选择厂址要注意保护环境，合理布局。工程的设计文件要包含环境保护的篇章，阐明企业建设前的环境状况，设计所采用的主要保护环境措施，建成后环境质量的预计以及企业环境保护管理机构的设置等内容"。同年，北京师范大学等单位对江西省永平铜矿的开采建设进行了环境影响评价②。

1979年，《环境保护法（试行）》通过审议，在我国首次确立了环境影响评价报告书制度，即"一切企业、事业单位的选址、设计、建设和生产，都必须注意和防止对环境的污染和破坏。在进行新建、改建和扩建工程中，必须提出对环境影响的报告书，经环境保护部门和其他有关部门审查批准后才能进行设计"。

1981年，国家计委、国家经委、国家建委和国务院环境保护领导小组联合颁发了《基本建设项目环境保护管理办法》，该办法对环境影响评价的范围、程序、方法、费用、审批等分别作出了规定，并规定了建设项目执行环境影响报告书制度的具体做法。1986年，国家环境管理委员会、国家计委和国家经委联合颁布了《建设项目环境保护管理办法》。该办法颁布后，除基本建设项目外，技术改造项目和区域开发项目也有了实施环境影响评价的具体规定。

1989年，我国《环境保护法》正式颁行。其中第13条规定"建设污染环境的项目，必须遵守国家有关建设项目环境保护管理的规定。建设项目的环境影响报告书，必须对建设项目产生的污染和对环境的影响作出评价，规定防治措施，经项目主管部门预审并依照规定的程序报环境保护行政主管部门批准。环境影响

---

① 世界银行投资的项目按项目潜在环境影响的特性和大小，分为三类：A类将会产生重大的不良环境影响；B类不良环境影响小于A类，需进行评价范围稍窄要求相对宽松的EA；C类环境不良影响很小或没有，不需进行EA。

② 刘天齐. 1997. 环境保护通论. 北京：中国环境科学出版社：422.

报告书经批准后，计划部门方可批准建设项目设计任务书”。

1998 年，国务院修订了《基本建设项目环境保护管理办法》，并代之以《建设项目环境保护管理条例》。该条例专章（第 2 章）规定了“环境影响评价”，环境影响评价的适用对象范围扩展到流域开发、开发区建设、城市新区建设、旧区改造等区域开发规划。

2000 年，全国人大环境与资源保护委员会主持起草了《中华人民共和国环境影响评价法（草案）》。两年后，《中华人民共和国环境影响评价法》通过审议，并于 2003 年 9 月 1 日起施行。该法共分“总则”、“规划的环境影响评价”、“建设项目的环境影响评价”、“法律责任”及附则等 5 章，共计 38 条。

2006 年，作为对民众对有环境影响的项目不断高涨的参与诉求的回应，《环境影响评价公众参与暂行办法》颁布。2009 年，《规划环境影响评价条例》颁布，为我国规划环评工作提供了操作性规则。

整体回顾来看，我国环境评价制度历史沿革经历了一个适用对象范围逐渐扩展、操作程序不断细化的过程。目前，已经形成以《环境影响评价法》为核心，由一系列相关法律、法规、规章和技术标准共同构成的体系。

7.2 我国环境影响评价制度

7.2.1 我国环境影响评价制度的法源

确立了我国当前环境影响评价制度的法律和法规主要有：①1989 年《环境保护法》（在 1979 年“试行法”基础上修订而成）；②1998 年《建设项目环境保护管理条例》（在 1986 年“管理办法”基础上修订而成）；③2002 年《环境影响评价法》；④2009 年《规划环境影响评价条例》；⑤其他环境单行法中相关规定，如《海洋环境保护法》（1982 年）、《水污染防治法》（1984）年、《大气污染防治法》（1987 年）等，均对环境影响评价作出了与《环境保护法》一致的规定。

此外，在我国环评实践中发挥着重要作用的，还有《环境影响评价公众参与暂行办法》等规章和《环境影响评价技术导则》（1993 年颁布，2011 年修订）和《环境影响评价技术导则——非污染生态影响评价导则》（1997 年颁布，2011 年修订）、《规划环境影响评价技术导则（试行）》（2003 年）、《开发区区域环境影响评价技术导则》（2003 年）、建设项目环境风险评价技术导则（2004 年）等技术标准。

上述现行有效的环评规定的主要内容如表 7-1 所示，下面摘要分别介绍。

表 7-1　我国环评法的主要内容

环评对象	综合规划（及指导性专项规划）	专项规划	建设项目
责任主体	国务院有关部门、设区的市级以上地方政府及其有关部门	同综合规划	建设单位
完成时间	规划编制过程中	规划草案上报审批前	一般在开工前或在建设项目可行性研究阶段（铁路交通等经批准可在初步设计完成前）
报告形式	编写该规划有关环境影响的篇章或者说明	环境影响报告书	环境影响报告书、报告表、登记表
报告内容	对规划实施后可能造成的环境影响作出分析、预测和评估，提出预防或者减轻不良环境影响的对策和措施*	实施该规划对环境可能造成影响的分析、预测和评估；预防或者减轻不良环境影响的对策和措施；环境影响评价的结论	概况；周围环境现状；对环境可能造成影响的分析、预测和评估；建设项目环境保护措施及其技术、经济论证；建设项目对环境影响的经济损益分析；实施环境监测的建议；评价结论
审批机关	政府规划审批机关	专家审查小组、规划审批机关	行业主管部门、环保行政部门
不进行环评的法律后果	不予审批	不予审批	停建和限期补办；5 万到 20 万罚款
专家审查	无	设区的市级以上人民政府，在审批专项规划前由其环境保护主管部门召集有关部门代表和专家组成审查小组，对环境影响报告书进行审查	无
公众参与	无	可能造成不良环境影响并直接涉及公众环境权益的，应当在该规划草案报送审批前，应当征求意见；应当在报送审查的环境影响报告书中附具对意见采纳或者不采纳的说明	对环境可能造成重大影响、应当编制环境影响报告书的建设项目，建设单位在报批建设项目环境影响报告书前，应当征求意见

7.2.2 我国环评制度的适用对象和评价内容

我国 2002 年颁布的《环境影响评价法》第 2 条规定，环境影响评价指对规划和建设项目实施后可能造成的环境影响进行分析、预测和评价，提出预防或者减轻不良环境影响的对策和措施，进行跟踪监测的方法与制度。这一规定确立了我国环境影响评价制度的适用对象范围和评价的基本内容。

据此规定，我国环境影响评价的适用对象范围包括规划环评和项目环评两类。①规划环评的对象既包括规定国家或地方有关宏观、长远发展的指导性、预测性指标的综合性规划，也包括规定执行综合性规划、专门领域内的有关指标的专项规划。②作为环评对象的建设项目，包括所有新建、改建和扩建的项目以及中外合资、中外合作、外商独资的项目。

我国环境影响评价的基本内容包括三项：①对环境影响进行分析、预测和评价；②提出预防或减轻不良环境影响的对策；③进行跟踪监测的方法与制度。

7.2.3 我国建设项目环评制度

7.2.3.1 适用对象范围

依据《环境影响评价法》，我国项目环评的适用对象被分为“重大影响”、“轻度影响”和“影响很小”三类。①建设项目对环境可能造成重大影响的，应当编制环境影响报告书，对建设项目产生的污染和对环境的影响进行全面、详细的评价。②建设项目对环境可能造成轻度影响的，应当编制环境影响报告表，对建设项目产生的污染和对环境的影响进行分析或者专项评价。③建设项目对环境影响很小，不需要进行环境影响评价的，应当填报环境影响登记表。

依据《环境影响评价法》，建设项目的环境影响评价分类管理名录由国务院环境保护行政主管部门制定并公布。为了明确何谓“重大影响”、“轻度影响”和“影响很小”，我国环保部门 1999 年颁布了试行名录，2001 年颁布了第一批目录，2002 年修订重新颁布并于 2003 年施行，2008 年再次修订。

7.2.3.2 评价内容

对于建设项目的环评，《环境影响评价法》规定了 7 个方面的评价内容：①建设项目概况；②建设项目周围环境现状；③建设项目对环境可能造成影响的分析和预测；④环境保护措施及其经济、技术论证；⑤环境影响经济损益分析；⑥对建设项目实施环境监测的建设；⑦环境影响评价结论。另外，涉及水土保持的建设项目，还必须有经水行政主管部门审查同意的水土保持方案。

《环境影响评价法》第 17 条还规定，环境影响报告表和环境影响登记表的内容和格式，由国务院环境保护行政主管部门制定。我国环保主管机关已于 1999 年根据《建设项目环境保护条例》发布了《关于公布〈建设项目环境影响报告表〉（试行）和〈建设项目环境影响登记表〉（试行）内容及格式的通知》，规定了环境影响评价表和登记表的内容和形式。

7.2.3.3　环评程序

1）建设项目的环评一般程序分为三步。①委托评价。建设单位或主管部门可以采取招标的方式，签订合同委托环评单位进行调查和评价工作。②进行环评并制作环评文件。评价单位通过调查和评价制作环境影响报告书（表）。评价工作要在项目的可行性研究阶段完成和报批。铁路、交通等建设项目经主管环保部门同意后，可以在初步设计完成前报批。③审批。建设项目的主管部门负责对建设项目的环境影响报告书（表）进行预审。报告书由有审批权的环保部门审查批准后，提交设计和施工。

2）关于接受委托从事环评技术服务的机构及其人员。《环境影响评价法》第 19 条第 1 款规定接受委托为建设项目环境影响评价提供技术服务的机构，应当经国务院环境保护行政主管部门考核审查合格后，颁发资质证书，按照资质证书规定的等级和评价范围，从事环境影响评价服务，并对评价结论负责。第 19 条第 2 款规定为建设项目环境影响评价提供技术服务的机构的资质条件和管理办法，由国务院环境保护行政主管部门制定。在此，特别关键的规定是国务院环境保护行政主管部门对已取得资质证书的为建设项目环境影响评价提供技术服务的机构的名单，应当予以公布。为建设项目环境影响评价提供技术服务的机构，不得与负责审批建设项目环境影响评价文件的环境保护行政主管部门或者其他有关审批部门存在任何利益关系（第 19 条第 3 款）。“任何单位和个人不得为建设单位指定对其建设项目进行环境影响评价的机构”（第 20 条第 2 款）。

在这里，环评机构应对评价结论负责，环保部门应当公布环评技术机构的名单，环评技术服务机构不得与审批部门存在利益关系，任何单位和个人不得为建设单位指定环评机构等规定都是有很强针对性的、保证环境影响评价公正性规定。但是，何谓“对评价结论负责”，何谓与行政部门“存在利益关系”在现实中却是难以判断的问题。

3）环评文件的审批权。《环境影响评价法》第 23 条规定，国务院环境保护行政主管部门负责审批三类建设项目的环境影响文件：“（一）核设施、绝密工程等特殊性质的建设项目；（二）跨省、自治区、直辖市行政区域的建设项目；（三）国务院审批或国务院权有关部门审批的项目”。同时，《环境影响评价法》还将此三种情形以外的其他环评文件的审批权限，授权“省、自治区、直辖市人民政府规定”（第 12 条第 2 款）。据此，各省级政府纷纷出台了各地的建设项目分级审批规定。

4）跟踪检查和后评价制度。《环境影响评价法》一大特色是规定了环境影响的跟踪检查和后评价制度，即：环境保护行政主管部门应当对建设项目投入生产或者使用后所产生的环境影响进行跟踪检查，对造成严重环境污染或者生态破坏的，应当查清原因、查明责任（第 28 条）。在项目建设、运行过程中产生不符合经审批的环境影响评价文件的情形的，建设单位应当组织环境影响的后评价，采取改进措施，并报原环境影响评价文件审批部门和建设项目审批部门备案；原环境影响评价文件审批部门也可以责成建设单位进行环境影响的后评价，采取改进措施（第 27 条）。

7.2.3.4　法律后果

建设项目的环境影响评价文件未经法律规定的审批部门审查或者审查后未予批准的，该项目审批部门不得批准其建设，建设单位不得开工建设（《环境影响评价法》第 25 条）。否则，项目建设单位面临被责令补办、责令停止建设和罚款等法律责任。

其中，“责令补办”的责任形式引发许多学者的批评，因为事后“补办”的做法大量发生，极大地损害了环评作为事先预防机制的意义。

> 阅读思考：如何完善我国建设项目环评制度
>
> 深港西部通道是为了满足深圳与香港之间日益增长的公路口岸交通量的需要，同时尽量减少过境车辆给深圳市区造成的交通阻塞、汽车尾气和噪声污染等问题而修建的一项跨境交通工程。西部通道事件所涉及的只是深港西部通道这一国家项目在深圳的市政配套部分，即深圳侧接线工程。2003 年 8 月，深圳市政府公布了深圳侧接线工程设计方案，随即沿线居民与地方政府就该工程的环境影响评价产生了严重分歧，争议持续不决，使得这项总投资达 20 多亿的重大工程，迟至 2005 年 6 月才得以开工。居民提出的异议有两大焦点。
>
> 焦点之一是居民为何迟迟不知情。早在 1996 年，深圳市即成立了西部通道筹建办公室；1997 年 12 月，深港西部通道在国家计委通过立项；2002 年 12 月国家计委批准了西部通道的“工程可行性研究报告”；2003 年 3 月，深圳市发展计划局批复了深圳侧接线工程可行性研究报告。但是，绝大多数卷入维权活动的居民都“声称”直到 2003 年 8 月市政府高调宣传调整之后的工程设计方案时才第一次得知该工程将从自己家门口经过；特别是，直到此时，绝大多数居民们对于直接涉及自身健康的环评过程还是一无所知。而且，之

后居民多次到西通办、市建工局和环保局要求查阅环评报告与设计方案，均被拒绝，这在居民中引发了愤慨和猜疑。

受托进行环境影响评价的单位深圳市环境科学研究给出的解释是，在侧接线工程的环评过程中，曾在某小区内发了50份调查问卷，并将调查结果写入了《环境影响评价报告书》，已经完成了对公众征求意见的程序。而居民对此种解释极为不满：侧接线工程沿线小区居民有数十万，岂是50份问卷就能代表的？而且，调查问卷这一形式本身也不能保证居民完整准确地表达自己的意见。

焦点之二是排放超不超标谁说了算。事件中更引人注目的争议是对侧接线工程环境影响评价的争议，具体而言，是对于侧接线工程封闭下沉段开口废气排放是否符合国家环保标准，也即是否会危及开口附近居民健康的争议。事发之初，政府官员反复宣称工程已经通过环保评审，居民不用担心污染问题。其依据的环评报告也的确支持了如下结论：在东西开口，超标距离最大为120米；而西开口距最近的敏感建筑物的距离为123米，东开口距最近的敏感建筑物的距离为200米。但是，两位退休的高级工程师根据在环评公示会上获得的环评报告最后七页所载数据，对距离100米处的敞口段自行进行了计算，得出氮氧化物浓度超标19.64倍的结果，大大强化了居民对环保安全的忧虑。

对此，负责审批环评报告的深圳市环保局的说法始终是：西部通道深圳侧接线工程项目的环评严格执行了国家环评制度，由具备资质条件的环评单位按照国家规定的标准编制了《环境影响报告书》，并已经通过专家的技术评审，从审批程序来说是合法的。

资源来源：陈善哲，金城. 2005-05-16. 深港西部通道接线工程”环评事件调查. 21世纪经济报道。

7.2.4 我国规划环评制度

7.2.4.1 规划环评的意义

在《环境影响评价法》起草之时，我国推行建设项目环评已有二十余年的历史，但国人对规划环评还很陌生。因此，主张在《环境影响评价法》中引入规划环评制度的人需要回答的第一个问题就是：为何在项目环评之外，仍需规划环评？

理由是显而易见的。不止具体的项目建设活动可能会造成环境污染与生态破坏，像规划和政策这样更宏观行为也可能具有重大的环境影响。事实上，正因为规划和政策这样的宏观行为涉及面更广，所以其环境影响更为深远，当决策错误时，为害尤烈。

新中国发展史上其实不乏这样教训："大跃进"政策对生态的破坏，"除四害"时将麻雀当成四害之一（蝗灾于 50 年代泛滥后以蟑螂代之），均是臭名昭著的政策失误。时间更近一点的，1995 年国务院《关于当前重点扶持的工业行业的政策意见》，将一系列严重污染环境的企业，即所谓的"十五小"（小炼钢、小造纸、小皮革等），列入了扶持对象中。这些产业的迅速发展，导致了严重的环境污染问题。1996 年，国务院又发布了《关于加强环境保护工作的决定》，命令"关停并转"曾经鼓励的"十五小"企业①。

7.2.4.2 规划环评与战略环评

战略环境影响评价（stategic environmental assessment）尚无公认的定义，但一般而言，指的是对法规、政策、规划或计划等宏观决策活动可能产生的环境影响进行系统、综合评价，并将评价结果应用于公共决策之中。就此而言，战略环评包括了规划环评，但外延大于规划环评。

在《环境影响评价法》起草过程中，最初几稿包括了对"政策"、"计划"的环境影响评价，但在征求意见和审读过程中，有不同意见提出"政策评价难度较大"、"对政策和规划进行环境影响评价没有成熟经验可循"、"立法条件还不成熟"等问题。《环境影响评价法》最终通过稿删去了政策和计划，只保留了规划环评和建设项目环评。

7.2.4.3 《环境影响评价法》中的规划环评

（1）适用对象范围为"一地三域十专项"

《环境影响评价法》第 7 条和第 8 条分别规定了综合规划的环评和专项规划的环评。其中综合规划环评的适用范围为"土地利用的有关规划，区域、流域、海域的建设、开发利用规划"；专项规划环评的适用范围为："工业、农业、畜牧业、林业、能源、水利、交通、城市建设、旅游、自然资源开发的专项规划"，合并起来，简称为"一地三域十专项"。

《环境影响评价法》第 9 条规定："依照本法第七条、第八条的规定进行环境影响评价的规划的具体范围，由国务院环境保护行政主管部门会同国务院有关部门规定，报国务院批准。"据此，2004 年 7 月，经国务院批准，原国家环境保护

① 《政策、规划实施后造成不良影响的若干事例》，载全国人大环资委法案室编：《中华人民共和国环境影响评价法立法资料汇编》，2002 年。转引自：汪劲. 2006. 中外环境影响评价制度比较研究. 北京：北京大学出版社.

总局会同有关部门制定颁布了《编制环境影响报告书的规划的具体范围（试行）》和《编制环境影响篇章或说明的规划的具体范围（试行）》。

（2）规划环评的责任主体是政府部门

根据《环境影响评价法》的规定，有责任进行综合规划环评的主体是组织编制"土地利用的有关规划，区域、流域、海域的建设、开发利用规划"的国务院有关部门、设区的市级以上地方人民政府及其有关部门；有责任进行专项规划环评的主体是组织编制的工业、农业、畜牧业、林业、能源、水利、交通、城市建设、旅游、自然资源开发的有关专项规划的国务院有关部门、设区的市级以上地方人民政府及其有关部门。

（3）规划环评的内容

根据《环境影响评价法》的规定，综合规划有关环境影响的篇章或者说明，应当对规划实施后可能造成的环境影响作出分析、预测和评估，提出预防或者减轻不良环境影响的对策和措施[①]。

专项规划的环评内容为环境影响报告书。

（4）专项规划环评的专家审查

对于专项规划的环境影响评价的审查，我国《环境影响评价法》第 13 条规定了一项特殊的步骤：专家审查[②]。即"设区的市级以上人民政府在审批专项规划草案，作出决策前，应当先由人民政府指定的环境保护行政主管部门或者其他部门召集有关部门代表和专家组成审查小组，对环境影响报告书进行审查。审查小组应当提出书面审查意见。"

《环境影响评价法》同时规定，参加此种审查小组的专家，"应当从按照国务院环境保护行政主管部门的规定设立的专家库内的相关专业的专家名单中，以随机抽取的方式确定。"这一选取专家的方式旨在保证专家的中立性。

关于专项规划的审批，《环境影响评价法》还规定："由省级以上人民政府有关部门负责审批的专项规划，其环境影响报告书的审查办法，由国务院环境保护行政主管部门会同国务院有关部门制定。"据此，2003 年 10 月，原国家环境保护局颁行了《专项规划环境影响报告书审查办法》，其中第 4 条规定："专项规划编制机关在报批专项规划草案时，应依法将环境影响报告书一并附送审批机关；专项规划的审批机关在作出审批专项规划草案的决定前，应当将专项规划环境影响报告书送同级环境保护行政主管部门，由同级环境保护行政主管部门会同专项规定的审批机关对环境影响报告书进行审查。"

---

① 《环境影响评价法》的相关规定过于简略，《规划环评条例》第 8 条和 11 条细化了规划环评的内容。

② 在深圳西部通道环评事件中，居民曾据此条主张深圳市政府组织专家审查环评报告的做法违法，而深圳市政府回应称，此条规定只适用于"专项规划"的环评，不适用于像西部通道这样的建设项目的环评。

（5）法律后果

《环境影响评价法》第 7 条规定：“综合规划的有关环境影响的篇章或者说明，应当作为规划草案的组成部分一并报送规划审批机关。未编写有关环境影响的篇章或者说明的规划草案，审批机关不予审批。”

《环境影响评价法》第 12 条规定：“专项规划的编制机关在报批规划草案时，应当将环境影响报告书一并附送审批机关审查；未附送环境影响报告书的，审批机关不予审批。”

有关专项规划环评，《环境影响评价法》第 14 条还进一步规定了：“设区的市级以上人民政府或者省级以上人民政府有关部门在审批专项规划草案时，应当将环境影响报告书结论以及审查意见作为决策的重要依据。在审批中未采纳环境影响报告书结论以及审查意见的，应当作出说明，并存档备查。”

7.2.4.4　规划环境影响评价条例

我国的《规划环境影响评价条例》的初稿有一万二千多字，2009 年最后颁布的终稿只有四千余字。前后历时三年才终于正式发布。若是相关立法材料和经过得以完整公布，定会成为我国“立法中利益博弈”的经典案例。也正因此，《规划环境影响评价条例》中取得的如下成果殊为可贵。

（1）为规划环评提供了可操作规则，并明确了规划环评的效力

虽然《环境影响评价法》已经于 2003 确立了规划环评制度，但相比建设项目环评，规划环评的相关内容比较粗略。时隔六年，《规划环境影响评价条例》的实施，明确了规划环评的责任主体、评价的内容、依据和具体形式，为规划环评提供了具有可操作性的规则。

《规划环境影响评价条例》还明确了规划环评的效力，即：规划审批机关在审批专项规划草案时，将环境影响报告书结论以及审查意见作为决策的重要依据。规划审批机关对环境影响报告书结论以及审查意见不予采纳的，应当逐项就不予采纳的理由做出书面说明，并存档备查；有关单位、专家和公众可以申请查阅。

（2）首次体现了风险预防观念

条例非常明确地规定“依据现有知识水平和技术条件，对规划实施可能产生的不良环境影响的程度或者范围不能作出科学判断的”，审查小组应当提出不予通过环境影响报告书的意见。这体现了不同于以前“危害预防”的观念，而是真正直面了不可避免的“不确定性”，直面了如何“决策于不确定性之中”这一风险规制的核心难题（具体探讨参见预防原则部分）。

（3）建立了区域限批制度

为了保证规划环境影响评价的对策、措施落到实处，《规划环境影响评价条例》建立了区域限批制度，规定规划实施区域的重点污染物排放总量超过国家或者地方规定的总量控制指标的，应当暂停审批该规划实施区域内新增该重点污染物排放总量的建设项目的环境影响评价文件。

(4) 确立了规划环评的跟踪评价制度

为了及时发现规划实施后出现的不良环境影响，《规划环境影响评价条例》规定对环境有重大影响的规划实施后，规划编制机关应当组织环境影响的跟踪评价；发现产生重大不良环境影响的，应当及时提出改进措施，向规划审批机关报告；环境保护主管部门发现产生重大不良环境影响的，也应当及时进行核查；核查属实的，向规划审批机关提出采取改进措施或者修订规划的建议；规划审批机关应当及时组织论证，并根据论证结果采取改进措施或者对规划进行修订。

《规划环境影响评价条例》第 25 条还对跟踪评价的具体内容做出了列举式规定，即：规划实施后实际产生的环境影响与环境影响评价文件预测可能产生的环境影响之间的比较分析和评估；规划实施中所采取的预防或者减轻不良环境影响的对策和措施有效性的分析和评估；公众对规划实施所产生的环境影响的意见；跟踪评价的结论等四项内容。

(5) 提出了环评信息共享问题

《规划环境影响评价条例》第 4 条规定，国家建立规划环境影响评价信息共享制度。县级以上人民政府及其有关部门应当对规划环境影响评价所需资料实行信息共享。

另外，《规划环境影响评价条例》第 22 条还规定，规划审批机关对环境影响报告书结论以及审查意见不予采纳的，应当逐项就不予采纳的理由作出书面说明，并存档备查。有关单位、专家和公众可以申请查阅；但是，依法需要保密的除外。

7.2.5 我国环评制度中的公众参与

我国《环境影响评价法》第 5 条确立了公众参与原则，即“国家鼓励有关单位、专家和公众以适当方式参与环境影响评价”；但是，关于具体参与方式和途径的规定不够具体，在实践中容易引发争议。在此背景下，《环境影响评价公众参与暂行办法》（以下简称《参与办法》）于 2006 年颁布，尝试进一步明确公众参与环评的具体范围和程序。下面分别就参与者的范围、参与时机、参与方式和参与实效的保证五个方面介绍相关规定。

1）参与者的范围。参与者的范围划定即确定环评程序究竟向哪些“公众”开放。对此，《参与办法》要求建设单位在选择征求意见的对象时，应当综合考虑地域、职业、专业知识背景等因素，合理选择相关个人和组织。被征求意见的公众必须包括受建设项目影响的公民、法人或者其他组织的代表。采取问卷调查方式的，问卷的发放范围应当与建设项目的影响范围一致。

2）参与时机。参与时机是公众参与制度的关键因素之一，一般而言，提早参与更能对最终决策产生“防患于未然”的影响，但是过早向公众公开行政机关并不成熟的考虑，有时也未必明智。由此就公众参与时机做出合理判断成为一个相当复杂的问题。《参与办法》明确要求建设单位必须在环评文件报送审查之前征求公众意见，并且征求公众意见的期限不能少于 10 日。

3）参与方式。有关公众参与环评的方式，《参与办法》列举了调查公众意见、咨询专家意见、座谈会、论证会 、听证会五种公众参与建设项目环评的具体形式。需要注意的是，此项规定意在指引可以采用此五种方式，而无意将公众参与仅限于此五种方式。

4）信息公开。信息公开是公众有效参与的前提。《参与办法》分阶段分别明确了信息公开的具体要求：在环评开始阶段，建设单位应当公告项目名称及概要等信息；在环评进行阶段，建设单位应当公告可能造成环境影响的范围、程度以及主要预防措施等内容；在环评审批阶段，环保部门应当公告已受理的环评文件简要信息与审批结果，并且“ 建设单位或者其委托的环境影响评价机构征求公众意见的期限不得少于 10 日，并确保其公开的有关信息在整个征求公众意见的期限之内均处于公开状态。”

5）参与实效。为保证公众参与具有实效，《参与办法》还要求建设单位应当在报审的环评报告书中附上对公众意见采纳或者不采纳的说明。

《参与办法》主要是具体化了建设项目环评中的公众参与，有关规划环评中的公众参与的规定则基本是《环境影响评价法》相关规定的重复，主要包括：专项规划编制机关对可能造成不良环境影响并直接涉及公众环境权益的规划，应当在该规划草案报送审批前，举行论证会、听证会，或者采取其他形式，征求有关单位、专家和公众对环境影响报告书草案的意见；专项规划的编制机关应当认真考虑有关单位、专家和公众对环境影响报告书草案的意见，并应当在报送审查的环境影响报告书中附具对意见采纳或者不采纳的说明；环境保护行政主管部门组织对开发建设规划的环境影响报告书提出审查意见时，应当就公众参与内容的审查结果提出处理建议，报送审批机关；审批机关在审批中应当充分考虑公众意见以及环保机关审查意见中关于公众参与内容审查结果的处理建议；未采纳审查意见中关于公众参与内容的处理建议的，应当作出说明，并存档备查；综合规划环评的公众参与，参照专项规划环评相关规定进行。

7.3 我国环境影响评价制度的完善

7.3.1 环评的内容：可选方案（alternatives）的缺失

在《环境影响评价法》“三读”的过程中，全国人大法律委员会删除了原本的“可选方案”条款，理由是“要求所有的建设项目都要另搞可选方案，难以做到，也没有必要”①。据学者调研，在《环境影响评价法》颁布之前的建设项目环评实践中，也的确大多不进行“可选方案”分析②。现在学者一般认为，可选择方案是环评的灵魂和核心。有百利而无一弊的“完美方案”在现实世界中通常并不存在，真正的决策往往是权衡比较的结果。缺乏可选方案的比较，就很难确定特定方案的合理性和必要性。而且，现实世界中与环评利害攸关的各方，往往基于不同理念、不同利益而主动将各种不同方案提到决策者面前，使决策者无法避免在各种可选方案中做出选择。因此，虽然存在着一定的技术难度并且会带来评估费用的增加，却仍有必要将可选方案纳入环评制度之中。

7.3.2 公众参与：权利保障未确立

完整的公众参与制度应当确立公众的“知情权”（信息公开）、“环境决策参与权”和“获得救济权”。但是，我国现行法律并未明确参与环评是公众的一项权利，亦未明确公众拥有参与“环境决策”的权利，相应地，也无法保障公众参与权受到不法限制或剥夺时能够寻求有效的救济。事实表明，这给环评文件的编制单位和审批机关利用层出不穷的借口抵制公众参与提供了便利，实践中屡屡发生民众向环评文件编制和审批单位要求查看环评文件而被拒绝的事例③，也有拒绝向一般公众公开材料，只在专家论证会上发放材料，要求现场速读并签字之后又全部收回的做法。这种不必要的“神秘”做法不仅违背了《环境影响评价法》有关公众参与的原则性规定，也在许多公共事件中成为引发民众敌对猜疑、激化矛盾的重要因素之一。虽然《参与办法》对于公众参与建设项目环评的程序，特别是作为公众参与前提的相关信息公开方面，有了一些较为具体的规定，但存在效力层级

---

① 参见 2002 年 8 月 20 日全国人在法律委员会向九届全国人大常委会所作《关于〈中华人民共和国环境影响评价法（草案）〉修改情况的汇报》。

② 张勇，王勇，王云等．2002．环境影响评价有效性的评估研究．中国环境科学，（4）324-238．该报告中，调查总数中仅仅有 8.4%进行了可选方案分析。

③ 例如，西部通道事件中，民众最初要求公开环评报告被拒，行政复议机关以法律、法规未规定审批机关应向公众公开批所依据的环境影响评价文件为由，认定深圳市环保局此行为不违法。

较低而执行力度不够的问题；并且对照我国大陆和香港地区的环评工作程序（如图 7-1、图 7-2 所示），即可发现现行规定在操作层面仍然不够细致。总之，仍有必要通过法律或法规来具体明确和进一步强化公众的知情权、决策参与权和获得救济权。

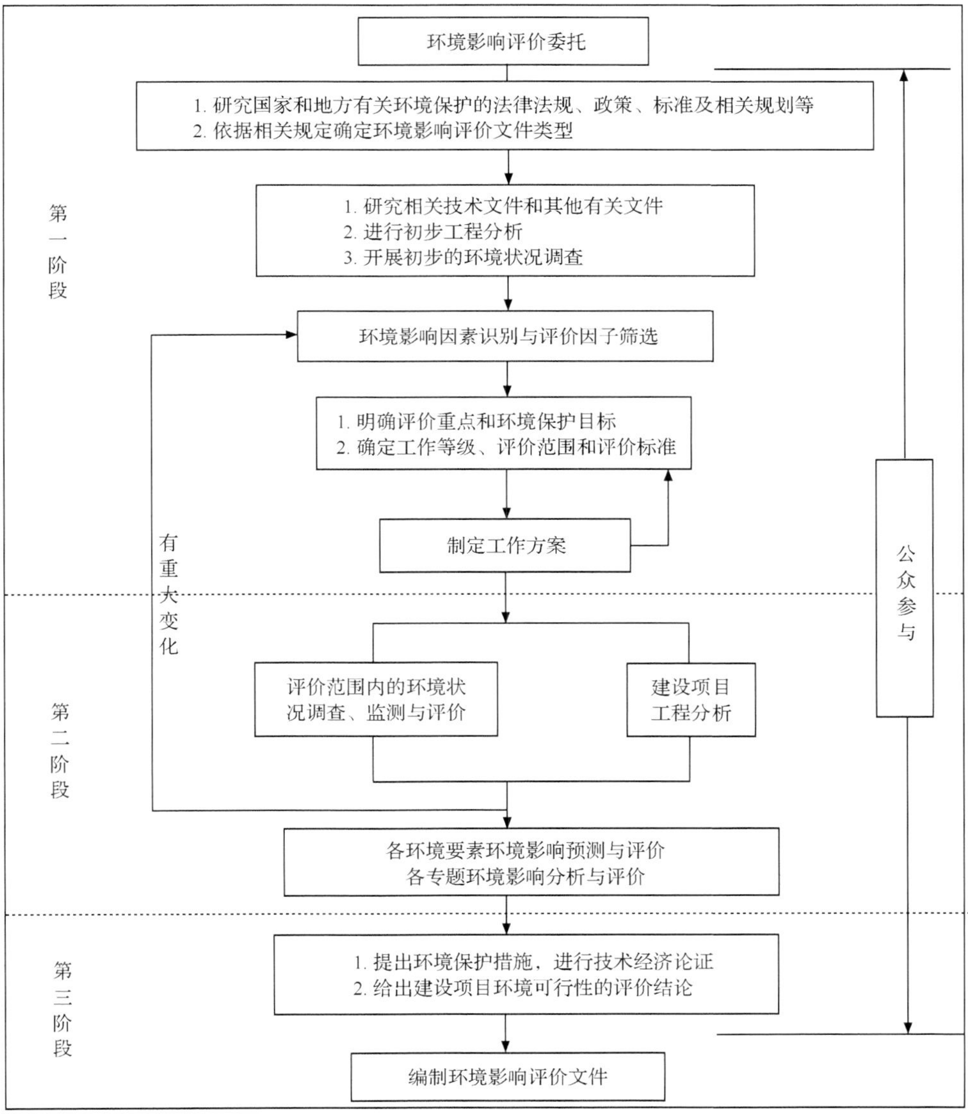

图 7-1 我国大陆建设项目环境影响评价工作程序①

① 参见《环境影响评价技术导则总纲》（HJ 2.1-2011）

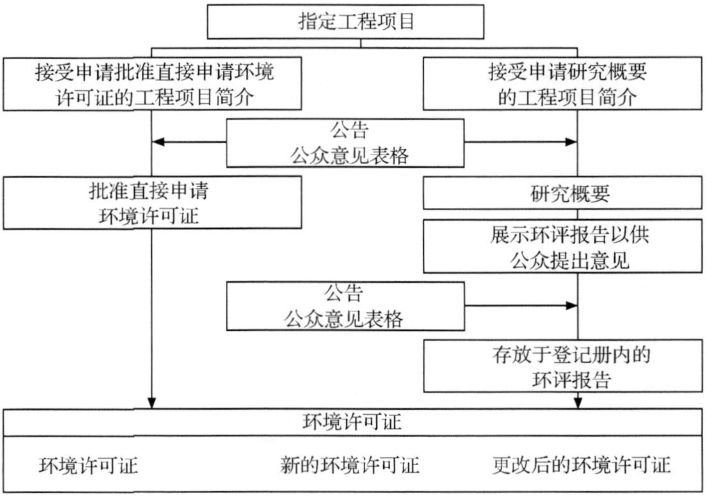

图 7-2 香港环境影响评估程序[①]

7.3.3 环评的执行：反思“环评风暴”

据环保部门公布的数据，我国环评实际执行率连年保持在98%以上[②]。但实际上，有许多建设项目未经环保审批即开工建设，只是利用我国《环境影响评价法》“责令限期补办”的规定，以“事后补办手续”的方式进行环评，而最后仍被计入了“环评制度得到执行”的情况。这场声势巨大的“风暴”如此结束，事实上暴露出环评制度在强制执行力方面存在法律漏洞。事实上，依据《环境影响评价法》有关“限期补办”的规定，一个理性自利的企业进行任何建设项目都可以不事前进行环评，以期蒙混过关。因为即使此不法行为败露，也只需按责令“补办手续”即可，因为按《环境影响评价法》的规定，只有在被责令补办手续的情况下仍“逾期不补办手续”时，才会面临罚款等制裁。而项目已经获得其他国家机关的许可开工建设，投资方已经投入大量资金的情况下“补办”环评手续，环评专家及审批机关必然面临巨大的现实压力，倾向于做出“没有环境影响”或“环境影响可控”等结论。事实上，在著名的2005年环评风暴中，原国家环境保护总局通报停建的30个违法开工电站建设项目，最后就都在“补办”环评手续中通过了环评审批，全部得以恢复建设，这在很大程度上损害了环评专

① 香港特别行政环境保护署：http：//www.epd.gov.hk/eia/tc_chi/content/chart.html.

② 数据见于原国家环保总局发布的2001～2005年《中国环境状况公报》。

家以及环评审批机关的公信力[1]。要使环评制度真正具有强制执行力，有必要考虑废止允许“补办”环评手续的相关规定。

参考文献

奥托兰诺. L. 2004. 环境管理与影响评价. 郭怀成等译. 北京：化学工业出版社.
李艳芳. 2004. 公众参与环境影响评价制度研究. 北京：中国人民大学出版社.
汪劲. 2011. 环保法治三十年：我们成功了吗. 北京：北京大学出版社.
汪劲. 2006. 中外环境影响评价制度比较研究. 北京：北京大学出版社.
叶俊荣. 1993. 环境政策与法律. 台北：台湾月旦出版公司.

① 据汪劲教授的一次调查，补办环评的比例大约占到全部环评的 50%. 汪劲. 2011. 环境法治的中国路径：反思与探索. 北京：中国环境科学出版社：12 页.

第 8 章 环境与能源行政契约

Voluntary Agreements on Environment and Energy

本章讨论的环境与能源契约，不包括平等民事主体之间签订的，只涉及当事人的民事权利义务安排；不涉及国家/政府环境与能源政策目标的民事契约，只限于作为国家/政府实现环境与能源政策目标之工具的环境与能源行政契约。目前，这类契约已经成为发达国家政府实施环境与能源管理的重要工具，相关制度也在各国实证法中得以确立。而我国的环境与能源契约制度仍处于起步阶段。

8.1 行政契约一般原理

8.1.1 行政契约概述

8.1.1.1 概念

“契约”一词本源于民法，是指当事人之间设立、变更或终止债权债务关系的含意。与行政有关的契约，作为实际存在的现象，有相当复杂的表现形式，大致上可以分为如下几种不同的情形：①行政主体为实施公务准备必要物质条件而作为市场主体与公民、法人或其他组织签订的契约，例如，购买办公用品等；②行政主体之间签订的与职权相关的契约，如行政事务委托办理的契约；③行政主体作为公有财产的管理者或经营者与公民、法人或其他组织签订的契约，如公有房屋的租赁契约、国有土地使用权出让契约、国有资产投资契约等；④行政主体为实现行政目的，直接以行政职能有关内容与行政相对人签订的契约，如房屋拆迁、移民安置及补偿契约，基于社会公共利益需要所订立的公共工程建设、承包契约，环境保护与污染防治契约，基于特定行政目的订立的委托检验、鉴定、测定、管理契约等；⑤私人之间为实现行政主体的行政目的而达成的协议，如供需双方根据国家计划签订的供货契约。

可以说在当代各国这些现象都客观存在。只是这些契约中究竟哪些才算得上行政契约，各国立法的规定并不相同。

法国是行政契约制度的诞生地，我国行政法学上的通说借鉴法国行政法学说，将行政契约界定为：行政主体为了实施特定公务而与行政相对人或者其他行政主体达成的，适用某些不同于私法契约规则的协议。

8.1.1.2　特征

行政契约既有国家行政的特点，又有契约的一般特点，行政特点和契约特点的结合，构成了行政契约的主要特征。

1）契约当事人通常有一方是行政主体。这是行政契约与一般民事契约的明显区别。作为例外，按照法国的行政契约理论，如果契约基于公益目的而订立，即使契约双方均非行政主体，亦属于行政契约。

2）行政契约在协商一致的基础上达成。这是行政契约与其他单方行政行为的重大区别。正因为存在协商一致的因素，有许多私法学者认为行政契约不是行政行为，而是特殊的私法契约。

3）行政契约的目的是实现公共利益，内容直接涉及公共事务。尽管公益与私益有时很难区分①，但在区分行政契约与民事契约时，是否涉及公共利益和公共事务仍是一项非常重要的考虑因素。

4）适用私法以外的规则。行政契约既然与私法契约有共通之处，就可以适用私法规则。但是行政契约由于涉及公共利益和公共事务，不可避免地会涉及适用私法以外的规则。举例来说，私法中买卖契约，当事人自愿即可以推定为公平交易，哪怕卖方用一元钱卖掉自己的宝马车。而行政契约则不同，必须有更多的规则来保护公共利益不被牺牲，因为契约当事人在此处理的并非自己的个人利益，而是公共利益。

5）行政主体在行政契约中的优先权。大陆法系各国都不同程度地承认行政主体在行政契约中的优先权，尤以法国为甚。按照法国行政法学理论，这些优先权包括了：选择契约当事人并要求对方当事人本人履行义务权、对契约履行的指挥权、单方面变更或解除契约权、制裁权（包括金钱制裁、代执行等强制手段）等。需要注意的是，赋予这些优先权的根本理由是维护公共利益所需，如日本行政法学者南博方认为，“若契约的延续将严重危害公共利益时，则应给行政主体单方解约权”②。正是这些行政优先权的存在，使得一些学者认为行政契约并非契约，而只是披着契约外衣的行政决定。

---

①　例如土地使用权出让契约中约定开发商应在建商品房的同时建消防通道、公用停车场、绿化隔离带可说是为了公益，但约定开发商必须建私用停车场很难说是公益还是私益。

②　南博方．1988．日本行政法．杨建顺译．北京：中国人民大学出版社．66.

8.1.2 行政契约的缔结依据

虽然继法国之后，现代国家纷纷在实证法上确立了行政契约制度。如 1976 年德国《行政程序法》第 4 章第 54 条规定："公法领域的法律关系，可以以契约建立、变更和解除，但是以法律没有相反的规定为限。行政机关尤其可以与行政行为的相对人缔结行政契约，以代替采取选择行为。"美国则通过判例法发展了其政府契约（government contract）制度。

然而，在一些学者看来，行政意味着命令与服从的关系、依法行政意味着限制随意性的要求，而"契约"则意味着平等、当事人自治和协商一致，二者之间存在不可调和的矛盾。这类观点从根本上否认"行政契约"的合法性。持这种观点的学者们主要理由归纳起来，不外于如下几点。

1）行政关系的支配性质不同于民事关系的平等性。按传统的公私法区分理论，典型的公法关系与典型的私法关系的最大不同是，国家有优于私人的地位，私人有服从公权力的义务，公法关系即支配关系，公法行为即权力性行为。体现在行政法律关系上，即是行政主体和行政相对人之间权利义务具有不对等性，与民事法律关系中的对等性形成鲜明的对照。

2）行政主体无权处分其所代表的公共利益。民事主体代表的是自己的利益，依法可以自由处分自己的权益，所以民事主体之间可以通过讨价还价、互相让步和妥协达成协议。与此不同的是，传统观念将行政主体作为公共利益的代表，并由此认为，为保证行政主体忠于其代表的公共利益，法律没有也不应给予其让步、妥协的余地。

3）行政法律关系中职权法定，行政职权另一面即职责，不具有可以随意处分的性质，所以在行政法律关系中不存在意思自治、自由选择的问题。传统的依法行政观念以约束行政权以保障人权为主要目的，强调"无法律则无行政"，即一切行政行为都要有法律上的依据①。这与民法上当事人意思自治原则截然不同的。

事实上，单从"合意"这一契约最重要的特点来看，行政领域是存在合意的可能性的。依法行政，严格约束行政权的要求只有在立法连续不断，未留下任何空隙的假定上才能成立。事实上，社会现实情况的千变万化，制定法或普通法永

---

① 传统依法行政的观念，可参见英国学者 A. V. 戴雪的法治学说和德国学者奥托·梅耶的"法律的支配"学说。我国在行政法学理论发展初期，多接受严格法治观念，参见张尚鷟编《走出低谷的中国行政法学》（中国政法大学出版社 1991 年版，第 26 页）："行政法律关系权利义务都是由法律规范规定的。行政法律关系的一个重要特点是其主体不能相互约定权利义务，不能自由选择权利义务，而必须依据法律规范取利权利并承担义务……"。

远无法巨细无遗地穷尽所有可能性，行政主体并非“适法的机器”，总是存在必须裁量的余地。行政主体和相对人的地位不对等，以及行政主体的职权受到法律严格限制这些事实，只是使行政契约具有与民事契约不同的限制和特征，当事人地位不对等，会影响到当事人意思表达的真实性；行政主体职权法定不可逾越，会使行政主体的意思表示受到限制，但这些困难并不会使得合意根本不可能。

因此，对否定行政契约的传统观点，国内外均有学者提出批评。如日本的美浓部达吉认为：“契约决不限于私法的区域，在公法的区域亦不乏其例”，“不但对等的公共团体之相互关系常有依双方同意而构成公法关系之例，即在国家（或公共团体）和人民间的关系上，即当国家站在优越的意思主体的地位而与人民对立的场合，两者间的法律关系之形成，亦不是绝对不许人民参加意见的”①。我国亦有行政法学者指出：“在依法行政原则的支配下，行政机关行使行政契约权要受到诸多限制，但是，这种‘不自由’是相对于民事契约而言的，并未从实质上否定行政契约中存在一定限度的契约自由。”②

8.1.3 行政契约与依法行政原则

权力不受限制必然导致腐败，行政契约中行政主体代表国家对公共利益的裁量处理权，也有腐败的可能性：①行政主体有可能利用其实际上的优势地位，以行政契约为名，行行政命令之实，此即“遁入私法”；②行政主体有可能以“协商”合作为名，行“串通”之实，为企业私利或行政官员个人利益（部门利益）牺牲公共利益，此即“出卖高权”。

以环境与能源领域为例，地方政府可能为追求税收收益而放纵企业污染环境的行为，企业也可能通过提供就业机会、经济援助甚至贿赂等合法和不合法的方式来影响政府决策。在这样的现实情况下，允许环境和能源行政机关与企业坐在一起就环保责任的履行进行协商，允许行政机关在一些问题上对企业做出妥协和让步，就很有可能演变为架空环境保护法律的合谋，而企业“捕获”政府的风险也很可能在“合作”的幌子下被掩盖和忽略。

因此，在承认行政机关有权缔约行政契约的同时，如何控制行政机关此种缔约权力，如何规范行政契约的运用也成为行政契约理论的重要内容。对此，行政法学者主要是借助于依法行政原理，主张从实体权利义务分配、合理的程序设计及其完善纠纷和救济制度的角度来实施对行政契约的法律控制。

概括而言，“西方国家行政法上对行政契约与依法行政关系的再认识，以及

① 美浓部达吉. 2003. 公法与私法. 黄冯明译. 北京：中国政法大学出版社.

② 余凌云. 2000. 行政契约论. 北京：中国人民大学出版社.

互动适应过程可以概括为：一方面，对依法行政重新解释，以创造容纳行政契约上述机动性的可能性；另一方面，加强对行政契约行为规范与程序规范的立法，尽量将行政契约纠纷纳入司法审查范围，以保证行政契约符合法治主义的要求。”①

8.1.4 行政契约制度的主要内容

当前各国行政契约制度的主体多为程序性规范，主要由两大部分组成：一是行政契约订立和履行规范，二是行政契约的司法审查规范。

8.1.4.1 行政契约的订立和履行

1）行政契约的订立。①决定采用契约方式前需进行可行性论证与征求意见。行政主体作为公共利益判断者享有对契约标的的决定权无可厚非，但为确保行政契约标的之可行性，行政主体在作出决定时应当进行可行性论证，即：需给有关专家、学者或涉及契约标的利害关系人口头或书面陈述意见的机会，以供行政主体决定时参照。②契约的缔结程序体现公开公平公正原则，扩大体现公开竞争的招标拍卖程序适用范围。

2）行政契约的履行。①因公共利益之需要，行政主体单方行使变更契约标的或解除契约时除应当履行说明理由，听取对方意见两项义务外，还应当履行先行告知义务。②行政主体认为相对人不适当履行或不履行契约给予之义务而行使制裁权时，首先应当催告当事人，听取其意见等。契约相对一方当事人对制裁不服时，应当给予其合理期限向上级行政机关申请复议或向法院提起诉讼。

8.1.4.2 行政契约的司法审查

各国法律都规定了法院对行政契约的审判管辖权。在法国，可就行政契约向行政法院提出完全管辖权诉讼；在日本，法院有权受理公法上行政关系的诉讼；美国的判例则确认，法院对政府契约案件可以进行司法审查。

虽然我国学者大多认为，行政契约的司法救济应该通过行政诉讼而不是民事诉讼的途径解决，因为行政契约在主体、目的、履行的规则、双方的权利义务、契约责任等方面都与一般契约有较大区别，有其独特的内在价值，应当适用特殊的规则。但是这种观点并未得到立法的明确承认，实践中土地出让契约等学理上认为属于行政契约的契约所引起的纠纷多以民事诉讼方式解决。这种现状受到了学界的批评，学者们认为，“如果不存在解决行政契约纠纷的公法救济途径，将

---

① 余凌云. 2000. 行政契约论. 北京：中国人民大学出版社：91-92.

会助长‘公法遁入私法’的趋势，造成行政法意义上的行政契约理论窒息和萎缩”①。

行政契约是一种具有强大生命力的行政行为方式，但在我国实践中仍存在不少问题，新的《契约法》未将行政契约纳入其规范，而行政法学界久已酝酿的《行政契约法》又尚未出台，缺乏具体、统一的规范。有关问题的妥善解决，还有赖于实践中不断探索和理论的进一步发展。

8.2　环境与能源契约

8.2.1　概述

8.2.1.1　概念

本章所讨论的环境与能源契约，指公民、法人和其他组织（主要是环境污染企业和能源消耗企业）与政府及其环境与能源行政机关基于合意，就采取有利于达成政府环境保护和能源合理利用目标的各种具体措施达成的协议。

此种契约的实质内容在于，企业或行业组织承诺在一定时间内达成某一环境保护和能源合理利用的目标；同时，在此契约中，环境与能源行政机关往往也给予企业或行业组织某种激励。但从日本等国的实践来看，后者并非环境与能源契约的必要内容。

环境与能源契约是行政契约的一种，同时具有“行政”和“契约”的特性，处于公法和私法交叉重合地带，是一般公益与个体私益一致性的体现：环境与能源是人类赖以生存和发展的物质条件，环境保护和能源的合理利用是至关重要的公益目标；但是，企业的天性是追逐私利，让企业承担更多环境保护和合理用能的责任有利可图，是环境与能源契约在现实世界中得以存在和发展的根基所在。

8.2.1.2　类型

在各国实践中，环境与能源契约多种多样、范围广泛。就内容而言，既涉及污染防治，如排放许可契约、污染治理目标契约等，也涉及自然资源开发利用和生态修复及补偿，如采矿许可契约、荒漠治理契约、退耕还林契约、退渔转产契约等，或者涉及能源节约和能效提高，如节能自愿协议和契约能源管理等。就表现形式而言，既有正式的书面协议或契约，也有备忘录、信函、电子邮件等非正式的契约。

---

① 余凌云. 2000. 行政契约论. 北京：中国人民大学出版社：160.

8.2.2 源起和发展

8.2.2.1 源起

环境与能源契约达成的前提和关键在于：企业自愿提高能源利用效率、减少污染物排放。在传统的环境与能源规制领域，企业基于个体私益的考虑，通常视环保、节能政策为其获利的障碍。政府规制机关与被规制企业的关系由此类似于猫和老鼠：被规制企业并不愿意服从有关环境保护和能源合理利用的法规命令，只是慑于规制机关以国家强制力为后盾的惩罚，才不得不服从。这种关系模式下，很难想象二者能够坐在一起，讨论如何达成基于公共利益的政府规制目标。

二十世纪六七十年代，环境问题突显，紧接着能源危机爆发，能源价格高企，各国政府纷纷强化环境规制。在此背景下，一方面企业有较强动机通过节能措施和能效技术减少能源消耗以降低生产经营成本，同时亦面临较强社会压力克尽环保社会责任。于是，提高能效、减少污染、污染防治由此成为企业和政府共同的目标。另一方面，由于传统命令—控制手段需要在收集信息和强制执行方面花费较高的成本，政府机关亦有动机在传统的命令一控制手段之外发展出新的工具，以较低规制成本实现环境与能源政策目标。而且，在民众环境权益意识高涨，环境维权行动此起彼伏的背景下，企业和政府同样期望通过事先协商安排以明确责任并减少相关纠纷。这些因素共同促成了环境与能源契约的发展。

8.2.2.2 在国外的发展

日本是较早在环境与能源管理中应用自愿协议的国家。早在 1952 年，岛根县与山阳纸浆公司、大和纺织公司即签署备忘录，约定两公司在设厂时必须遵守县政府的行政指导，并设置完备的废水处理设施；如因水污染造成损害，须依照县政府所认定的赔偿额赔偿。更广为人知的公害防止协定案例，则是 1964 年横滨市与电源开发株式会社之间签订的有关根岸湾填埋场公害防止措施的协定。此案例如此著名，以至于此种以契约方式达成防治污染目的环境行政模式被称为“横滨模式”。

在美国，联邦的《环境政策法》把促进联邦政府与各州和地方政府以及有关的公共团体和私人团体（包括企业团体）通过各种切实可行的方式进行合作作为一项国家环境政策（参见《美国法典》第 42 卷 55 章第 4331 条规定）。一些单行法亦授权相关行政机关以与行政相对人签订协议的方式实现环境保护目标，如《黄石国家公园法》授权美国内政部与有关的私人签订公园内公共设施的建设和运营契约。20 世纪 90 年代美国在环保领域推行自愿性的伙伴合作计划，其中环保署于 1991 年发起的、结合自愿协议与信息公开工具的 33/50 有毒化学物质削减项目已经成为企业大规模自愿减少污染物排放的著名成功案例，据统计共有1300 个企业参加此项目，并且所有参与企业全部提前完成了既定的削减 50%的排放目标①。美国环保署利用自愿协议机制的另一著名案例是其 1995 年启动的杰出领袖工程（Project XL），该案例在美国法学界引发了不少研究和争论②。

在欧洲，20 世纪 70 年代石油危机之后，节能自愿协议在经济发达国家发展起来。20 世纪 90 年代，全球气候变化问题成为国际焦点，多个国家的碳减排政策都将自愿协议当成重要的工具之一。据欧盟委员会 1996 年的统计（环境协议目录 1996），欧洲国家范围内已有超过 300 项环境协议，所有欧盟国家都采用了环境协议，其中以荷兰和德国数量最多，两国合计约占总数的 2/3③。

目前，各种形式的环境与能源契约已经成为包括日本、欧盟、美国、加拿大、新西兰和我国台湾地区④等国家和地区广泛采用的一项基本环境与能源法律制度。

8.2.2.3 我国的环境与能源契约试验

在我国，类似于环境保护协议的实践出现较早，节能自愿协议的实践则较晚。

20 世纪 80 年代中期以来，在政府职能转变的大背景下，在经济领域里成效显著的“承包责任制”受到行政机关的青睐。国家在环境管理领域也开始大力推行环境保护“承包责任制”。环保部门或经济主管部门与污染企业签订的承包契约，初期主要涉及污染治理、排污费收取、污染治理设施的安装和使用等，后来扩展到环保资金的筹集和使用、技术改造以及环境质量改善目标等⑤。

需要注意的是，在我国，许多企业与政府签订“环境保护责任书”或“节能目标责任书”等，内容往往是企业承诺履行法定义务，是对相关强制性法律规范或强制性法律义务的简单重述，根本未进入可体现企业“自愿性”的空间，相关企业甚至根本没有不加入协议的选择余地。严格来说，这并非真正的环境与能源契约，而只是披着契约外衣的行政命令。

---

① 有关介绍可参见：温东辉等：《美国新环境政策模式：自愿性伙伴合作计划》，载于《环境保护》2003 年第 7 期。

② 例如：Steinzor. R. I. Regulatory Reinvention and Project XL: Does the Emperor Have Any Clothes; J Freeman. Collaborative Governance in the Administrative State. 后者的中译收入：弗里曼. 2010. 合作治理与新行政法. 毕洪海等译. 北京：商务印书馆.

③ 秦颖. 2011. 新的环境管理政策工具——自愿协议的理论、实践与发展趋势. 北京：经济科学出版社：44-45.

④ 公害防止行政协定书制度在 20 世纪 90 年代初期被我国的台湾地区采用，被称为环境保护行政协议。

⑤ 李挚萍. 2006. 环境法的新发展——管制与民主的互动. 北京：人民法院出版社：151.

在我国，体现了前述环境与能源契约真义的，是我国《清洁生产促进法》（2002 年颁布、2003 年实施）第 29 条规定的自愿减排协议：“企业在污染物排放达到国家和地方规定的排放标准的基础上，可以自愿与有管辖权的经济贸易行政主管部门和环境保护行政主管部门签订进一步节约资源、削减污染物排放量的协议。”

我国节能自愿协议试点工作开始于大企业和高耗能行业。由原国家经委和美国能源基金会共同实施，中国节能协会具体组织，美国劳伦斯伯克利实验室提供技术支持的“中国节能自愿协议试点项目”从 2001 年开始筹备，并于 2003 年至 2005 年实施。作为该项目的首次试验，山东省政府与济南钢铁集团总公司、莱芜钢铁集团有限公司于 2003 年 4 月 22 日签订自愿协议，企业承诺三年内节能一百万吨标准煤。2006 年 6 月 9 日，济南大学与济南市经委签署了节能自愿协议，承诺到 2008 年年底，3 年内将水、电、煤 3 项能源消耗指标降低 20%，这也是我国第一家签署节能自愿协议的高校。2007 年，欧盟“中国城市环境管理自愿协议式试点”项目选择了南京、西安和克拉玛依的 14 家企业作为试点，这些企业将以每年 3%到 5%的速度自觉减少污染物的排放，并把能源利用率提高3%～5%。2009 年，工业和信息化部与中国移动通信集团公司签署节能自愿协议，成为国家部委与企业签订的第一份有关节能减排的自愿协议。2010 年，工业和信息化部与华为公司签署节能自愿协议，华为承诺到 2012 年实现产品单位业务量平均能耗以 2009 年为基准下降 35%。目前，节能自愿协议在上海、福建、南京、宁波、扬州等省市得到广泛推行和应用。

随着节能自愿协议的推广，我国发布实施了《节能自愿协议技术通则》（GB/T 26757-2011），这是我国节能服务领域里的第一项国家标准。

8.2.3 环境与能源契约的功能与比较优势

8.2.3.1 功能

（1）具体化、细化法律规范的要求

法律规范具有一般性，有时只有原则性规定而无具体操作规则。通过环境与能源契约将一般法律规定具体化，能够使企业、环境和能源机关的权利义务更为明确。例如，法律规定了企业排放应达标，环境与能源契约即可进一步明确，达标可采取的具体措施、实施计划、时间表、跟踪监测方法等；法律规定污染者应负损害赔偿责任，环境与能源契约即可进一步明确环境污染与生态破坏事故的鉴定、因果关系证明或推定、损害范围的确定、赔偿金计算方法等。

（2）为合法的探索和实验提供必要条件。

立法者知识和能力均有限度，因此环境与能源立法往往不能满足复杂多变的现实需要。环境与能源问题的解决，往往需要在法律尚无明确的相关规定时，根据实际需要，在不违反现行法律的前提下进行一些试验和探索。如我国一些地方政府在法律尚无明确规定时探索水污染集中处理的外包方式①。这种情况下，以契约形式明确当地环保部门、排污企业和污水处理单位等主体在此活动中的法律地位和权利义务关系，往往成为此种外包试验能否成功的关键。

8.2.3.2 比较优势

相比命令、许可、标准等传统环境与能源规制工具，通过契约达成环境与能源规制目标具有明显的比较优势。

(1) 信息沟通

环境与能源契约的订立以协商沟通为前提，在协商过程中，企业有更多机会了解政府的政策目标、未来规划、相关计划和立场等，政府也有更多机会了解企业成本收益、经营管理、技术水平等实际情况，从而便利了企业守法和政府执法。特别是，环境与能源契约具体化、细化了一般法律规范的要求，本身对企业履行法定义务起到促进作用。

(2) 灵活适应

环境与能源契约能够在不损害相关法律规范的原则的前提下，考虑到具体企业的具体活动，表现出相当程度的灵活适应性。特别是，环境与能源契约提供了一种综合平衡环境与能源问题所涉及的复杂多元利益关系的机制。在许多情况下，环境与能源问题并不能简单地归因于污染、用能企业违反相关法律规定，往往同时存在其他社会经济背景因素的作用，如土地规划、产业政策、就业安排、水电供应等方面的问题。因此若单纯强调严格执行环境保护法律，未必能很好地解决实际问题。在环境与能源契约的商谈中，各方当事人均可提出自己关心的问题和自己偏好的解决方案，要求对方给予考虑，并在最后达成的环境与能源契约中得到处理和体现。

(3) 促进企业技术创新和管理水平的提高

用统一的环境与能源标准和强制性行政命令也能达成环境保护和能源合理利用的目标，但是，法定的标准必须考虑一般适用性，而企业的具体情况是千差万别的。有些技术、管理、理念先进的企业比别的企业有更大的节能减排潜力，适当的激励将使得这些企业愿意承担更大的节能环保责任。环境与能源契约正好提供了这样一种机制，使得政府能够以提供激励的方式挖掘这部分潜力，最终通过示范作用促进整个行业的环保节能技术创新和管理水平的提高。

---

① 例如，我国一些地方对污水处理外包的探索。可参见新浪网：山东省泗水县污水处理厂“外包”30 年，网址：http：//news. sina. com. cn/c/2008-08-25/073714352286s. shtml.

(4) 提供行政裁量基准

考虑到环境与能源行政的复杂性，环境与能源法通常给环境与能源行政机关留下了较大的裁量空间。环境与能源契约以白纸黑字的形式明确了环境与能源行政机关与行政相对人相关的权利和义务，在一定程度上明确了环境与能源行政机关裁量权的合理行使条件，有助于避免行政裁量权的滥用。

(5) 发展伙伴关系

环境与能源契约的达成要求环境与能源行政机关与公民、法人和其他组织在充分沟通的基础上达成真实的合意，环境与能源契约的实施也需要政府与企业的持续沟通和密切合作。在这一过程中，行政机关与行政相对人之间的关系，从单纯的命令—服从，甚至对立的猫鼠关系转变为合作伙伴关系，有利于促成各方互相理解、彼此支持，合力解决共同面临的环境与能源问题。

8.2.4 环境与能源契约需要解决的实质问题

环境与能源契约属于行政契约，因此亦面临与行政契约共通的问题。环境与能源契约亦有需要解决的特殊问题，主要包括：环境与能源契约目标的确定、实施效果评估、配套的技术标准等。

8.2.4.1 确定目标

环境与能源契约的首要内容之一，是设定企业在契约期内应达到的环境保护和能源合理利用目标。这一目标本身既不能设定太高，也不能太低。太低则不能充分体现公共利益和国家环境与能源政策目标的需要，太高则企业无法达标。合理设定目标的重要前提是，充分了解企业的现状以及未来提升的潜力，同时考虑到政府所能给予的支持政策。从便于契约实施以及效果评估的角度，环境与能源契约的目标最好转化为一套可操作、可测量、可验证的指标。

环境与能源契约目标有不同的类型，例如，同样是节能目标，可以设定节能总量目标，亦可设定单位产值能耗目标。不同类型的目标往往对应着不同的实施方案。选择目标类型时需要综合考虑国家宏观政策目标、企业实际情况、社会经济发展趋势等多方面的因素。

8.2.4.2 效果评估

环境与能源契约的效果评估，对于认定企业方是否已经履行契约约定的义务是至关重要的。但是，环境与能源契约的效果评估涉及复杂的环境与能源专业知识，是国际范围内公认的难题。比如，在企业一直都在节能的情况下，如何才能确定节能成绩是节能自愿协议产生的效果，而不是企业原本就有的节能工作的成果？实践中，因环境与能源契约效果评估结论分歧而引发的环境与能源契约纠纷时有发生。因此，有必要在环境与能源契约中尽可能明确、具体地约定环境与能源契约效果评估的标准与方法。

国际经验表明，引入第三方认证、审核机构是一种值得借鉴的解决方案。由第三方认证、审核机构而非作为一方契约当事人的政府机关认定环境与能源契约的实施效果，不仅能够充分发挥第三方机构所具有的专业知识技能，并且第三方机构的独立性本身也会增强其评估结论的可靠性和公信力。

8.2.4.3 技术标准

技术标准的缺失会严重影响环境与能源契约的签订与履行。环境与能源契约的实施不可避免地涉及技术标准的应用，如不同污染物排放量的计算方法，不同行业的能源消耗量的计算方法，相关监测技术通则等。为避免相关分歧和争议，在环境与能源契约中应当明确相关标准。约定的标准不应低于国家强制性标准的要求，如节能措施应符合国家法律法规、产业政策要求以及工艺、设备等相关标准的规定。测量和验证方案作为契约的必要内容亦应充分参照已有的标准规范成果。即使在引入第三方认证、审核机构的情况下，也应事先明确第三方机构在认证、审核时使用的标准。

8.2.5 环境与能源契约的激励与约束

制度安排能否有效运作取决于其背后的激励与约束机制的有效性。

8.2.5.1 激励

在环境与能源契约中，政府往往承诺给予遵守协议的企业一定的激励，如授予“环保先进”的称号，给予技术支持、税收减免或金融政策支持等。例如英国的气候变化协议，自愿加入该协议的企业可享受免征能源税或温室气体税。我国《清洁生产促进法》第 33 条规定：“自愿削减污染物排放协议中载明的技术改造项目，列入国务院和县级以上地方人民政府同级财政安排的有关技术进步专项资金的扶持范围。”再如，我国节能自愿协议首批试点中，山东省政府提出的鼓励措施包括了：现有优惠措施的实施优先考虑试点企业、免除试点企业省内能源节能审核和能源审计、对试点企业的节能项目融资事宜提供协调担保、对企业进行表彰宣传等[①]。

---

① 郑金武，陈彬．自愿还是强制：节能减排期待企业内在需求．http：//news.sciencenet.cn/html/showsbnews1.aspx？id=186389［2007-08-08］.

即使环境与能源契约未明确规定这些具体的激励措施，企业也能从签订和履行环境与能源协议中获得无形的回报：企业可以向社会公开宣传自己在符合国家环保标准的要求之外，还承诺达到或实际上达到了自设的更高环保标准，从而提高公共形象和美誉度；同时，由于积极与环境与能源行政机关合作，企业还可以获得更多与环境与能源行政机关交流沟通机会，从而有更多机会从行政机关那里争取到与其经营活动相关的政策优惠、合法支持或其他便利条件。

8.2.5.2 约束

在企业不履行环境与能源契约时，前述优惠与支持的丧失就成为一个基本的约束。如果说丧失环境与能源契约中明确约定的税收优惠对于企业还不至于成为沉重的负担的话，在任何国家，失去环境与能源行政机关的支持和信任，都会给相关企业的后续发展带来诸多不便。

除此之外，根据日本的实践经验①，双方还可在契约中约定更多的约束企业履行其环保义务的条款，包括以下几点。①停止工厂作业。如名古屋市与朝日麦酒株式会社于 1969 年签订的防治公害协定规定："乙违反前条规定时，甲禁止乙排放废水，乙直至解除违反状态为止，在此期间必须停止工厂作业。"②代执行。如横滨市与根岸湾海面"八地区"企业于 1969 年签订的防治公害协定规定："甲对乙关于消除公害措施问题，可以指示必要的事项，乙如不服从前项指示时，甲可以代替采取消除公害措施，其费用由乙承担。"③解除土地转让协议。适用将环保责任作为土地转让协议所附条件。如茨城县与鹿岛临海工业园地入驻企业于 1968 年所签协议规定："关于防治公害问题，按照法令规定应采取充分的预防措施。从签订土地出售协定之日起，在十年内如有玩忽或违反法令所规定的措施，或不履行茨城县知事从防治公害和预防公害观点出发在签订土地出售协定中认为特别需要而要求的具体措施时，可以解除协定，买回土地。"④违约金和损害赔偿。日本许多公害防止协定都明文规定了类似于一般民事契约的违约金和损害赔偿条款。

8.2.6 环境与能源契约的法律效力

根据"信赖保护"原则的要求，行政机关若向企业承诺一定优惠，不得任意撤回，因此作为契约一方当事人的行政机关应受环境与能源契约的约束，除非特定情形下，信守合约有悖公共利益（英美法上"契约不得限制行政裁量"原则）。这一点较少疑义。

① 野村好弘．1982．日本公害法概论．康树华译．北京：中国环境科学出版社：267-271．

有疑问的是：企业在环境与能源契约中自愿承诺法外责任，如在核定的排污量批标之内进一步削减排放量或取得 ISO14000 认证等，法律效力如何？这一问题可分解为两个问题：企业自愿承诺法外责任的环境与能源契约是否具有法律效力；当企业不履行环境与能源契约所约定的法外责任时，能否被强制执行。

8.2.6.1 环境与能源契约是否具有法律效力

按照法治行政的要求，行政机关非依法律不得干涉企业的行动自由，如政府要求企业履行比环境与能源法律更为严格的义务，违反了依法行政原则，是无效的行政行为。但是，按照契约自由的精神，企业有权利自我设限，即以自愿为前提，企业可以承诺履行法定义务以外的责任。

对此，日本有学说认为，根据应当信守契约的精神，企业自愿而非被迫在环保协议中做出比法定标准更严格的义务承诺，是具有法律效力的。事实上，在环境与能源法领域，法律规定的标准只是最低要求，从立法精神和公益要求来看，对于企业自愿提高自我要求应予以肯定和鼓励，就此而言，企业在环境与能源契约中做出比法定要求更为严格的承诺，只要不存在欺诈和胁迫因素，就应当承认其法律效力。

8.2.6.2 行政机关是否有权强制执行

对此问题的回答应区分两种情形，一种是环境与能源契约中，对于企业不履行契约约定义务规定了强制执行措施的情形；另一种是环境与能源契约对于企业不履行契约约定并未规定强制措施的情形。

前种情形下，争议较少。只要有关强制执行措施的相关约定具体、明确，并且不违反强行法以及公序良俗，一般应可认定为有效的约定。只是，关于这种有效约定的执行模式，行政法学上有学说主张，为避免滥用强制执行权力，行政机关不应直接以行政权强制执行，而应当申请法院强制执行。

争议较大的是后种情形。一说为此种协议内容涉及非法定义务的部分，既然未约定强制执行，就属“君子协定”①，当事人可以选择履行或不履行，若当事人不履行，作为契约当事一方的行政机关也不应强制执行，因为此种情况下的行政强制并无行政法的依据，故此时采取行政强制措施有违反依法行政原则之嫌。但是，日本学者野村好弘主张，在公害防止协定未规定不履行约定的责任时，应当适用民法相关规定。即，可以考虑采用强制履行、代履行、请求损害赔偿、解除土地买卖契约等方法。

值得注意的是，即使在企业不履行环境与能源契约约定的义务时，行政机关

① 野村好弘. 1982. 日本公害法概论. 康树华译. 北京：中国环境科学出版社：253.

不可强制执行，也不等于对于不履行环境与能源契约约定义务的企业无任何约束。如契约原约定企业完成某种任务，环境与能源行政机关即给予奖励，结果企业未完成该任务，行政机关当然可以不予奖励。另外，环境与能源契约还可以约定，行政机关应当公布契约签订和履行情况。在企业积极履行了环境与能源契约约定义务时，公布契约签订和履行情况具有奖励的效果；在企业未能履行契约约定义务时，公布契约签订和履行情况就成为一种温和却相当有实效的惩罚措施。政府机关公布环境与能源契约签订和履行情况，有时是相关立法的明确要求，如我国《清洁生产促进法》第29条规定，企业签订自愿节约资源、削减污染物排放量的协议的，相关政府部门“应当在当地主要媒体上公布该企业的名称以及节约资源、防治污染的成果”。

阅读材料：我国节能自愿协议合同样本

第一条　为贯彻落实《中华人民共和国节约能源法》，使政府宏观调控与用能单位、行业组织等的节能活动更好地结合起来，提高能效，达到节能减排的目的，特制定本节能自愿协议。

第二条　本协议由以下各方签订。

甲方：（政府节能主管机构名称）

乙方：（用能单位或行业组织名称）

丙方：（第三方机构名称）

第三条　本协议目的是明确协议各方权利和义务，规范各自行为，努力履行各自承诺，保证节能自愿协议顺利实施。

第四条　本协议设定的节能目标是：以__年为基准，乙方在甲方的政策及技术支持下到__年__月实现__中期节能（量）目标（到__年__月实现__终期节能（量）目标）。

第五条　在本协议实施过程中，甲方拥有以下__项权利：

一、检查乙方提交的节能计划书；

二、核查乙方节能自愿协议的执行情况；

三、终止未完成节能计划的节能自愿协议，向未达到节能目标的乙方追索给予的资助和奖励；

四、其他。

第六条　甲方承担以下__项义务：

一、在协议期和权限范围内，对完成节能目标的乙方进行表扬和奖励，对节能自愿协议项目采用的节能技术进行宣传推广奖励；

二、贯彻或制定以下支持乙方开展节能自愿协议的国家或地方性优惠政策：

1. ……

……

三、保守乙方的商业保密；

四、其他。

第七条　在本协议实施过程中，乙方拥有以下__项权利

一、获得甲方的以下激励措施：

1. ……

……

二、其他。

第八条　乙方承担以下__项义务

一、模范遵守国家节能减排的相关法律法规；

二、按期达到所设定节能目标，包括制定出具体节能计划和项目，并认真组织实施；

三、提供必要的资料，完成（或配合完成）本协议的节能效果核查和验证；

四、在本协议履行期间，乙方应在__年__月以书面形式提交节能自愿协议执行报告。报告内容包括：

1. ……

……

丙方的权利义务包括以下几项：

……

第九条　以下__为核查和验证方案：

一、……

……

第十条　由____（乙方或协议双方指定的第三方核查和验证单位）在__年__月根据核查和验证方案开展节能效果核查和验证工作。

第十一条　本协议自签订之日起生效，__年__月__日失效。甲乙双方在本协议实施期间不得随意更改或解除节能自愿协议。本协议中若有未尽事宜，须经甲乙双方共同协商，做出补充规定。补充规定与本协议具有同等效力。

第十二条　本协议各方接受并保证履行本协议规定的义务，签订此项条款以示确认。

资料来源：GB/T26757-2011 附录 A（资料性附录）。

参 考 文 献

弗里曼. J. 2010. 合作治理与新行政法. 毕洪海等译. 北京：商务印书馆.
罗豪才. 2005. 行政法学. 北京：北京大学出版社.
秦颖. 2011. 新的环境管理政策工具——自愿协议的理论、实践与发展趋势. 北京：经济科学出版社.
夏光，周新，高彤. 2000. 中日环境政策比较研究. 北京：中国环境科学出版社.
野村好弘. 1982. 日本公害法概论. 康树华译. 北京：中国环境科学出版社.
余凌云. 2000. 行政契约论. 北京：中国人民大学出版社.

第 9 章　环境与能源法上的经济工具

Economic Tools of Environment and Energy Law

> 在迈向现代化的进程中，经济发展与资源环境的矛盾始终是核心问题。中国经济的未来，系于向资源节约和环境友好经济发展方式的转变。在这一过程中，税、费作为达成政策目标的经济工具，在实现资源配置和环境承载力的兼顾方面具有独特的优势。

9.1 概　　述

9.1.1 经济工具的产生与发展

环境与能源政策的制定包括两个存在紧密关联的过程：政策目标的决定和政策工具的选择。其中政策工具的类型有两种：命令—控制工具（command and control，CAC）和基于市场的经济工具，环境与能源法上的经济工具属于后者。纵观众多发达国家环境与能源政策的演进，大都经历了由 20 世纪 80 年代前的命令—控制工具向基于市场的经济工具转变的过程。

命令—控制工具的基本逻辑是，公众认为政府应该决定单个污染者遵循的技术标准、排放标准、许可和污染物区域划分等规则。由于这些规则明确、具体，其实施结果的持续性和可预见性较强，因此广泛见诸众多发达国家的立法中，如美国立法者应用最佳可行技术（best available technology，BAT）来控制损害环境的污染物质排放，规定所有新建发电站都必须采用特别的清洁技术，主要水污染者必须遵守基于 BAT 的国家统一排放标准；再如德国的空气质量控制技术指南同样设置了 BAT 要求，针对特殊产业按照毒性、持续性、生态积累潜在性和致癌作用等划分出三类污染者，并限制他们的废气排放。虽然命令—控制工具的实施取得了显著的效果，但仍存在缺陷。①忽视成本，命令—控制工具倾向于迫使每个厂商承担相同的污染控制负担，而不考虑厂商之间的成本差别。②命令—控制工具下不存在激励机制，规制者因过度关注终端控制措施，从而挫伤了厂商采用预防污染的措施和发明清污技术的积极性，从而阻碍了污染控制技术的发展。另外，命令—控制工具对新的污染源和产业之间的区别对待扭曲了竞争。

③导致政府失灵，政府机构的过度干预和接入可能导致权力寻租、机构臃肿和资源浪费。

基于市场的经济工具较之于命令—控制工具的巨大优势就在于，厂商的商品价格和生产成本受到环境政策的干预，反映出污染的社会成本。污染者根据自己对产品价格和生产成本的了解，作出污染多少、清污多少的决定，那些清污边际成本较低的厂家原则上会把污染物排放水平降低到命令—控制工具规定的标准以下。而面临较高污染控制成本的厂商则会选择减少清污活动，纳税或购买污染许可证。竞争性市场会鼓励清污技术的创新，因此，产业部门就会替代政府去研究有效的、低成本的达到环境标准的方法。只要减少污染能带来低成本和高效率，污染者就有动力采取措施不断降低污染水平。

20 世纪 80 年代中期以后，随着人们对污染问题的复杂性和解决污染问题的认识日益加深，以及放松干预和预算赤字等多重因素的影响，许多发达国家更热衷于选择基于市场的经济工具。据 OECD 的调查显示，仅环境税一项，瑞典有 26 种，加拿大有 20 种，丹麦有 19 种，澳大利亚有 14 种①。

9.1.2 经济工具的理论依据

9.1.2.1 外部性理论

外部性是指在实际经济活动中，生产者或消费者给予这项活动无关的第三方带来的利害影响。其中有利的影响称为正外部性或外部经济性，负面的影响称为负外部性或外部不经济性。

经营者的环境保护和能源开发活动在很大程度上是由经营者的经济利益或利润所决定的，包括能源开发利用活动在内的经济活动的外部经济性或外部不经济性是造成环境污染和破坏的基本原因。促使外部不经济性内部化有两个基本途径：一是明确环境资源的所有权或财产权；二是对市场实行政府干预，即通过政府实施有关政策、法规和其他管理措施来解决外部不经济性问题。前者称为所有权学派，以科斯为代表，认为所有权、财产权失灵是市场失灵的根源。所有权学派在环境保护领域的代表是“自由市场环境主义”，其理论主张的核心是一套界定完善的自然资源产权制度，这里的产权不仅仅局限于传统的财产所有权或物的所有权，还包括各种涉及环境资源的其他权利，如环境权、排污权和排污权的转让权，开发利用资源权，水权，土地所有权、使用权、转让权，求偿权等。该理论认为，市场能够决定资源的最优使用，而要建立有效率的市场，充分发挥市场

① 肖璐. 2007. 环境政策工具的发展演变. 价格月刊，(11)：91.

机制的作用，关键在于确立界定清晰，可以执行而且可以市场转让的产权制度，如果产权界定不清或得不到有力的保障，就会出现过度开发资源或浪费、破坏、污染资源的现象。公有的环境资源管理的最大问题在于资源的公有财产制度，即所有者与管理者分开，权责不一。如果资源权力明确而且可以转让，资源所有者和利用者必然会详细评估资源的成本和价值，并有效分配资源。后者称为管理学派，认为只要加强和改善政府对市场的干预和管理，就可以有效地解决外部不经济性问题，这里的干预和管理包括制定和实施有关计划、政策、法规和措施等政府行为。这种理论主要强调通过或依靠政府行为或公共行为来解决外部不经济性问题。

9.1.2.2 公共物品理论

所谓公共物品，是向全体社会成员提供的具有消费上的非竞争性和收益上的非排他性特点的物品。由于人们消费公共物品不用进入市场进行交易，而且人人都可以消费公共物品，使得公共物品的需求量大于供给量，因此市场调节对公共物品的有效配置失灵，导致公共物品的滥用、破坏和浪费严重。为了解决“搭便车”的问题，需要依靠政府来配置公共物品，提高其使用效率。政府配置公共物品的手段有两种：一是直接管制（即指令性控制），二是市场激励。直接管制是通过指令性手段强制规定公共物品的使用人及使用方法。在环境与能源管理中，最典型的直接管制是排污许可证，即通过规定国家允许污染排放者能使用的环境容量的最高限额来实现环境资源的高效率使用。然而，在直接管制下，由于政府对企业确定排污许可指标时成本较高，且由于信息不对称，不能使排污指标的使用达到最优。而市场激励是通过经济上的间接调控保护公共物品，可以有效降低政府管理成本，避免政府直接管制企业而导致的效率低下和经济波动。

9.1.3 税、费之间的关系

环境与能源法上的税和费作为重要的经济工具，有高度的相似性，但同时也存在鲜明的区别。

9.1.3.1 共性

(1) 具有共同的理论依据和作用机理

税、费的理论依据相同，都是庇谷在 20 世纪初基于对福利经济学的分析所得出的环境外部性理论。按照古典经济学理论，空气是自由财产，工厂可以自由排放污染物，因而工厂排污不构成生产成本，但被污染的个人和企业却蒙受了损失。这样就造成了生产企业花费的成本与社会花费的成本之间的差异，由于这种差异没有反映在生产企业的成本上，庇谷将其称为边际净私人产品和边际净社会产品的差额，即私人经济活动产生的外部成本。庇谷认为，这一差额与造成污染的产品生产者和消费者没有直接联系，污染不影响该产品的生产者和消费者的交易，因而不能在市场上自行消除，只有国家或政府采取税收的形式，才能将污染成本增加到产品的价格中去。由此，税、费具有相似的作用机理，都是通过改变价格信号来影响环境污染者或资源利用者的生产和消费行为。

（2）具有共同的特征

首先，二者都具有工具性。税、费都是国家筹集公共资金的一种工具，除此之外，国家还用税费制度调节和影响企业或个人的开发利用行为以及排污行为，以成本效益方法来鼓励企业和个人的行为。其次，二者都具有间接性和强制性。税、费都是通过价格将税收或费用负担部分或全部转嫁给他人，排污者和资源利用者都必须依法缴纳，否则将会受到法律制裁。最后，二者都具有专用性。税、费征收的目的是为了保护环境和资源，因此，除法律另有规定外，环境与能源领域的税、费都作为专款专用而不能挪作他用。

9.1.3.2 区别

首先，二者性质不同。税收属于国家财政收入的一个部分，收费则是独立于财政收支的一种规费征收。其次，二者功能相异。税收作为财政收入的组成部分，通常是留作政治而不是行政管理的费用，将由国家主导进入再分配阶段，不一定列入专项，而收费则是列入专项资金进行管理，是为解决专项问题而专门筹集的资金。另外，由于征税动辄会遭遇到极大抵制，因此，收费更受政治家青睐。再次，强制力不同。由于缺乏固定性和规范性，收费较之税收的强制性要弱很多。但是，由于通过和修正税收法律的司法程序相对来说比较复杂，使得税收工具比之费用征收有一些迟钝。因此，税、费属于两种不同的经济工具，两者不宜相互替代。

从国外税、费的发展趋势来看，收费从立法程序到执法程序的要求上越来越接近税收，税、费之间的差异越来越小，随着民众对税费征收进行法律控制的要求越来越高，以及政府机关征收能力的不断增强，收费的空间在逐步缩小。而我国目前关于税、费之间的关系现状是费重税轻，税费关系失当，税费制度中存在诸多问题。比如，立法层次低，收费不合理，征收不规范，以及强制性、权威性差，容易给人造成“乱收费、乱摊派”的印象等。在一定程度上，行政法治理念的匮乏使得收费制度在某些情况下会异变为某些行政机关的创收途径。同时，由于中央财政基本不参与收费的资金分配，而由地方财政自行分配和管理使用，因此造成资金使用不合理和管理混乱的现象。因此，税、费的关系必须正确定位。环境与能源领域的费改税势在必行，以实现税费归位，建立以税为主，以费为辅的现代税费法律制度体系。

9.2 绿 税

9.2.1 概述

绿税通常也被称为“环境税”或“生态税”。联合国于 1993 年发布的一份关于税收与环境的报告中指出绿税可以分为两类：第一类是为了实现特定的环境目的而征收的税收，如排污税；第二类是并非专门以环境保护为目的而设立，但对于环境保护有影响，并且之后以环境保护的立场进行修改或减免的税收，如能源税。因此，从概念的内涵和外延讲，绿税既包括环境税也包括能源税，而广义的环境税是将能源税包纳其中的。

对于环境税的内涵，目前学术界并没有统一的观点。有些学者持广义环境税的观点，认为应该把资源税也纳入环境税的范畴。也有学者认为环境税仅仅只是与治理环境污染有关的税收。在此，我们采用广义的观点，即环境税是指国家为了保护环境与资源而凭借其主权权力对一切开发、利用环境资源的单位和个人，按照开发、利用自然资源的程度或污染、破坏环境资源的强度强制性征收一定金额的税收行为①。作为防治污染改善环境的经济手段，征收环境税的实质是建立一种经济利益刺激机制，通过发挥税收的行为激励和资金筹集双重职能，使得环境污染和生态破坏的社会成本内化到生产成本和市场价格中去，再通过市场来分配资源，最终实现控制污染和改善环境质量的环境政策和法律目标。

能源税是一个集合性的概念，实际中有增值税、消费税、污染税（如硫税）和碳税等不同形式，而且税率一般也因能源种类不同而不同。经济合作与发展组织成员国的研究表明，通过征税能源税（同时降低个人所得税和资本税），既能促进 GDP 的增长，又能降低失业率。同时，通过征收能源税还能够促进节约能源和“肮脏”能源的替代，从而产生巨大的环境效益。因此征收能源税被认为是一个“双赢”的税收政策。因此，所谓能源税是指从事应税能源开发、利用和消费的企业、企业性单位和个人应当对其开发利用能源的行为和在消费能源过程中会造成环境污染的产品依法承担的税负。

9.2.2 我国的“绿税体系”

9.2.2.1 “绿税体系”的立法现状

我国目前关于绿税的法律规制散见于各特定税的规定中，如《节约能源法》、

① 李慧铃．2003．我国环境税体系的重构．法商研究，(2)：49.

《可再生能源法》和《中华人民共和国企业所得税法》（以下简称《企业所得税法》）等法律和《中华人民共和国增值税暂行条例》、《中华人民共和国增值税暂行条例实施细则》、《中华人民共和国消费税暂行条例》、《国家税务总局关于外国企业在华开采石油资源税收问题的通知》、《国家税务局关于恢复统配煤矿按规定税额征收资源税的通知》、《资源税暂行条例实施细则》等行政法规、行政规章中。虽然现有立法较为分散，但基本上形成了我国的"绿税体系"。所谓"绿税体系"，一般是指为实现一定的环境保护目标而征收的相关税种的统称①。绿税体系不仅应包括资源税、消费税，还应包括针对污染物排放征收的税种。这些税种虽然调控重点不同，但都能在节能减排上发挥类似的调节所用。如表 9-1～表 9-3 所示。

表 9-1　我国有关绿税的税收项目②

税种	税收项目
流转税	增值税
	消费税
	关税
所得税	企业所得税
	外商投资企业和外国企业所得税
资源税	资源税
	城镇土地使用税
	耕地占用税
行为税	车船使用税
	城市维护建设税

表 9-2　部分消费税税目与税额③

税　目	机动车排气量/mL	税率
汽油		0.2 元/L
柴油		0.1 元/L
汽车轮胎		10%
摩托车		10%

① 张晓盈，钟锦文. 2010. 环境税收体系下的中国碳税设计构想. 武汉大学学报（哲学社会科学版），(6).

② 乐小芳，张颖，刘豫. 2008. 我国环境税收政策现状及问题. 广州环境科学（4）：27.

③ 乐小芳，钟锦文. 2010. 我国环境税收政策现状及问题. 广州环境科学，(4).

续表

税　目	机动车排气量/mL	税率
小轿车	≥2 200	8%
	1 000～2 200（含 1 000）	5%
	<1 000	3%
越野车（4 轮驱动）	≥2 400	5%
	<2 400	3%
小客车（面包车）	≥2 000	5%
22 座以下	<2 000	3%

表 9-3　现行的增值税优惠政策①

政策目的	优惠方式	优惠项目	政策依据
鼓励资源综合利用	免征	①企业利用废液（渣）生产的黄金、白银 ②在生产原料中掺有不少于 30%的煤矸石、石煤、粉煤灰、烧锅炉的炉底渣（不包括高炉水渣）的建材产品（包括商品混泥土）	财税字［1995］44 号 财税字［1996］120 号 国税函［2008］116 号 国税函［2003］115 号
	减半征收	③利用煤矸石、石煤、煤泥、油母页岩（用量占发电燃料的比重必须达到 60%以上）生产的电力 ④利用城市生活垃圾（重量占发电燃料的比重不低于 80%）生产的电力	财税字［1995］44 号 财税字［1996］120 号 财税［2004］25 号 财税［2001］198 号
	即征即退	⑤利用煤炭开采过程中伴生的废弃物油母页岩生产加工的页油岩及其他产品 ⑥生产原料中掺有不少于 30%的废旧沥青混泥土生产的再生沥青混泥土	财税［2001］198 号
		⑦在生产原料中掺有不少于 30%的煤矸石、石煤、粉煤灰、烧锅炉的炉底渣（不包括高炉水渣）及其他废渣生产的水泥（包括水泥熟料） ⑧对生产原料中粉煤灰和其他废渣掺兑量在 30%以上的水泥熟料	国税函［2003］1164 号
		⑨燃煤电厂烟气脱硫副产品，包括：二水硫酸钙含量不低于 85%的石膏、浓度不低于 15%的硫酸、总氮含量不低于 18%的硫酸铵	财税［2004］25 号
	先征后退	⑩对煤层气抽采企业的增值税一般纳税人抽采销售煤层气实行增值税先征后退政策	财税［2007］16 号
促进废旧物资回收	免征	①废旧物资回收经营单位销售其收购的废旧物资	财税［2001］78 号
	抵扣	②增值税一般纳税人的生产企业购入废旧物资可按普通发票上注明的金额的 10%计算抵扣进项税额	

续表

政策目的	优惠方式	优惠项目	政策依据
鼓励清洁能源和环保产品的生产	减半征收	①利用风力生产的电力 ②列入《享受税收优惠政策新型墙体材料目录》的新型墙体材料产品	财税［2001］198号 财税［2004］25号
鼓励环境基础设施建设	免征	①各级政府及主管部门委托自来水厂（公司）随水费收取的污水处理费	财税［2001］97号

我国现行的消费税优惠政策，是对最大设计车速不超过50km/h，发动机汽缸总工作容量不超过50mL的三轮摩托车不征消费税；对生产销售达到低污染排放值的小轿车、越野车和小客车减征30%税额的消费税。

我国现行的企业所得税优惠政策有以下几方面。①企业利用废水、废气、废渣为主要原料进行生产的，可在5年内减免所得税。②对当前国家鼓励发展的环保产业设备（产品）目录（第一批）公布的环保设备（产品），给予一系列的所得税优惠政策。③对外国企业向我国提供节约能源和环境保护方面的专有技术而取得的使用费，按10%的税率征收所得税。其中技术先进、条件优惠的技术免征所得税。④对从事能源项目建设的生产性外商投资企业，经营期在10年以上的，从生产获利年度开始所得税征收实行两免三减半；对在海南和上海浦东新区从事电站、水利等能源建设项目的外商投资企业，经营期在15年以上的，经企业申请，当地省级税务机关批准，从开始获利年度起，所得税征收实行五免五减半。⑤盈利企业研究开发新产品、新技术、新工艺所发生的各项费用比上年实际发生额增长达10%（含10%）以上的，其当年实际发生的费用除按规定据实列支外，可再按实际发生额的50%直接抵扣当年应纳所得税额。

9.2.2.2 现行“绿税体系”中存在的问题

（1）重视对资源、能源的开发利用活动征税，而轻视对环境污染活动征税

除消费税所列部分税目是对环境污染行为征税，所得税、固定资产投资方向调节税的税收优惠体现了鼓励污染防治外，其他均为对能源的开发利用活动征税，这不符合环境保护的基本要求。从环境保护的角度出发，我国的绿税体系既应包括对能源开发利用的征税，也包括对污染和其他公害的征税[①]。但我国直到目前尚未开征污染税，使得大量污染行为置身法外，现行的排污收费制度与排污

① 资源是指一切可被人类开发利用的物质、能量和信息，而能源是一种可以给人类带来有用价值的资源。学界一般是将能源和资源的关系界定为“种属”关系的，因此，仅仅从能源税的角度来探讨绿税体系存在的问题存在概念的周延性问题，与广义的环境税，即绿税概念相适应，绿税体系也应由排污税、资源税和能源税构成。

税相比又存在诸多不足。①对于很多排污行为，排污收费无法触及。现行排污费分为两类，一类是排污费（排污就收费），《水污染防治法》、《海洋环境保护法》、《大气污染防治法》、《中华人民共和国固体废物污染防治法》等法律法规中作出了规定。另一类是超标排污费（只有超过规定的排放标准才征收的排污费），在《环境噪声污染防治法》中作出了规定。而这些法律法规适用的范围并未覆盖所有污染环境的行为，如流动污染源、油井废气等。②费不同于税，强制性较弱。抗拒收费的单位和个人，环保部门可以采取增收滞纳金、处以罚款、申请法院强制执行等强制措施，但税收不同，对抗拒纳税的单位和个人，征税机关除了可以征收滞纳金、处以罚款外，还可以通过责令提供纳税担保，冻结纳税人的存款账户和扣押、查封纳税人的商品、货物或者其他财产等税收保全措施，对符合条件的，还可以通知银行强制扣款、扣押、查封、依法拍卖，或者变卖其价值相当于应纳税款的商品、货物或者其他财产的强制执行措施。同时对于数额较大且情节严重的，依法给予刑事制裁。③费不像税那样具有固定性，且费的管理不严，使用混乱，导致“人情收费”、“议价收费”屡禁不止，排污费收支无法做到专款专用。

（2）对资源、能源开发利用的收税也不尽合理

1）对资源开发利用收税不尽合理的情况有以下几种。①对资源收税分别规定不同的税种并归属不同的税类，税制较为复杂。现行税法规定，对矿产资源和盐矿的开采、生产征收资源税，对耕地的使用征收耕地占用税，而对土地的使用又征收土地使用税。无论是矿产资源和盐矿还是土地或耕地，均属于自然资源，因此无需单独设定税种，只需列入资源税的不同税目且规定不同的税率即可。②资源税开征的目的不符合可持续发展的要求。目前对煤、石油、天然气、盐等征收的资源税，属级差资源税，是为了调节企业间的级差收入，并非真正意义上的资源税。③征税范围过窄，仅仅限于矿产品和盐，而对水、森林、草原和野生动物资源的开发活动并未征收资源税。自然资源虽有各自的用途和特点，但相互之间紧密相连构成一个完整的环境整体，因此对环境的保护不应只是对某种资源的保护，而是对整体环境资源的保护，这就要求不能只对某几种资源的开发利用征税，而忽视对其他资源的开发利用。这显然容易导致资源浪费。④计税依据不科学，现行资源税以销售量或自用量为计税依据，而不是以开采量为依据。现行资源税规定对特定品种和特定用途的应税资源给予一定的税收优惠，但未规定给予资源回采率或综合回收率较高的纳税人相应的税收优惠待遇，不利于资源的合理开发利用。

2）对能源开发利用收税不尽合理的情况有以下几种。①课税范围太窄，单位税额过低，各档之间差别较小，对能源利用的调节作用不明显。我国现有能源税的征税范围包括原油、天然气、煤炭、黑色金属矿原矿、其他非金属矿原矿、有色金属矿原矿，其征收范围主要限于不可再生的矿产品，对大部分非矿产品能源资源没有征税，也未包括对可再生能源的税收减免。②与能源有关的税收采用定额税率，主要目的是通过征税调节资源级差收入，但无法通过征收能源税达到保护资源和限制资源开采的意图。研究成果表明，全国煤矿平均资源回收率约为40%，但资源富集地区的小煤矿资源回收率仅为15%左右，特别是近几年煤炭价格上涨，部分企业采易弃难，资源损失浪费情况大量存在。③由于能源税的单位税额过低，只能部分地反映了资源的级差收入，这也使应税资源的市场流通价格不能反映其内在价值，造成对资源的过度使用。

（3）目前开征的资源税和能源税的税种所存在的问题

1）在增值税方面存在以下问题。①征收方式不科学。现行征收方式并未解决重负征税、税负不公的问题。现行增值税是按照产品的法定增值部分缴纳税款，循环利用资源的企业原材料成本低，增值部分所占比重大，因此，循环利用资源反而会缴纳较高增值税。②现行增值税导致税负不公，不利于废旧物资的回收利用。在再生资源利用环节，增值税没有形成合理的税负差。而且节约资源靠技术进步，而生产型增值税不利于固定资产抵扣。③激励措施不全面。从现行优惠措施来看，对于投资环保、节能设施的，没有相应的免税政策，另外即征即退、减半征收的优惠措施也只适用于较少产品。以上问题在实践中的集中体现是，现行税制对企业在生产原料中掺有不少于30%的废旧沥青混凝土生产的再生沥青混凝土，在生产原料中掺有不少于30%的煤矸石、石煤、粉煤灰、烧煤锅炉的炉底渣及其他废渣生产的建筑产品实行增值税即征即退，其中30%掺兑比例，凡能确定重量的可按投料重量比例，凡不易掌握重量的，可按体积比例。然而，单纯以废渣等掺兑量达到或者超过30%的比例为界，税收优惠一刀切，且优惠适用条件过高，能够享受税收优惠的企业寥寥无几；另外，按体积计算比例无法操作。目前，金属矿、非金属矿采选产品的增值税税率应从13%恢复到17%，但是对石油、天然气等能源产品按13%的低税率征税，实际上不符合资源节约的要求。

2）在消费税方面存在以下问题。①征税范围过窄。现行消费税没有将不符合节能技术标准的高能耗产品、资源消耗品及高污染产品（如对环境有害的电池、一次性餐饮用品、塑料包装袋和煤炭等）全部纳入征税范围。②税率结构不合理。这方面突出的例子是汽车消费税的有关规定。为突出环保效应，现行汽车消费税以气缸容量的大小来确定各类应税汽车适用的税率，而对使用新型能源（或可再生能源）如天然气、氢电池的车辆并未规定相应的优惠政策。另外，对应税能源品如汽油、柴油的税率标准过低，致使国内汽油、柴油的价格大大低于国际市场的价格，不利于提高能源的使用效率。

3）在企业所得税方面存在的问题是，2007 年底前，对企业利用废水、废气、废渣等废弃物为主要原料生产的产品，如利用地热、农林废弃物生产的电力、热力，可在 5 年内减征或免征所得税。这项优惠不符合循环利用企业的运行规律，循环利用企业从投产到生产初具规模获得利润，一般需要几年的时间，一旦优惠期过，企业享受不到应有的税收优惠，很容易导致企业放弃资源节约循环利用的生产模式。新《企业所得税法》第 27 条规定，企业从事符合条件的环境保护、节能节水项目的所得可以免征、减征企业所得税，这里仅对项目所得给予优惠，没有对生产节能产品的企业给予特殊专项税收优惠；对节能技术研究开发缺乏必要的政策优惠与扶持。

4）在车船使用税和车辆购置税方面存在的问题是，这两种税的突出缺陷是机动车船的税率结构不合理。主要表现在两税相比，车辆购置税税率较高，车船使用税的税额较低。这一方面使消费者倾向于购买大排量的机动车，而不愿购买低排量的机动车；另一方面又使落后车型、超期服役的车辆难以及时退出，从而产生目前机动车绝对量不大而污染严重的局面。同时，这两种税未对具有节能、环保等功能的车船实行差别税率和税收优惠。

（4）深化绿税改革的措施

2010 年 10 月，中共中央十七届五中全会通过了《中共中央关于制定国民经济和社会发展第十二个五年规划的建议》，明确提出“十二五”期间开征环境税的目标。国家财政部、国家税务总局、国家环保部三部门通过了《环境征税方案》，并于 2010 年 12 月上报到国务院。就具体领域而言，能源税立法主张呼声日益高涨，资源税、交通税费改革稳步进行、排污费改税试点工作相继开展[①]。可以说，我国已经进入了绿税立法蓬勃发展的新时期。

1）资源税。2011 年 9 月 30 日，国务院颁行了修改后的《中华人民共和国资源税暂行条例》，同年 10 月 28 日，国家财政部和税务总局联合发布了《中华人民共和国资源税暂行条例实施细则》，对天然气、原油的征收方式由从量定额计征，改为从价定率计征，调整了资源税的税率。下一步，应努力扩大征税范围，将野生动植物的开采、利用纳入该税的征税范围，并将土地使用税和耕地占用税并入资源税。调整纳税环节，重新确定计税依据。现行资源税是在销售环节或自用环节收税，计税依据是销售量或自用量，结果造成资源浪费，因此应改为开采环节收税并以开采量为计税依据。提高税负，应通过资源课税参与资源价格形成，因而应普遍提高税负。对不同资源实行不同税率，同时在税收政策上体现对环保产业的扶持。除此之外，要理顺中央与地方的关系，调整资源税归属为共享税，中央和地方之间有一个恰当的比例分配。扩大征收范围，将各类资源性收费，如矿产资源管理费、电力基金、水资源费等改为税。将那些必须加以保护开

① 曹明德. 2011. 国外环境税制的立法实践及其对我国的启示. 中国政法大学学报，(3).

发和利用的能源资源也列入征收范围，如海洋、淡水和地热等自然资源，适当提高单位计税税额，优化税率结构。所定税额要体现由于资源开采产生的外部性成本，这既是社会效率最大化的要求，也是实现可持续发展的要求。特别是对不可再生、稀缺性能源资源开采、利用征以重税，以此限制掠夺性开采与开发，对此可考虑从量定额和从价定率相结合，调整计税依据。取消资源税现行以销售数量或使用数量为计税依据的做法，改为以生产数量或实际开采数量为计税依据。将资源税征收与矿产的市场价格和回采率等指标挂钩，对资源回采率或综合回收率较高的企业或项目，可适当减免税，以促使采矿者提高资源的开采利用效率。

2）增值税。目前我国普遍采用的生产型增值税模式无法反应资源节约和环境保护的政策导向。2010 年全国推行增值税转型后，持续需要推进的就是增值税的“绿化”[①]。归纳起来，有如下几个方面的问题需要注意。①要继续完善增值税优惠政策。对于在生产原料中掺有各种废渣生产的建筑产品，根据行业实际情况，适当降低增值税减免规定中废渣等掺兑量的比例，使之具有可操作性。技术指标要切合实际，对于非行业标准、非可操作标准应予取消，规定利用工业废弃物占总量按质量百分比计算；按照不同的掺兑质量比，规定不同的增值税优惠；对不可再生的矿产资源适用低税率，不符合资源节约、环境保护的要求。对石油、天然气等能源产品按 17%的税率征税，避免能源浪费。②配合增值税的转型工作，在全国范围内，对企业采用的节能专项设备所承担的进项税额予以抵扣，提高企业节能降耗的积极性。扩大增值税的优惠范围，在保持原有税收优惠的基础上，对列入国家《节能产品目录》、《关于政府节能采购的意见》、《资源综合利用目录》范围内的产品都应给予一定期限、一定程度的税收优惠。③对暖气、煤气、热气、石油液化气、煤炭等能源产品实行 17%的税率，以利于节约能源；对以水电为代表的清洁能源、可再生能源实行增值税税收优惠。对水电实行增值税即征即退的办法，或比照风力发电实行按增值税应纳税额减半征收。这将大大增加企业开发水电等清洁能源、可再生能源的动力。

3）消费税。消费税是我国商品流转环节特别性调节的主要税种[②]，其宗旨是调节生产结构，引导社会适度消费，促进节能环保。现行消费税的改革应从如下几个方面着手。①扩大消费税的征税范围，包括白色塑料制品、氟利昂、含磷洗衣粉、杀虫剂以及以不可再生资源为原料的产品都应在消费环节纳税，调节消费方式，鼓励绿色消费。②较大幅度地提高汽油、柴油等成品油的消费税税率，把定额税率改为比例税率，由从量定额征收改为从价定率计征，加大调控力度。③增列消费税征税品目，遏制环境污染和能源资源损耗。我国以煤为主的能源结

① 李慧玲. 2009. 论中国增值税的绿色化. 时代法学，(5)：46.

② 胡海. 2010. 完善我国环境税法律制度的思考. 时代法学，(6)：23.

构在短期内不可改变，对煤炭开征消费税，与资源税配合进行调节，是保护煤炭资源、统筹生产、引导消费、促进节能减排降耗的可行的经济手段。④对节能减排产品给予更多税收优惠。对一些清洁能源可减免消费税。对使用清洁能源的机动车辆可减免消费税，如提高大排气量小汽车的税率，降低低排气量小汽车和使用新型（或可再生）能源小汽车的税率。

4）企业所得税。完善企业所得税应该注意的问题包括以下几点。①加快内外资企业所得税合并步伐，给予从事能源建设项目的内资企业与外资企业大致相同的税收优惠。②对企业使用的节能专项设备允许加速折旧，对企业受让或自行开发的节能和开发新型能源的专有技术，允许缩短其摊销年限，加大对该类企业、项目的扶持力度。③对开发利用可再生能源、新型能源、清洁能源的企业，采用减免税额、降低税率、提高税前扣除比例、投资退税等税收优惠形式，促进该类企业加速发展。比如，对符合国家规定的废物利用企业可设置免税期和低税率，建议从开始获利年度起给废物利用企业设置免税期，适用低税率缴纳企业所得税（如 15%），切实鼓励废物利用企业的发展。再如，对生产节能新产品的企业，应视同高新技术企业给予税收优惠；加大对节能设备和产品研发费用的税前抵扣比例。

5）开征新的环境专项税——碳税。环境税与资源税共同构成了我国的环境税收体系。一个较为完整的环境税体系至少应包括如下几个税种：碳税、大气污染税、水污染税、噪声税、固体废物税、垃圾税等。特别是在全球变暖问题日益严重的今天，碳税制度的建立显得尤为重要。

所谓碳税制度，是根据化石能源的碳含量或二氧化碳排放量对排放者进行征税的制度[①]。早在 20 世纪 90 年代初期，斯堪的纳维亚国家就引入了该制度，目前包括德国、荷兰、意大利等在内的数十个发达国家都已开征碳税。发达国家的碳税制度往往构成其能源税制与环境税制的重要组成部分，也因此承载了能源安全、环境保护与税制结构调整等方面的特殊国家战略利益。首先，碳税制度可以促进发达国家经济社会的转型升级。经济水平的提高使得发达国家的民众对空气质量、居住环境有了更高的要求，在国际条约义务以及纳税人诉求的双重压力之下，环境政策的转型升级也自然成为发达国家政府面临的主要任务。《京都议定书》签署及生效以后，发达国家承担强制性的减排义务，各国都希望创设碳税制度，以期通过价格的方式抑制能源消耗，减少温室气体排放。另外，碳税制度可以有效增加财政收入、优化税制结构，这样的“双重红利”是发达国家争相设立碳税的核心动力。其次，碳税制度可以打压发展中国家产品的竞争力。自 20 世纪 90 年代开始，中国等新兴经济体的产品逐渐显示出强大的国际竞争力。与传

① 陈红彦．2012．碳税制度与国家战略利益．法学研究，(2)：85.

统的产品竞争力规则不同，碳税将产品生产过程中的碳排放纳入产品的生产成本之中，将传统的产品竞争力规则从单一的物美价廉扩充为“物美价廉＋生产清洁”，从单一的凭结果胜出改变为“结果＋过程”的比较。发达国家凭借其在环保技术方面的领先优势，使得发展中国家产品具有的物美价廉优势被生产不够清洁的劣势所抵消，最终丧失国际竞争力。再次，碳税制度可以谋取地毯经济的超额垄断利润。通过实施碳税制度，发达国家不仅可以成功地将自身标榜为负责任国家的形象，而且打击和挤压了传统能源经济。其结果是使得发展中国家不仅背负了沉重的国际政治和舆论压力，同时由于传统能源经济发展受阻，不得不向发达国家购买发展地毯经济所必须的地毯技术。凭借知识产权的国际保护机制，发达国家便可以名正言顺地从发展中国家赚取超额垄断利润。

我国目前已是全球第二大经济体，也是全球最主要的碳排放地区之一。考虑到我国经济发展的现状以及以煤为主的能源消费结构特征，中国所承诺的减排目标实现的难度较大。目前，虽然我国对某些能源产品开始征税（如对煤炭、原油、天然气等资源产品开发征收的资源税，对成品油的征收的消费税等），但都不能构成碳税。虽然目前发展中国家没有引入碳税的先例，但我国所面临的能源安全与环境保护的危机与挑战，以及我国所面对的国际政治压力，使得适时引入碳税制度成为我国国际战略利益的必然选择。首先，开征碳税是我国经济社会转型升级的诉求。近年来，我国能源消费对外依存度不断提高，尽管我国通过多种途径努力扩大能源进口，但长期过度依赖进口资源将严重威胁国家的能源安全乃至经济安全。由于化石能源的储存是有限的，尽早改变对化石能源的依赖更符合我国能源政策的长远目标。另外，从环境保护的角度看，我国已经成为全球最主要的温室气体排放地区之一，随着工业化和城市化进程的不断加快，温室气体排放总量也将增加，我国所面临的减排压力也会随着经济实力的增强和温室气体排放量的持续上升而原来越紧迫。其次，开征碳税是中国税制结构的优化转型需要。政府通过碳税收入的再分配，可以在一定程度上矫正现有税收带来的市场扭曲。另外，包括碳税在内的环境税可以有效缓解因我国投资优势逐渐减弱而带来的减税压力。

9.3 排污收费制度

9.3.1 含义

排污费是国家环保机关根据“污染者付费”原则，对向环境中排放污染物或超标排放污染物的排污者，根据其排放污染物的种类、数量和浓度而征收的一定数额的费用。对于排污费的理解，有如下问题值得注意：①排污费是国家向排污者提供环境容量使用权或因排污者污染环境而向排污者征收的一种费用，国家收费可以实现公共产品的有效配置，提高其使用效率；②国家不仅对超标排污者征收排污费，对于没有超过排污标准而排放污染物的排污者也要收取排污费；③排污费是按污染物的种类征收的；④国家向排污者征收排污费，像征税一样，也必须遵循法定征收的原则，按照法律规定的征收范围、标准予以征收，而不得随意征收。

9.3.2 我国的排污收费制度

9.3.2.1 立法现状

1978 年，国务院环境保护小组在其所作的《环境保护工作汇报要点》中，根据“污染者付费”的原则，第一次提出了在我国实行“污染排放物收费制度”的设想。1979 年 9 月，在全国人大常委会第十一次会议上通过的《环境保护法（试行）》第 18 条规定，“超过国家规定的排放污染物，要按照排放污染物的数量和浓度，按照规定收取排污费。”1982 年 2 月，国务院在总结 27 个省、市、自治区开展排污费工作试点经验的基础上，发布了《征收排污费暂行办法》，对排污费的目的、排污费的征收、管理和使用作出了一系列明确具体的规定，标志着我国排污收费制度的正式确立。1988 年，国务院颁布了《污染源治理专项基金有偿使用暂行办法》，对排污收费资金的使用做出了具体规定。2003 年 7 月 1 日开始实施的《排污费征收使用管理条例》（以下简称《条例》）对排污收费的征收和使用作出了具体规定，标志着中国排污收费制度在许多方面取得了明显的进步和发展①。①提高了征收标准，计征方法更为科学。如原规定中：二氧化硫、二氧化碳、硫化氢、氟化物等污染物每千克超标排污量征收 0.04 元排污费，浓度超过标准每 $10m^3$ 征收 0.03～0.10 元。而现在废气排污收费按排污者排放污染物的种类、数量，以污染当量计算征收，每一污染当量征收标准为 0.6 元，实现了由原来的浓度单因子向总量多因子收费的转变。②扩大了征收排污费的对象和范围。在征收对象上由原来的单位排污者扩大到个体排污者，征收范围由单一的超标收费改为排污收费与超标收费并存，超标收费只在噪声排放中适用，其他均为一排污就收费。③确立了排污费“收支两条线”原则，且取消了按比例返还制度。《条例》规定，征收的排污费一律上缴财政，排污费纳入财政预算、列入专项资金管理，任何单位和个人不得截留、挤占或挪作他用。排污者向指定的商业银行缴纳排污费，再由商业银行按规定的比例将收到的排污费分别解缴到中央国

① 李慧玲．2007．我国排污收费制度及其立法评析．中南林业科技大学学报（社会科学版），(2)：59.

库和地方国库。排污费的使用不再用于环保部门的自身建设，全部以拨款补助或贷款贴息的方式用于重点污染源治理、区域污染防治和污染防治新技术、新工艺的开发、示范和应用等。④规定了违反排污收费制度的处罚并实行公告制度。对排污者未按规定缴纳排污费，以欺骗手段骗取批准减缴、免缴或缓缴排污费，骗取环境保护专项资金的使用者和不按照批准的用途使用环境保护专项资金等违法行为，规定了处罚依据。

9.3.2.2 制度的不足和完善

(1) 不足

1）排污费的强制性程度较弱不利于征收。排污费就其性质来说是一种行政性收费，其法律效力不强，收费额往往受经营状况的影响，存在着很大的不确定性，议价收费、人情收费、行政干预收费现象严重。尽管《条例》规定了较高数额的罚款，甚至停产停业整顿，但这些强制措施操作性差。原因有如下几点：①环境保护行政主管部门不具有强制执行权；②限于地方利益的掣肘，政府在采取“责令停产停业整顿”的行政处罚措施时通常非常谨慎；③针对排污费追缴期限的问题，按照《中华人民共和国行政处罚法》（以下简称《行政处罚法》）的规定：“违法行为在两年内未被发现的，不再给予行政处罚。”这意味着环保部门在向排污单位发出缴费通知单后，如果排污单位拒缴，但环境保护行政主管部门对这种违法行为在两年内没有给予行政处罚，就应视为超过了处罚期限，不应再对其进行行政处罚。从这个角度说，环境保护行政主管部门对排污单位两年前应缴纳的排污费就失去了追缴的权利。

2）排污收费的固定性不强，容易导致协议收费和滋生腐败。排污者作为“经济人”，其突出的特点是关注眼前的经济利益，环保部门只是根据排污收费制度和排污单位的治污行动结果进行收费，却未直接观测到排污者的实际行动。于是，忽略了过程的结果管控恰恰效果不佳：首先，导致国家少收了排污费使环境保护补助资金减少；其次，排污者的治污行动不彻底，造成了对环境的损害。

3）排污费的征收标准问题。从理论上讲，排污收费标准不能低于治理该污染所花的成本，否则，污染单位宁肯交纳排污费也不愿去花资金治理污染。我国国务院颁布的排污收费标准制定于计划经济时代，当时我国尚未实行市场经济，资源的配置和价格的制定都依计划进行而没有遵循市场经济的客观规律。如果继续按照过去的标准进行排污费的征纳，根本解决不了环境污染问题，也达不到排污收费制度设立的目的。例如，依据 1982 年颁布的《征收排污费暂行办法》，对每吨煤征收 3 元的烟尘排污费。当时的煤价是每吨 36 元，排污费相当于煤价的 8%。目前我国煤的价格已经上涨到每吨 300 元，烟尘排污费仅相当于煤价的 1%。按目前的经济发展水平和环境治理能力，用 3 元钱去治理好一吨煤所造成的烟尘污染是根本不可能的。

(2) 完善措施

1) 修订、完善排污收费相关立法，并加强立法间的协调。首先，应加紧修订《环境保护法》这部环境保护领域的基本法，取消有关超标收费的规定而代之以排污收费、超标处罚，并加大违反排污收费制度的处罚力度①。其次，修订污染防治的单行法，同时对《排污费征收使用管理条例》进行修订，使之符合现行环境税费改革的要求，并与其后修订的立法——《固体废物污染环境防治法》相协调。

2) 合理界定排污收费与征收排污税的范围。对于征收普遍、费基比较稳定的收费改为税收，如考虑开征二氧化碳税、二氧化硫税、水污染税、固体废物税，对机场的噪声征收噪声税等。但对于一些流动污染源、费基不稳定的污染源，应当征收排污费，典型的如建筑噪声、交通噪声、恶臭气体等。

3) 扩大征收排污费的对象范围。扩大其对象范围，是指在原有的收费对象包括单位和个体工商户基础上，将一般个人也纳入排污收费的范畴。此外，应加大排污收费征管的力度，强化征管部门的责任，以避免人情收费、协议收费。

参考文献

布雷耶. S. 2008. 规制及其改革. 北京：北京大学出版社.

黄振中，赵秋雁，谭伯平. 2009. 中国能源法学. 北京：法律出版社.

吕忠梅. 2007. 环境法原理. 上海：复旦大学出版社.

思德纳. T. 2005. 环境与自然资源管理的政策工具. 上海：上海人民出版社.

张勇. 2011. 能源基本法研究. 北京：法律出版社.

① 易骆之，黄安国. 2003. 排污费改税法律制度探讨. 时代法学，(1)：105.

第 10 章 循环经济法

Recycle Economy Law

近几十年来，作为一种替代工业社会发展的新模式，循环经济在欧美等发达国家和地区得到很大发展，而且日益成为广大发展中国家和地区关注并开始移植的发展模式。探究并完善围绕这种发展模式所建构的法律保障机制，对于处于经济转型过程中的中国建设资源节约、环境友好型社会意义重大。

10.1 循环经济法概述

循环经济是一种有别于传统经济发展模式中“资源—产品—废弃物”线性流动的新经济发展模式，由于一切形式的物质和能量在持续进行的经济循环中得以永续利用，资源开发和环境保护得到了统筹和协调。循环经济法正是在对循环经济这种新的经济发展模式进行法律调整的基础上产生的。

10.1.1 循环经济法的含义和特征

循环经济法是指以实现人类社会的可持续发展为目标，旨在促进传统发展模式向循环经济发展模式转变，并运用经济、行政、科技、环境管理等综合性的调整手段，调整因循环经济活动所形成的各种社会关系的法律规范的总称[①]。循环经济法有广义和狭义之分。狭义的循环经济法立足于“以循环为技术基础的经济活动”，调整的是废弃物循环利用促进关系，强调的是对废弃物中可循环资源的循环利用。广义的循环经济法则包括所有在生产、流通和消费过程中进行的减量化、再利用、资源化活动，其调整范围不限于废弃物领域。

10.1.2 循环经济法的基本原则

10.1.2.1 减量化、再利用和资源化原则

减量化原则、再利用原则和资源化原则，简称“3R”原则，是发展循环经

① 陈泉生．2007．循环经济法初探．福州大学学报（哲学社会科学版），(1)：40.

济的中心内容，也是循环经济法的核心和主线。“3R”原则体现了生态文明下生态利益优先的循环经济法的基本理念。

（1）减量化原则

该原则属于循环经济实现的输入端方法，目的是减少进入生产和消费流程的物质量，即要求人们必须学会预防废弃物产生，而非末端治理。减量化原则具体体现在以下三个方面。①在生产中，生产者可以通过减少单位产品的物质使用量，通过重新设计制造工艺来节约资源和减少排放。实际上，在产品的设计阶段就引入生态设计远比在生产阶段实施清洁生产更能实现减量的最优化。②在销售中，经营者可以通过减少对产品的过度包装来节约资源和减少排放。③在消费中，消费者可以通过减少对产品的过度需求，例如可以通过大宗购买，选择包装少、可循环、高质耐用的产品来减少废弃物的产生量。

（2）再利用原则

该原则属于实现循环经济的过程性方法，目的是延长产品和服务的使用时间，即要求人们尽可能多次以及以多种方式使用产品，防止废弃物产生，达到资源的最优利用。再利用原则一般通过以下几种方式实现：①持久使用，即延长产品的使用寿命以降低资源流动的速度；②集约使用，即使产品的利用达到某种规模效应，以减少分散使用导致的资源浪费；③质量优先，即通过先进的科学技术设计经久耐用的产品，延长产品的使用寿命。

（3）资源化原则

该原则属于循环经济实现的输出端方法，目的是通过废弃物的资源化来减少终端处理量。资源化原则一般有两种不同的实现方式：①原级资源化，即将消费者遗弃的废弃物资源化后形成与原来相同的新产品；②次级资源化，即将废弃物变为不同类型的新产品。

值得注意的是，3R 原则在循环经济法中并不是完全并列的地位，而是有位序的。首先，要坚持减量化优先，即减少源头污染的产生量和资源的消耗量。其次，对于源头不能削减但可利用的废弃物和经过消费者使用后的包装废物、旧货等要加以再利用和资源化，使之回到经济循环中，只有不能利用的废物才能做最终的无害化处理。

10.1.2.2　共同但有区别的责任原则

共同但有区别的责任原则是指根据循环经济法的规定，国家（政府）、企业单位、社会中间层、公民等循环经济法律关系主体对于循环经济的发展都负有义务；但就各自所承担的义务而言，彼此之间又有合理区分和适当范围。之所以说“共同”，是因为循环经济法环境安全和资源效率价值的实现依托于循环经济法的实施，而其有效实施是离不开各循环经济法律关系主体的积极参加的。之所以说

"区别"，源于循环经济的性质和不同主体的功能差异①。循环经济虽然是一种有别于传统经济发展的新模式，但其实施仍然是以市场机制为基础的，这就意味着市场主体是循环利用活动的主导力量，因此，企业单位是循环经济发展的主力军。当然，单靠市场的力量无法解决所有的循环利用问题，尤其是由于废物循环利用的外部性和收益的不确定性，无法完全依靠市场把成本彻底内部化，合理收益难以实现，市场主体缺乏从事废物控制、循环和处置的动力，这时就需要国家（政府）主动介入市场，通过一系列干预措施保证循环经济参与主体能够从废物控制活动中获取经济收益并严格履行义务。当然，在政府的宏观调控和市场调节之间，社会中间层可以起到桥梁和纽带作用，为政府干预市场、市场影响政府和市场主体之前相互联系起到中介作用。除此之外，循环经济的发展也离不开公众参与，广泛的公众参与对于实现公民的环境权、实现政府公共决策的科学化、避免政府失灵和弥补循环经济执法部门能力的不足都具有重要意义。

10.1.3 循环经济法的立法模式

（1）污染预防型

污染预防型即以对废弃物的处置为立法起点，以后逐步加入对废弃物的综合利用政策以及污染预防政策等内容，美国、加拿大等国是此类型立法模式的典型代表。

到目前为止，美国虽然没有一部以循环经济专门命名的法律规范，但众多立法都是以循环经济思想作为指导思想和依据的。美国于 1976 年颁行了《固体废弃物处置法》，第一次以法律形式对废弃物的综合利用进行了明确的规制；1984 年颁行的《资源保护与回收法》，将固体废物管理重点从废弃物的处置转变为处置与回收利用相结合，提出了减少固体废弃物产生总量的技术和方法，实行"从摇篮到坟墓"的全过程管理；1990 年颁行的《污染预防法》，提出用污染预防政策补充和取代以末端治理为主的污染控制政策。以上立法都鲜明地体现了"3R"原则对美国循环经济立法的深刻影响。除此以外，自 20 世纪 80 年代中期以来，俄勒冈、新泽西、罗德岛等州先后颁行了适用于本地的促进资源再生循环利用的法律规范，截止到目前，全美已有半数以上的州制定了不同形式的循环经济法律规范。

（2）循环经济型

即以对废弃物的处置为立法起点，但逐步将规制范围扩大，直至将整个经济

① 董溯战. 2008. 循环经济法的基本原则新论. 西南政法大学学报，(4)：25.

活动纳入循环经济中，并建立起循环经济型社会①，德国、日本等国是循环经济型的典型代表。

德国是发达国家中最早发展循环经济并以相关立法予以规制的国家。德国于1972 年颁行了《废弃物处理法》，该法要求关闭不合理的垃圾堆放场，建立垃圾中心处理站进行垃圾焚烧和填埋，立法的核心是强调废弃物排放后的末端处理。20 世纪中后期，德国开始意识到简单的末端处理不能从根本上解决发展与环境的矛盾，因此在 1986 年颁行了新的《废弃物限制处理法》，该法强调发展节省资源的工艺技术和可循环的包装系统，把避免废弃物的产生作为废弃物管理的首要目标。此后，德国于 1990 年首次按照“资源—产品—再生资源”的循环经济理念制定了《包装条例》（1998 年修订），对于用过的包装，条例规定生产商和零售商首先应避免其产生，其次要对其加以回收、利用。1996 年德国颁行了在世界上有广泛影响的《循环经济与废弃物处置法》（1998 年修订），系统地提出将资源闭路循环的循环经济理念推广到所有生产部门，把废弃物处置提高到发展循环经济的高度，并建立系统配套的法律体系，明确对循环经济和废弃物处置作出了规定。随后，德国在循环经济立法上的步伐逐步加快，1998 年颁行了《废旧汽车处理条例》和《废电池处理条例》，1999 年颁行了《垃圾法》、《电子废物和电子设备处理条例》和《联邦水土保持与废弃物法》，2000 年颁行了《2001 年森林经济年合法伐木限制命令》，2001 年颁行了《社区垃圾合乎环保放置及垃圾处理场令》，2002 年颁行了《持续推动生态税改革法》、《废木材处理条例》和《森林繁殖材料法》，2003 年修订了《再生能源法》，2005 年颁行了《电子电器设备法》。以上这些立法都极大地推动了德国循环经济的发展，也为其他发达国家制定本国循环经济法律规范提供了有益的参考和借鉴。

日本是发达国家中循环经济立法最为完善的国家。2000 年 12 月 6 日，日本政府颁行了《循环型社会形成推进基本法》，该法的颁行在日本循环经济立法史上具有里程碑意义。作为循环经济的“基本法”，该法从制度上明确了日本 21 世纪经济和社会发展的方向，为日本通过建立循环型社会协调经济发展与环境承载力之间的矛盾打下了坚实的法律基础。《循环型社会形成推进基本法》下辖两部综合法，即《废弃物处理法》和《资源有效利用促进法》。两部综合法又下辖多部专项法，其中《资源有效利用促进法》下辖《专门再利用法》、《建筑材料循环法》、《可循环性食品资源循环法》、《绿色采购法》、《化学物质排出管理促进法》以及《特种家用机器循环法》等；《废弃物处理法》下辖《多氯联苯废弃物妥善处理特别措施法》、《容器和包装物的分类收集与循环法》等。

---

① 蔡文灿，蔡守秋，胡靓. 2004. 我国循环经济立法模式选择. 云南环境科学（4）：15.

10.2 我国的循环经济立法

10.2.1 我国循环经济立法的发展

10.2.1.1 循环经济立法的萌芽期（20 世纪 70 年代初～80 年代中期）

1973 年第一次全国环境保护会议上，原国家计委拟定的《关于保护和改善环境的若干规定》中就提出努力改革生产工艺，不生产或者少生产废气、废水、废渣；加强管理，消除跑、冒、滴、漏等的现象。1985 年，国务院批准了原国家经委起草的《关于加强资源综合利用的若干规定》，对企业开展资源综合利用规定了一系列的优惠政策和措施，并附有相关的产品和物资的具体名录。该规定的公布实施，有力地促进了我国资源综合利用工作的开展。

10.2.1.2 循环经济立法的起步期（20 世纪 80 年代、90 年代）

在这一时期，我国积极参与并实施了联合国环境规划署推动的清洁生产行动计划，关于循环经济的立法活动也基本上是以清洁生产为重点而展开的。1992 年 8 月国务院制定的《中国环境与发展十大对策》明确提出，新建、改建、扩建项目的技术起点要高，尽量采用能耗物耗小、污染物排放量少的清洁生产工艺。1993 年，原国家环境保护局、原国家经委联合召开了第二次全国工业污染防治工作会议，会议明确提出工业污染的防治必须从单纯的末端治理向生产全过程控制转变，该会议被认为是中国清洁生产工作提速的开始。1994 年国务院通过的《中国 21 世纪议程》更是把清洁生产作为优先实施的重点领域。1996 年国务院《关于环境保护若干问题的决定》再次强调了清洁生产的重要性。1997 年国家环境保护局《关于推行清洁生产的若干意见》明确提出了“九五”期间推行清洁生产的总体目标以及实现该目标的九个方面的意见。其后，2002 年《清洁生产促进法》的颁布实施标志着我国对清洁生产的法律规制从此迈上了一个新的台阶，为循环经济立法的全面提速和法律体系的初步形成打下了坚实的基础。

10.2.1.3 循环经济立法的加速期（20 世纪 90 年代至今）

在加快推进清洁生产并取得成熟经验的基础上，从 2000 年开始，在借鉴德国、日本发展循环经济、建设循环型社会的基础上，我国加快了循环经济立法的步伐。2001 年 3 月和 2005 年 7 月，国务院先后发布了《关于加快发展循环经济的若干意见》和《关于做好建设节约型社会近期重点工作的通知》，为循环经济的发展提供了明确的政策指导和依据。截止到目前，我国的循环经济立法已经初步形成了一个较为完整的法律体系。①综合性循环经济基本法，即于 2008 年 8

月 29 日第十一届全国人大常委会第四次会议通过的《循环经济促进法》。②综合性的循环经济法包括 2002 年 6 月 29 日通过的《清洁生产促进法》，2007 年 10 月 28 日经修订的《节约能源法》和 2004 年 12 月 29 日经修订的《固体废物污染环境防治法》。③根据各种产品的性质所制定的单项法律法规，包括 2001 年 6 月由国务院颁行的《报废汽车回收管理办法》，2006 年 9 月由国家发改委、国家财政部、国家税务总局颁布的《国家鼓励的资源综合利用认定管理办法》，2007 年 3 月由国务院六部委颁行的《再生资源回收管理办法》，2007 年 12 月由国家财政部、国家发改委颁布的《新型墙体材料专项基金征收使用管理办法》和 2008 年 8 月由国务院颁行的《废弃电器电子产品回收处理管理条例》等。④循环经济技术法规，包括《企业水平衡测试通则》、《节水型产品通用技术条件》、《工业和信息化部关于工业副产石膏综合利用的指导意见》、《木材节约和代用管理办法》等包括国家标准、行业标准和地方标准在内的共计 400 多项标准和技术要求。

10.2.2 循环经济立法的内部关系

循环经济立法的内部关系是指循环经济法的构成中各组成部分的关系。其中最容易出现混淆的是综合性的循环经济基本法与综合性的循环经济法之间的关系，即《循环经济促进法》与《清洁生产促进法》、《节约能源法》、《固体废物污染环境防治法》之间的关系。

10.2.2.1 《循环经济促进法》与《清洁生产促进法》

由于循环经济并非简单地避免与抑制废物，而是一种新的经济发展模式，因此《循环经济促进法》与《清洁生产促进法》既有密切的关联，也有明显的区别。二者的相同之处在于：①立法目的相同，都是为了提高资源利用效率，减少和避免污染物的产生；②均强调对资源和能源的节约使用；③均强调产品的生命周期，抑制过度包装；④均强调综合利用和资源利用效率。二者的区别在于：①所处层次不同，清洁生产强调单个企业的污染预防，而循环经济既包括单个企业，又包括企业之间和全社会，范围更大；②规制范围不同，清洁生产主要针对“生产过程”中的污染预防，循环经济则强调资源开采、生产、流通、消费等全过程的能源和资源节约及污染预防；③实施主体不同，清洁生产的实施主体是企业单位，循环经济的实施主体还包括国家、社会中间层和公民等。

10.2.2.2 《循环经济促进法》与《节约能源法》

推动全社会大力节能降耗，提高能源高效率利用既是转变经济发展方式的重要途径，也是缓解甚至解决资源短缺、改善环境质量的根本措施。因此，循环经济与节约能源的相同之处在于它们都是节约型社会的手段。节约型社会的重点是节能、节材、节水、节地和对废物的综合利用。节能是构建节约型社会的基本要素，循环经济中减少对资源与能源的投入是基本要求，因此也要求节约资源特别是能源。二者的区别在于范围不同，循环经济的范围要大于节约能源。循环经济既包括能源利用减量化，也包括能源再循环与再利用。而节约能源则仅具有减量化的意义，并不包括再循环与再利用。

10.2.2.3 《循环经济促进法》与《固体废物污染环境防治法》

《固体废物污染环境防治法》颁布于 1995 年，修订于 2004 年。其修订是在《清洁生产促进法》颁布之后、《循环经济促进法》颁布之前进行的。经过修订以后该法的调整范围已远大于固体废物管理本身，包含了一些发展循环经济的内容，具体表现在以下几方面。①该法第三条对废物的减量化、资源化、再循环、再利用的规定。②该法第 6、7、18 条对鼓励转变生产方式和生活方式，鼓励绿色采购、抑制过度包装等的规定。③该法第 31、33、36 条对在生产和消费中减少废物的排放以及在资源的开采过程中减少废物的排放的规定。④该法第 19、38、42 条对将减少废物的要求从工业生产领域延伸至农业和城市的规定。据此，《循环经济促进法》与《固体废物污染环境防治法》在调整范围和内容上已有所交叉，未来所考虑的是在时机成熟的情况下对《固体废物污染环境防治法》的再次修订。

10.2.3 我国循环经济立法的基本制度

循环经济立法的基本制度是指为实现发展循环经济的目的和任务，根据循环经济法的基本原则而制定的具有普遍意义和起主要管理作用的法律规则和法律程序。由于综合性循环经济基本法和综合性的循环经济法构成了我国循环经济立法的主体，因此，循环经济立法的基本制度主要体现在《循环经济促进法》、《清洁生产促进法》、《节约能源法》和《固体废物污染环境防治法》等法律规范之中。

10.2.3.1 总量控制制度

总量控制即“污染物排放和资源消耗总量控制”，是指将某一区域作为一个完整的系统，将排入该区域内的污染物总量和消耗的资源总量控制在一定数量之内，以满足该区域的环境质量要求和资源可持续利用要求。总量控制制度是指依法对污染物排放总量控制和自然资源可利用数量控制而进行规范的一整套法律措施。《循环经济促进法》第 13 条明确要求：“县级以上地方人民政府应当依据上级人民政府下达的本行政区域主要污染物排放、建设用地和用水总量控制指标，规划和调整本行政区域的产业结构，促进循环经济发展。新建、改建、扩建建设项目，必须符合本行政区域主要污染物排放、建设用地和用水总量控制指标的要求。”《节约能源法》第 7 条规定：“国家实行有利于节能和环境保护的产业政策，限制发展高耗能、高污染行业，发展节能环保型产业。”

总量控制制度的亮点在于，该制度的作用对象并不是单个的企业单位或者项目，而是特定区域的政府，目的在于抑制地方政府不顾环境资源承载力盲目上马新建项目。根据法条要求，国家在特定区域环境污染和资源消耗未能得到有效缓解，总量控制计划未能完成的情况下，可以实施“区域限批”，即国家原则上不再审批该区域除污染治理项目和循环经济项目以外的新建项目。另外，国家针对高耗能、高污染行业，可以实施“行业限批”，即国家原则上不再审批“两高行业”的新建项目，以此引导投资经营者加快产业转型步伐。

10.2.3.2　以生产者为主的责任延伸制度

以生产者为主的责任延伸制度是由生产者责任延伸制度扩展而来的，后者仅强调产品的生产者在产品整个生命周期中应予履行的法律义务，而前者不仅强调产品生产者的义务，同时也将产品的销售者或者其他组织、废物利用或者处置企业所负有的法律义务以及消费者对于生产者、销售者或其他组织所负的法律协助义务纳入其中。《循环经济促进法》第 15 条规定：“生产列入强制回收名录的产品或者包装物的企业，必须对废弃的产品或者包装物负责回收；对其中可以利用的，由各生产者负责利用；对因不具备经济技术条件而不适合利用的，由各生产者进行无害化处置。对废弃产品或者包装物，生产者委托销售或者其他组织进行回收的，或者委托废物利用或者处置企业进行利用或者处置的，受托方应当依照有关法律、行政法规的规定或者合同的约定负责回收或者利用、处置。对列入强制回收名录的产品和包装物，消费者应当将废弃的产品或者包装物交给生产者或者其委托回收的销售者或者其他组织”《固体废物污染环境防治法》第 18 条第 2 款：“生产、销售、进口依法被列入强制回收目录的产品和包装物的企业，必须按照国家有关规定对该产品和包装物进行回收。”国务院标准化行政主管部门应当根据国家经济和技术条件、固体废物污染环境防治状况以及产品的技术要求，组织制定有关标准，防治过度包装造成环境污染。《固体废物污染环境防治法》第 19 条规定：国家鼓励科研、生产单位研究、生产易回收利用、易处置或者在环境中可降解的薄膜覆盖物和商品包装物；产品应当采用易回收利用、易处置或者在环境中易消纳的包装物。产品生产者、销售者、使用者应当按照国家有关规定对可以回收利用的产品包装物和容器等回收利用。《清洁生产促进法》第 20 条规定：“产品和包装物的设计，应当考虑其在生命周期中对人类健康和环境的影响，优先选择无毒、无害、易于降解或者便于回收利用的方案。企业对产品的包装应当合理，包装的材质、结构和成本应当与内装产品的质量、规格和成本相适应，减少包装性废物的产生，不得进行过度包装。”

以生产者为主的责任延伸制度的亮点在于，以《产品质量法》为代表的传统法律制度的规制重点仅是产品生产者在产品的设计、制造、流通和使用阶段所负的质量保证义务，产品废弃后的处理处置是由政府负担的。建立以生产者为主的责任延伸制度，会加大企业单位对废弃物处置的强制性责任，逼迫企业单位必须在产品的设计和生产中就将产品的再生利用率作为一项重要的指标，纳入到企业单位的经济核算中来，从而降低环境影响，减轻环境负荷。

10.2.3.3 重点监督管理制度

重点监督管理制度是指国家对资源消耗高、污染物排放量大的重点行业中，年综合能源消费量、用水量超过国家规定总量的重点企业采取的更为严格的一整套监督管理措施的总称。《循环经济促进法》第 16 条规定：“国家对钢铁、有色金属、煤炭、电力、石油加工、化工、建材、建筑、造纸、印染等行业年综合能源消费量、用水量超过国家规定总量的重点企业，实行能耗、水耗的重点监督管理制度。”《清洁生产促进法》第 27 条第 2、第 4 款规定，对于污染物排放超过国家或者地方标准、高耗能、使用有毒有害原料或者排放有毒有害物质的企业，应当实施强制性清洁生产审核。实施强制性清洁生产审核的企业，应当将审核结果向所在地县级以上地方人民政府负责清洁生产综合协调的部门、环境保护部门报告，并在本地区主要媒体上公布，接受公众监督。

重点监督管理制度的亮点在于，在我国当前工业化加速发展的背景下，主要工业行业资源消耗高、资源利用效率低、污染物排放量大，特别是钢铁、有色金属、煤炭、电力、石油加工、化工、建材、建筑、造纸、印染等行业年综合能源消费量、用水量超过国家规定总量的重点企业，以及污染物排放超过国家或者地方标准，高耗能、使用有毒有害原料或者排放有毒有害物质的重点企业，实行能耗、水耗的重点监督管理以及强制性清洁生产审核，就等于是抓住了资源节约和循环利用的关键。

10.2.3.4 强制淘汰制度

强制淘汰制度是指国家依法对落后且耗能过高的用能产品、设备、工艺和技术实行强制淘汰以使其退出市场的一整套法律措施。《循环经济促进法》第 18 条规定：“国务院循环经济发展综合管理部门会同国务院环境保护等有关主管部门，定期发布鼓励、限制和淘汰的技术、工艺、设备、材料和产品名录。禁止生产、进口、销售列入淘汰名录的设备、材料和产品，禁止使用列入淘汰名录的技术、工艺、设备和材料。”《清洁生产促进法》第 12 条规定：“国家对浪费资源和严重污染环境的落后生产技术、工艺、设备和产品实现限期淘汰制度。国务院有关部门按照职责分工，制定并发布限期淘汰的生产技术、工艺、设备以及产品的名录。”《固体废物污染环境防治法》第 28 条规定：“国务院经济综合宏观调控部门应当会同国务院有关部门组织研究、开发和推广减少工业固体废物产生量和危害性的生产工艺和设备，公布限期淘汰产生严重污染环境的工业固体废物的落后生产工艺、落后设备的名录。生产者、销售者、进口者或者使用者必须在国务院经济综合宏观调控部门会同国务院有关部门规定的期限内分别停止生产、销售、进口或者使用列入前款规定的名录中的设备。生产工艺的采用者必须在国务院经济综合宏观调控部门会同国务院有关部门规定的期限内停止采用列入规定的名录中的工艺。依照法律规定被淘汰的设备，不得转让给他人使用。”《节约能源法》第 16 条规定：“国家对落后的耗能过高的用能产品、设备和生产工艺实行淘汰制度。”第 17 条规定：“禁止生产、进口、销售国家明令淘汰或者不符合强制性能源效率标准的用能产品、设备；禁止使用国家明令淘汰的用能设备、生产工艺。”

强制淘汰制度的亮点在于，在当前的产业构成中，传统产业、资源开发型工业产业所占比重仍然偏大，通过强制淘汰落后产品、设备、工艺和技术，可以加快产业结构的优化速度，迅速降低高耗能产业在整个产业构成中的占比，提高资源、能源的利用效率，降低经济的碳强度。

10.2.3.5 绿色消费制度

绿色消费，是指以适度节制消费，避免或减少对环境的破坏，崇尚自然和保护生态为特征的新型消费行为。绿色消费不仅包括购买和使用绿色产品，还包括物资的回收利用、能源的有效使用、对生存环境和物种的保护等。按照消费主体的不同，绿色消费可以分为个人绿色消费和政府绿色消费两类，其中政府绿色消费主要是指绿色采购制度。循环经济立法对个人绿色消费采取倡导性措施，对政府绿色消费者采取约束性措施。对于促进个人绿色消费，《循环经济促进法》第 10 条第 1 款规定“公民应当增强节约资源和保护环境的意识，合理消费、节约资源”；第 46 条第 1 款规定“国家实行有利于资源节约和合理利用的价格政策，引导单位和个人节约和合理使用水、电、气等资源性产品”。对于促进政府绿色消费，《循环经济促进法》第 25 条规定：“国家机关及使用财政性资金的其他组织应当厉行节约、杜绝浪费，带头使用节能、节水、节地、节材和有利于环境保护的产品、设备和设施，节约使用办公用品。国务院和县级以上地方人民政府管理机关事务工作的机构会同本级人民政府有关部门制定本级国家机关等机构的用能、用水定额指标，财政部门根据该定额指标制定支出标准”；第 47 条规定：“国家实行有利于循环经济发展的政府采购政策。使用财政性资金进行采购的，应当优先采购节能、节水、节材和有利于保护环境的产品和再生产品”；《清洁生产促进法》第 16 条规定：“各级人民政府应当优先采购节能、节水、废物再生利用等有利于环境与资源保护的产品”。

绿色消费制度的亮点在于，为人类对消费的认识赋予新的内涵提供了制度回应和保证。消费是经济系统物质过程的重要环节，人类的消费行为是获取效用的过程，物质产品仅仅是效用的物质载体。绿色消费以生态经济大系统整体优化为出发点，以最小的自然资源消耗实现最优的效用传递，实现了人类福利的最大化。

10.2.3.6 绿色产品标识制度

产品标识是指用于识别产品或其特征、特性所做的各种表述和指示的统称。产品标识标明的是有关产品及其质量信息。绿色产品标识是指用于识别产品的环境与能源特性的各种表述和指示的统称。绿色产品标识制度是指依法对产品的环境与能源特性识别活动进行规范而形成的一整套法律措施。《循环经济促进法》第 17 条第 3 款规定：“国家建立健全能源效率标识等产品资源消耗标识制度。”第 39 条规定：“回收的电器电子产品，经过修复后销售的，必须符合再利用产品标准，并在显著位置标识为再利用产品。”第 40 条规定：“销售的再制造产品和翻新产品必须在显著位置标识为再制造产品或者翻新产品。”《清洁生产促进法》第 13 条规定：“国务院有关部门可以根据需要批准设立节能、节水、废物再生利用等环境与资源保护方面的产品标志”。第 21 条规定：“生产大型机电设备、机动运输工具以及国务院工业部门指定的其他产品的企业，应当按照国务院标准化部门或者其授权机构制定的技术规范，在产品的主体构件上注明材料成分的标准牌号。”《节约能源法》第 18 条规定“国家对家用电器等使用面广、耗能量大的用能产品，实行能源效率标识管理”。第 19 条规定：“生产者和进口商应当对列入国家能源效率标识管理产品目录的用能产品标注能源效率标识，在产品包装物上或者说明书中予以说明，并按照规定报国务院产品质量监督部门和国务院管理节能工作的部门共同授权的机构备案。生产者和进口商应当对其标注的能源效率标识及相关信息的准确性负责。禁止销售应当标注而未标注能源效率标识的产品。禁止伪造、冒用能源效率标识或者利用能源效率标识进行虚假宣传。”第 20 条规定：“用能产品的生产者、销售者，可以根据资源原则，按照国家有关节能产品认证的规定，向经国务院认证认可监督管理部门认可的从事节能产品认证的机构提出节能产品认证申请。经认证合格后，取得节能产品认证证书，可以在用能产品或者其包装物上使用节能产品认证标志。”根据以上法条的规定，我国目前的绿色产品标识包括能源效率标识、再利用标识、再制造或翻新标识、环境与资源保护标识、节能产品标识等。

绿色产品标识制度对循环经济背景下绿色市场的形成和发展意义重大。在循环经济这种新的经济发展模式下，企业单位的“绿色生产能力”至关重要，一方面关乎到市场生存和成本控制，另一方面关乎到以“绿色”作为内核的商业信誉和商品声誉。企业单位绿色标识的获取，是国家对其绿色生产能力的认可，同时也很好地与绿色消费制度进行了衔接。

10.3　我国循环经济立法的完善：“软法”的“硬化”

在我国循环经济立法初期，有关专家、学者就围绕该法律规范的特点争论不休。一种观点主张将循环经济法律规范设计为规范法、强制法或“硬法”，持该主张的人多从实践需要的角度出发，强调循环经济立法应当切实解决实际问题，要求将循环经济法设计为发展循环经济活动的准则、规范和硬性条款。另一种观点主张将循环经济法律规范定位为政策法、促进法，以指导循环经济健康有序发展。从 2002 年颁行《清洁生产促进法》到 2008 年颁行《循环经济促进法》，纵观我国的循环经济立法，突出的特点是“倡导性规范”过多，对违法行为进行法律规制的责任条款少之又少。法律条文的内容多是授权性条款和原则性规定，自身缺乏程序性和可操作性，加之循环经济专项法等配套立法仍不完善，使得整个循环经济立法的法律规制力度十分有限，柔性有余而刚性不足。

实现我国循环经济立法从“软法”向“硬法”的转变，需要从以下几个角度入手。①“细化”现有条文。比如对于循环经济激励制度，虽然现有立法也包括了政府奖励措施、税收优惠政策、政府优先采购政策和价格优惠政策等发达国家也在用的政策制度，但对于企业减税的幅度，在普通退税之外是否还能获得特别退税，对于采用清洁生产或污染控制技术的企业其投资是否可以折旧等涉及操作层面的具体制度仍然是一片空白，严重影响了法律规范应有的可操作性。②变倡导性规范为禁止性规范。比如《循环经济促进法》第 33 条规定，“企业应当按照国家规定，对生产过程中产生的粉煤灰、煤矸石、尾矿、废石、废料、废气等工业废物进行综合利用。”“应当”一词的使用使得倡导性法律规范无法真正对企业单位进行应有的法律规制，“综合利用”的比例未加限定更增加了执法的弹性空间。再比如《清洁生产促进法》第 27 条第 1 款规定，“企业应当对生产和服务过程中的资源消耗以及废物的产生情况进行监测，并根据需要对生产和服务实施清洁生产审核”，企业由于其逐利本质所决定，天然缺乏开展清洁生产的主体意识和积极性。在缺乏外部政府监管的情况下，这样的倡导性规范对于规范企业的清洁生产工作意义十分有限。③完善循环经济专项法等配套立法。比如《循环经济促进法》第 16 条第 3 款规定，“重点用水单位的监督管理办法，由国务院循环经济发展综合管理部门会同国务院有关部门规定”，第 17 条第 2、3 款规定，“国务院标准化主管部门会同国务院循环经济发展综合管理和环境保护等有关主管部门建立健全循环经济标准体系，制定和完善节能、节水、节材和废物再利用、资源化等标准。国家建立健全能源效率标识等产品资源消耗标识制度”。由于配套立法的空白，目前这些对于循环经济实施具有保障力度的法律条款实际上被束之高阁，无法发挥其应有的法律效力。再比如《清洁生产促进法》第 32 条规定的清洁生产表彰奖励机制到目前为止仍未建立，地方企业对清洁生产的积极性不高。清洁生产示范项目专项补助资金已经设立，但金额偏小，缺乏清洁生产技术改造的专项资金。④明晰政府责任。比如在清洁生产的推进实施中，首先需要明晰清洁生产推进专项经费的财政渠道，加强资金保障。在增加国务院财政主管部门负责安排中央财政清洁生产专项资金规定的基础上，设专门条款规定资金用途及政府部门合理利用资金的职责。其次需要明确清洁生产审核评估与验收制度。明确政府部门履行评估与验收的职责及任务，建议在法律中明确政府部门清洁生产推进工作的经费财政支出，保障清洁生产推进必需的管理经费，明确政府部门不得向被评估的企业收取任何费用。再次需要增强推行规划的约束性。长期以来，我国清洁生产推行规划仅具有指导性作用，而没有约束性作用，无法改变环境持续恶化，资源利用率低的现实。强化政府编制和组织实施清洁生产推行规划责任。在明确国务院清洁生产综合管理部门和环境保护部门会同国务院有关部门依据国民经济和社会发展规划，编制国家清洁生产推行规划的基础上，着重明晰政府在规划的制定程序和违反规划所引致的法律责任。

参考文献

蔡守秋. 2011. 环境与资源保护法学. 长沙：湖南大学出版社.

陈德敏. 2011. 环境与资源保护法. 武汉：武汉大学出版社.

曲向荣. 2009. 环境学概论. 北京：北京大学出版社.

陶伦康. 2010. 循环经济立法理念研究. 北京：人民出版社.

俞金香，何文杰，武晓红. 2009. 循环经济法制保障研究. 北京：法律出版社.

张文显. 2004. 法理学. 北京：法律出版社.

第 11 章 可再生能源法

Renewable Energy Law

> 我国的工业化、现代化发展离不开能源的支撑，但是传统化石能源的高污染性和不可持续性与建设资源节约型和环境友好型社会的要求是格格不入的。调整和优化能源结构，大力发展可再生能源，是我国能源与环境经济协调发展的客观需要和战略要求。可再生能源法正是在对可再生能源的开发、利用活动进行法律调整的基础上产生的。

11.1 可再生能源法概述

11.1.1 可再生能源法的含义、调整对象和特点

根据《可再生能源法》第 2 条第 1 款以及《能源法》（征求意见稿）第 139 条第 4 款的规定，所谓可再生能源是指风能、太阳能、水能、生物质能、地热能、海洋能等非化石能源。

可再生能源是鉴于能源自身具有的多样性特点，根据不同的理论标准所划分的众多能源类型之一。随着人们对能源问题认识的逐步深入，清洁能源、替代能源、新能源等概念相继提出，其中在内涵外延上有与可再生能源交叉重叠之处，在此有必要予以区分：

所谓清洁能源，根据《能源法》（征求意见稿）第 139 条第 5 款的解释，是指环境污染物和二氧化碳等温室气体零排放或者低排放的一次能源，主要包括天然气、核电、水电及其他新能源和可再生能源等。从概念上讲，清洁能源主要是由部分常规能源、新能源和可再生能源构成。所谓部分常规能源，是指在相当长的历史时期内和一定的科技条件下，作为主要能源被人类长期广泛开发利用且不致造成环境污染的能源，如水电等。所谓新能源，是指在能源结构中所占比例较小，但有很大发展潜力的能源，如太阳能、地热能、海洋能、潮汐能、氢能、核能、天然气水合物等；所谓替代能源，是指那些在经济上合理、技术上可行，能够通过替代传统能源、不可再生能源、高碳能源而达到能源可持续利用，并实现节能、高效、环保目的的一切能源，其外延包括替代传统能源的新能源、替代化

石能源的可再生能源以及替代高碳能源的低碳能源等。

可再生能源法，是指对各类主体在可再生能源的开发利用活动中所形成的权利义务关系进行规制所形成的法律规范的总称。具体地讲，可再生能源法，是指调整可再生能源的科研、规划、开发、推广、应用以及监管，以及以此保障能源安全，改善能源结构，保护环境，实现经济社会的可持续发展的法律规范的总称。

11.1.2 可再生能源法的基本原则

在可再生能源法的立法、执法、司法和守法活动中应当遵从以下基本原则。

11.1.2.1 国家责任和全民义务相结合原则

世界各国均把可再生能源的开发利用作为满足现实能源需求和解决未来能源问题的重要战略技术选择。从大多数国家的经验来看，明确发展可再生能源是国家的责任，而开发和利用可再生能源所形成的额外费用需要通过全民承担的方式来解决，才有可能大规模地开发和利用可再生能源。我国大规模地开发利用可再生能源，不仅可以缓解过度消耗化石能源所造成的严重环境污染，同时也可以改善和提高人民生活质量，符合国家和人民的根本利益和长远利益。

11.1.2.2 政府推动和市场引导相结合原则

现阶段，政府是可再生能源开发利用的重要推动力量，政府的职责主要体现在培育市场、制定市场规则和规范市场秩序等方面。更为重要的是要通过市场机制引导、激励各个市场主体开发利用可再生能源，通过发挥市场机制的基础性作用实现资源的有效配置和资本的合理使用。对此，《能源法（征求意见稿）》第6条作出了专门规定，即“国家积极培育和规范能源市场，发挥市场在能源领域资源配置中的基础性作用，鼓励各种所有制主体依法从事能源开发利用活动”。加强可再生能源的开发利用是涉及政府、市场与社会多个层面、多种因素的系统工程，客观上需要政府、市场、社会分工协作，形成三只手共同配置资源的新模式。在当前我国可再生能源市场不健全、可再生能源的开发利用科技水平较低的情况下，“两个强调”是不可偏废的，即一方面要强调国务院能源主管部门的主导地位，特别是要加强政府监督管理职责的明确和落实。另一方面要强调发挥市场在能源资源、能源产品、能源服务配置方面的基础性作用，以便提高经济效率。

11.1.3 可再生能源法的立法模式

11.1.3.1 电力输送、供应先导型

即以对电网优先购买可再生能源发电企业电力的法律规制作为推进可再生能源发展的切入点，而后逐步完善可再生能源基本法和专项法的立法模式，德国、英国等国是典型代表。

20 世纪 80 年代以来，有关气候灾害的问题逐渐引起公众关注，德国在《京都议定书》中承诺从 1990 年到 2008 年减少二氧化碳排放量的 21%。在能源安全和气候保护的双重压力之下，德国加大了可再生能源法的立法进程。在此背景下，1990 年出台的《可再生能源发电向电网供电法》可谓是德国第一部可再生能源立法。它规定了电网经营者优先购买风电经营者生产的全部电力并给予合理价格补偿的强制义务，极为有力地促进了德国风力发电的发展，并使其成为世界第一风电生产大国。此后，德国又于 1991 年制定了《电力输送法》，该法规定，运营公共电网的公用事业机构有义务溢价购买可再生能源电力[①]。溢价额按上一年度平均电价的一定比例计算，最终由电力供应商和他们的消费者承担。《电力输送法》有关强制入网和溢价购买的规定，既没有增加公共财政开支，又保证了可再生能源发电企业的合理利润，为德国可再生能源的发展提供了法律制度前提。为了促进德国清洁能源的全面发展，特别是除风电以外的太阳能、生物质能等的发展，2000 年德国颁布了《可再生能源促进法》。该法的出台，标志着德国可再生能源立法已经步入完备阶段。此外，德国在除发电以外的供热、交通运输等领域也颁布了多部专项法，如 2009 年颁行的《可再生能源供热促进法》，其中对可再生能源在供热用能中的比例、建筑供热用能中的比例、政府财政支持等内容作出了明确规定。可再生能源在交通运输领域的利用主要是向化石燃料中添加生物质燃料。为此，德国颁布了多部促进生物质燃料发展的立法，包括《引入生态税改革法》(1999 年)、《进一步发展生态税改革法》(2003 年) 和《生物燃料配额法》(2006 年)。据此，德国政府多次提高石油、天然气和电力的生态税，而生物质燃料则免收生态税，并规定了化石燃料使用中必须添加或者混合一定比例的生物质燃料以及生物质燃料占整个燃料市场的份额比例。

11.1.3.2 专项立法先导型

即以对太阳能、地热能等可再生能源的专项立法为切入点，随后加入对电网

① 杜群，廖建凯. 2011. 德国与英国可再生能源法之比较及对我国的启示. 法学评论，(6)：72.

企业优先购买可再生能源发电企业电力的法律规制，但至今未能形成可再生能源基本法的立法模式，美国是这一类型的典型代表。

美国从20世纪70年代石油危机以来开始重视对可再生能源的开发利用，现有的大部分可再生能源立法都是在70年代末80年代初制定的。美国的可再生能源法源于对太阳能、地热能等领域的专项立法，如1974年颁行的《太阳能研究、开发和示范法》,《地热能研究、开发和示范法》，1978年颁行的《太阳能光伏能研究、开发和示范法》等。在加强可再生能源立法以应对石油危机的同时，美国也加强了能源综合性立法，如1978年颁行了《国家能源法》，该法虽然名称与可再生能源无关，但其核心在于提高能效，推广使用可再生能源以降低对化石能源的需求；同时，1978年颁行的《公用事业管制政策法》中规定小型电厂利用可再生能源发电应当允许并网，为可再生能源发电技术与化石燃料发电技术的公平竞争创造了条件。在20世纪70年代颁行的可再生能源专项立法的基础上，美国于20世纪80年代加快了专项立法的进程，颁行了大量的可再生能源专项法，如《太阳能和能源节约法》、《风能促进法》、《生物能源和酒精燃料法》、《地热能法》、《合成燃料公司法》等。进入21世纪以后，面对国际社会的压力，特别是《京都议定书》和联合国《能源宪章》对美国施加的国际义务，美国开始重新重视可再生能源的利用。2005年颁行的《国家能源政策法》对促进可再生能源开发利用的优惠措施进行了明确规定：①扩展了可再生能源生产税收减免政策的适用范围，除了风能和生物质能外，沼气能、垃圾燃烧能等也纳入其中；②授权政府机构、合作制电力企业等组织可以发行“可再生能源债券”，用来融资购置可再生能源设施；③为了推动新兴可再生能源的市场化，规定到2013年美国政府电力消费至少要有7.5%的份额来自可再生能源；④在建筑行业方面，规定在2015年前要降低联邦建筑能耗的20%，为包括学校和医院在内的公共建筑提供资金，实施能源效率计划；⑤制定了可再生燃料标准制度。2007年美国又制定了《国家能源安全法》，对企业平均油耗、可再生燃料标准、能效设备标准进行了法律规制，同时撤销了对石油和天然气的税收激励政策。

11.1.4　我国的可再生能源立法

11.1.4.1　我国电力体制改革及相应立法发展

可再生能源是在自然界中以天然形式存在并且没有经过加工或转换的能量资源，属于一次能源。尽管这些一次能源与化石能源一起构成了能源的基础，但它们很少能作为终端能源供消费和直接使用，大多数情况下需要转化为二次能源。在二次能源中最为普遍的是电力，而电力的输送需要借助电网。因此，可再生能源是否能够得到长足发展，某种程度上取决于其通过转化而形成的电力能源总量以及通过上网电价而体现的经济效益大小，即发展可再生能源的一个重要条件是电力产业相关制度的完善。

传统观念一直将电力产业视为典型的自然垄断产业，即为了避免社会资源的浪费或市场秩序的混乱，只能由一家企业独占市场，市场才能有效运行的市场状况。各个国家对电力产业的管制一般都是采取建立公用企业或对私人垄断企业进行管控的专门机构而实现的。然而，随着 20 世纪 70 年代末 80 年代初，美国经济学家以一般网络经济学的方式提出网络开放引进新的竞争方式，特别是为电网引进“第三者参与”电网经营模式之后，将电力产业视为自然垄断产业的传统观念开始动摇，全球范围内掀起了电力产业竞争性改革的热潮。

我国电力产业五十多年的发展历史就是不断引入竞争机制进行市场化改革的进程。十一届三中全会以前，我国的电力产业呈现高度垄断特征，在特殊时期，高度垄断的体制发挥了社会主义集中力量办大事的优越性，有效克服了电力工业资金密集、技术密集的特征对资金和技术的需求，促进了电力生产力的迅速发展。但市场之手无法对其发挥作用，电力产业完全依靠国家指令性计划，电力供需矛盾始终十分突出，缺电问题严重。十一届三中全会以后，经济的快速增长对先行发展电力的要求越来越迫切，继续依靠国家独资办电已经无法满足电力发展对资金的需要。1985 年 5 月，国务院下发了《关于鼓励集资办电和实行多种电价的暂行规定》，明确了“政企分开、省为实体、联合电网、统一调度、集资办电”的方针，极大地激发了各种社会力量参与办电的积极性，电力发展迅速驶入快车道，直至 1997 年全国电力市场开始出现供需基本平衡，甚至部分地区供过于求的局面，困扰我国多年的电力对经济的“瓶颈”制约一度得以消除。此外，国家于 1997 年撤销电力工业部，成立国家电力公司也为进一步推进电力市场化改革奠定了坚实的基础。

然而，随着电力产业市场化的推进，1996 年颁行的《电力法》显现出了极大的不适应性，主要表现在以下几点。①电业权制度有待建立。电业权是电力投资者依法经政府许可，在一定区域内的电业专营权。计划经济体制下，电业权未被作为有价值的商品通过市场等价交换，而是由政府通过行政许可的方式交由国家垄断企业经营。市场经济体制下，电业权的稀缺性逐步显现，即由于特定地域的电力网络系统的生产设施大部分是共用的，不能无限制设置。附着于电业权的某一地域的电力资源只能开发一次，不能重复开发，行使电业权进行电力开发经营活动可以获得丰厚的利润。由于开发利用电力的生产经营必然涉及对大气、生物等环境资源的利用，而在一定的经济技术条件下，人类生存与发展所需的生态质量又是稀缺的，故而国家就有必要通过宏观调控围绕电业权鼓励多元主体介入形成有效竞争机制。②《电力法》对电力市场的建立、运行以及开展有效竞争等内容基本没有涉及，特别是缺乏有关电力监管机构的原则、权力、手段和对监管者的监督机制的规定。我国于2002年完成对国家电力的改革形成两家电网公司和五大发电集团后，开始按照市场经济规律，培育电力产业真正的市场竞争主体。然而，计划经济体制下形成的多龙治电的管理体制仍具有巨大的惯性，电力行业仍然是中国计划经济最后的堡垒之一。国家整个能源管理体制进行系统化改革的方向和前景还不明朗，这就决定了国有电力企业公司以及电力行业市场化改革的道路将会较为漫长。公平、开放、规范、有序的电力市场竞争机制的缺乏，仍是制约可再生能源发展和法律实施的重要基础因素①。③绿色电力的发展迫切需要《电力法》提供制度性支撑。为了促进可再生能源并网发电，规范电网企业全额收购可再生能源电量的行为，国家电力监管委员会已于2007年发布了《电网企业全额收购可再生能源电量监管办法》，而现行《电力法》将可再生能源等清洁能源的发展局限于农村电力发展（《电力法》第48条规定“国家鼓励和支持农村利用太阳能、风能、地热能、生物质能和其他能源进行农村电力建设和农业电力发展”），这种规定显然已经远远落后可再生能源发展的现实需要。

11.1.4.2 我国可再生能源立法

我国的可再生能源立法源自20世纪90年代以后，为了适应建设社会主义市场经济体制以及实施可持续发展战略的需要，国家开始强化宏观调控职能，通过制定清洁能源发展规划、贴息贷款、项目补贴、税收优惠等多种方式促进和引导清洁能源的研发和产业化，并先后颁布了多部行政规章，如1994年原国家电力部颁布的《风力发电厂并网运行管理规定（试行）》、1997年原国家计委颁布的《新能源基本建设项目管理的暂行规定》、2003年原国家环境保护局颁布的《秸秆燃烧和综合利用管理办法》等。2005年《可再生能源法》的颁布实施可谓我国可再生能源立法发展史上具有里程碑意义的事件，该法的颁行不仅使得我国对可再生能源的开发、利用活动有法可依，同时也弥补了我国综合性可再生能源法的空白，为各可再生能源领域专项配套法规的出台打下了坚实的基础。

此后，风能、太阳能、生物质能等领域的立法速度明显加快，如《风力发电设备产业化专项资金管理暂行办法》（国家财政部2008年颁布）、《太阳能光电建筑应用财政补助资金管理暂行办法》（国家财政部、住建部2009年颁布）、《秸秆能源化利用补助资金管理暂行办法》（国家财政部2008年颁布）等。

另外，为了给全国各地可再生能源资源领域的产业发展提供细化的配套规定，国务院各有关部门又制定了《可再生能源发电有关管理规定》（国家发改委2006年颁布）、《可再生能源发电价格和费用分摊管理试行办法》（国家发改委2006年颁布）、《可再生能源电价附加收入调配暂行办法》（国家发改委2007年

---

① 王明远. 2007. 我国能源法实施中的问题及解决方案. 法学，(2)：128.

颁布)、《可再生能源发展专项资金管理暂行办法》(财政部 2006 年颁布)、《可再生能源产业发展指导目录》(国家发改委 2005 年颁布)、《电网企业全额收购可再生能源电量监管办法》(国家电监会 2007 年颁布) 和《可再生能源中长期发展规划》(国家发改委 2007 年颁布) 等一系列规范性法律文件。

纵观目前我国的可再生能源立法，采用的是与德国相似的立法体例，即以综合性可再生能源法 (2005 年颁布、2009 年修订的《可再生能源法》) 为核心，可再生能源专项法为补充。

11.2 可再生能源法的具体制度

11.2.1 可再生能源法的主要制度

11.2.1.1 总量目标制度

总量目标相当于一个国家或地区在一段时间内发展可再生能源的总计划。总量目标的义务主体是政府，其实质是政府为实现国家战略而确定的中长期发展目标，其性质属于战略性目标或者宏观目标。依据我国《可再生能源法》第 7 条的规定，国务院能源主管部门根据全国能源需求与可再生能源资源实际状况，制定全国可再生能源开发利用中长期总量目标，报国务院批准后执行，并予以公布。

总量目标制度的亮点在于，可再生能源产业是新兴产业，处于商业发展的初期，其开发利用存在成本高、风险大、回报率低等问题，投资者往往缺乏投资的经济动因，因此可再生能源的开发利用不可能完全依靠市场自发形成。对这种具有战略性、长期性、高风险、低收益的新型基础产业的发展，必须在尊重市场规律的基础上，依靠政府的积极推动。政府推动的主要手段是提出一个阶段性的发展目标。一定的总量目标，相当于一定规模的市场保障，采用总量目标制度，可以给市场一个明确信号，确知国家鼓励什么、支持什么、限制什么，起到引导投资方向的作用。

11.2.1.2 配额制度

所谓可再生能源配额制度，是指一个国家用法律形式对可再生能源发电在电力供给总量中所占份额进行强制性规定，电价由市场决定，以推动可再生能源发展的制度。总量目标制度是配额制度的前提。

可再生能源配额制在性质上是配额手段在可再生能源发展领域的具体体现。就其本质而言，是国家运用有形之手干预经济生活的一种手段。可再生能源作为一种清洁、可再生、低碳、环保的能源资源，无论对于能源安全、环境保护、应对气候变化还是解决电网无法到达的边远地区的居民用能都具有非同寻常的意义。但因为可再生能源开发利用技术不成熟、成本较高等原因，私人部门缺乏投资或者进入的意愿，所以国家通过强制性的配额手段来进一步推动其大力发展，可再生能源配额制也就是政府的产业保护或者发展政策。

可再生能源配额制度的亮点有以下几点。首先，可再生能源配额的法定性和明确性可以明示每个可再生能源配额的承担者自己责任和义务的大小，因为配额是由国家立法或者立法授权政府通过政策加以明确规定的，因此每一个配额承担者可以借此准确地作出有利于完成义务或者配额的最佳方案。其次，可再生能源的强制性是配额的承担者到期完成配额义务的有效保障，因为实行可再生能源配额制的国家通常都会设立高效、权威的执法监督机构监督可再生能源配额承担者切实完成配额指标，若发现有义务主体违反规定或者到期不完成配额指标，则要对违反义务者进行处罚。再次，配额完成的灵活性有利于资源的合理配置，从而实现社会效益的最大化。实行可再生能源配额制的国家，通常允许配额义务的承担者自愿选择完成配额的方式，即建设自有的可再生能源发电设施完成可再生能源发电配额指标，或者通过在市场上购买其他已经完成了配额义务的电力企业出售富余的可再生能源电力或绿色电力证书来完成。这种灵活的履行方式归根到底是从配额义务承担者的利益出发的，即允许配额义务的承担者以最低的成本来履行义务或承担社会责任。而配额义务的承担者在作出最低成本履行义务的决定时，必然会考虑资源、技术等诸多因素。

11.2.1.3　强制上网与保障性收购制度

依据我国《可再生能源法》第14条第1～3款的规定，国家实行可再生能源发电全额保障性收购制度。国务院能源主管部门会同国家电力监管机构和国务院财政部门，按照全国可再生能源开发利用规划，确定在规划期内应当达到的可再生能源发电量占全部发电量的比重，制定电网企业优先调度和全额收购可再生能源发电的具体办法，并由国务院能源主管部门会同国家电力监管机构在年度审查中督促落实。电网企业应当按照可再生能源开发利用规划，依法取得行政许可或者报送备案的可再生能源发电企业签订并网协议，全额收购其电网覆盖范围内符合并网技术标准的可再生能源并网发电项目的上网电量。发电企业有义务配合电网企业保障电网安全。

这种强制上网加保障性收购制度接近于西方国家的可再生能源配额制度，但与之有着明显区别，即上网电价并非由市场调节，而是“固定电价”，并且可再生能源的收购也并非按配额进行，而是“全额收购”。

这项制度的规定借鉴了德国在可再生能源电力供应方面的成功经验。德国实施的强制入网（优先全额收购）和固定电价（分类递减电价）制度比起英国实行的比例配额和ROC制度（电力供应商有义务供应一定比例的可再生能源电力，履行义务的方式是提交或购买可再生能源（电力）义务证书）具有更多的优势，原因在于保障了可再生能源电力的顺利入网且在价格上要高于常规能源电力，减少了发电商的投资风险，保障了其合理利润，能够不断吸引投资从而促进可再生能源电力的持续发展。英国的比例配额和 ROC 制度，虽然从比例上确保了可再生能源电力的发展规模，但由于可再生能源电力的价格一般高于常规能源电力的价格，电力供应商在达到比例后往往不愿继续购买可再生能源电力。此外，常规能源电力的价格和 ROC 的价格是根据市场供需情况而不断发生变化的，可再生能源电力的价格也会随之波动，这就使可再生能源发电商在发电量和电价上都面临投资风险，不利于吸引更多投资，从而影响可再生能源电力的持续发展①。

11.2.2 我国可再生能源立法的完善

电力行业改革的一个基本的共识是市场化改革。只有通过市场充分体现出可再生能源的价值，可再生能源产业才能得以持续发展。但是，可再生能源的特殊性决定了其在产业发展初期离不开政府调控。就此而言，当前阶段，我国可再生能源立法的完善应从以下两方面入手。

11.2.2.1 彰显宏观调控力度

宏观调控以市场为中介，是对市场的宏观调控。离开市场谈所谓的宏观调控的“力度”，就会变异为计划经济语境下行政对经济过分、过细、过宽的僵化管理，因此，电力产业市场化改革和电力市场机制的培育是对可再生能源发展实施宏观调控的前提。但从另一个角度来说，宏观调控的“力度”不够，也无法达成促进可再生能源产业发展的目标。

第一，宏观调控内容应细化。虽然从性质上讲，宏观调控权是一种宏观性权力，即不作用于微观领域，但“宏观性权力”不等同于“空洞性权力”，没有详细内容支撑的宏观调控权的调控效果必然十分有限。比如，《可再生能源法》在颁行之初就建立了强制上网和全额收购制度，但在实施过程中效果并不理想。首先，在中国电网企业能源销售网络实施垄断经营的条件下，强制上网制度起到更多的是宣示意义，因为如果电网企业和可再生能源发电企业之间利益关系的调控机制长期缺失，强制上网制度就无法形成长效机制，最终会挫伤可再生能源发电企业的积极性，从而影响整个行业的发展。其次，全额收购制度的实施空间主要是在电网覆盖范围内，通过发电企业与电网企业履行并网协议来解决，然而实施中由于双方企业利益关系和责任关系不明确，特别是缺乏对电网企业具有可操作

① 杜群，廖建凯．2011．德国与英国可再生能源法之比较及对我国的启示．法学评论，(6)：75-81.

性的保障性收购指标要求，所以难以落实有关全额收购的规定，限制了可再生能源的并网发电和发电能力，在制度上无法保证合理的可再生能源项目建设速度①。再如，现行《可再生能源法》仅就可再生能源开发利用规划编制作出了规定，并没有把可再生能源开发利用的规划编制同其他能源的规划编制衔接起来，也没有对规划编制的原则和内容作出必要的规范，从而造成了可再生能源开发利用规划同能源规划以及电力、电网规划相脱节。

第二，应注重价格杠杆的运用。《可再生能源法》明确提出了“全额保障性收购制度”，为可再生能源发电企业并网发电提供了制度保障，但该制度实施的效果如何其实在很大程度上决定于上网电价的跟踪调整。上网电价过低，无法带动相关行业发展；上网电价补贴过高，又容易出现企业丧失技术进步的动力，一哄而上的局面。目前在实践中，我国可再生能源行业的上网电价还不能很好地发挥对“全额保障性收购制度”的支撑作用，原因有以下几点。①总体上网电价偏低。这个“偏低”既体现在招标电价、政府核准定价上，也体现在特许权项目中。许多可再生能源发电企业为了扩展自身发展空间和装机比例，对有限的项目资源通过压低电价展开恶性竞争。②上网电费结算滞后。众多可再生能源发电企业的电费采取逐月按照当地脱硫燃煤机组标杆上网电价结算，高于标杆上网电价的部分按照半年度结算，这使得这些企业无法在短时间内回收资金。③电价附加征收补贴标准偏低，电价补贴不足。目前的电价附加中有较大一部分通过税收形式上交国家财政，导致可再生能源补贴资金不足。此外，可再生能源电价补贴（发展基金）在全国是按照统一标准征收的，但各地的可再生能源发展水平不同，导致补贴无法做到公平②。而反观发达国家的上网电价政策一般都具有如下特点：第一，强制入网；第二，固定入网价格，即电网企业根据法律规定的固定费率收购发电企业的电力，发到电网的价格一般是常规电价的几倍，以此提高投资人的积极性；第三，政府对上网电价的补贴逐年递减。政府补贴是为了拉动市场，当相关产业迅速发展，上网电价随之下降的情况下，补贴也随之逐年下降。因此，当务之急是进一步理顺可再生能源上网电价机制，特别是要适当提高电价附加水平和补贴额度，尽快出台可再生能源发展基金管理办法，在确定可再生能源电价附加（发展基金）水平时，考虑地区差异性，不同地区执行不同标准。提高可再生能源发电补贴额度，缩短补贴发放周期。

第三，设立政府基金性质的可再生能源发展基金。可再生能源产业既是幼稚产业又是新兴产业，其中蕴含着巨大的商机和利润。市场机制的培育固然是促使

---

① 薛惠锋，王海宁．2010．中华人民共和国可再生能源法的实施回顾与展望．中外能源，(5)：33.

② 中国价格协会能源供水价格专业委员会课题组．2010．对我国风电行业发展及其上网电价的研究．价格理论与实践，(4)：32.

可再生能源产业发展的重要基础，但如果核心的技术、标准、品牌都掌握在外国企业手中，可再生能源产业仍然会重蹈汽车、彩电、冰箱等产业的覆辙，即虽然产量巨大，但利润微小。因此，可再生能源法必须从制度设计上给予核心技术的创造和产业化最大的扶持和保障。可喜的是，我们在经过 2009 年修订的《可再生能源法》中看到了立法者的回应，该法第 24 条规定："政府基金来源包括国家财政年度安排专项资金和征收的可再生能源电价附加等，用来支持的活动包括可再生能源的开发利用和并网的科学技术研究、标准制定、检测认证和示范工程，并促进可再生能源开发利用设备的本地化生产。"然而，目前的问题是，这笔看似诱人的可再生能源发展基金无疑仍将进入传统的科研资金分配机制中去运行流转。政府从公共财政中拨付的各种名目的科研经费在各个产业中并不算少，但是科研经费如何转化成为科研成果，科研成果又将如何转化成全球领先的具备商业价值的核心技术，这一系列联系紧密的问题在我国大部分行业中都没有得到有效的解决，在可再生能源的发展中，这样的制度设计能否有效解决科技创造力，是否仍然需要制定具体而缜密的规范性法律文件予以落实，这些问题都非常值得探讨。

11.2.2.2 完善标准与监测认证制度的对策

从技术成熟的角度来看，可再生能源技术可以分为经济可行的技术、靠政府激励实现产业化的技术、正在研发的技术和未来技术四种类型。就中国可再生能源产业在全球格局中的定位来看，小水电、太阳能光热利用两个领域已经进入产业化发展阶段，在全世界处于技术领先地位。在这样的背景下，我们发现，可再生能源技术标准和监测认证体系的缺乏已经成为制约其产业化发展的障碍。

第一，技术标准。我国目前的《标准化法》制定于 1989 年，带有浓厚的计划经济色彩，其中标准基本类型和标准管理体制的相关规定均有待发展。其中，标准基本类型的焦点主要集中在行业标准的存废和协会标准的建立以及地方标准的合理性问题上；标准管理体制的问题难点则主要集中在标准化活动中标准管理权限如何改革及重新定位问题，以及新确立的标准化管理职能是统一由标准化主管部门行使，还是标准化主管部门和其他行业主管部门分散行使相结合的问题。这些不完善的地方给可再生能源产品技术的发展造成的障碍是：一方面越来越多的技术产品需要新的标准，而标准的制定远远跟不上要求，现有的标准制定时间过长已经不能胜任技术和产品发展的需求；另一方面"九龙治水"式的标准体制使得标准之间的矛盾、冲突不断，部门利益的作祟往往给技术创新和产品升级换代及产品的国际竞争力造成障碍。

第二，监测认证管理体系。比如，由于缺乏太阳能光伏产品认证体系，许多不具备技术条件的企业为了追求眼前的经济利益，在消费者不具备辨识产品质量优劣能力的前提下，以低劣的产品抢占市场，严重干扰了市场秩序，使高技术、高质量产品销售不畅。再比如，随着原油价格的上涨，各路资本对生物柴油的投资热情一路上涨，虽然国家只批准了河南天冠、安徽丰原等四家企业作为生物柴油的试点公司，但实际上，宣称掌握了生物柴油技术，并已经投入规模化生产的企业已经超过10家，无序竞争不但导致生物柴油成为“劣质柴油”的代名词，更导致在能源的转化过程中产生新的浪费。随着市场经济的发展，认证服务市场已经蓬勃发展起来，但与之相对的是，能够提供这项带有唯一性和特定性活动的专门性服务机构远远无法满足实践的需求。另外，脱胎于计划经济管理体制的认证机构在提供认证服务的过程中离客观独立和公开公正的认证基本原则还有相当的差距，导致一方面“李鬼式”的认证机构仍然在违法提供认证服务，扰乱了认证服务市场的秩序，另一方面很多认证机构“官僚”的色彩浓重，人为设置较高的认证门槛，将众多企业拒之于千里之外，导致企业认证无门并阻碍了规模经济效应的形成。

对于可再生能源技术和产品标准以及监测认证制度的完善，从微观上讲是市场规制法律制度的完善问题，然而从宏观上讲，则涉及整个国家的行政体制改革、政府角色的重新定位以及新型社会主体的诞生问题。在人类社会发展的历史长河中，每一次经济生产方式的重大变革都伴随着社会运行机制的相应变动①。第一次工业革命时期，市场主导着社会经济发展的机制和方向。第二次工业革命以来，这种带有显著一元化色彩的社会运行机制的局限性日渐凸显，市场需要政府干预，社会需要国家介入，“二元”机制应运而生。20世纪70年代以来，伴随着新技术革命的深化发展，社会分工的精细化和政府失灵的显现，市场和政府相互渗透，融合发展催生了新型社会主体——社会中间层的诞生。所谓社会中间层，是指独立于政府与市场主体，为政府干预市场、市场影响政府以及市场主体之间相互联系起中介作用的主体。提供可再生能源技术、产品标准和监测认证服务的机构正是事业性社会中间层主体，该类主体通常是指依法设立，不以盈利为目的，拥有独立资产，并向社会自主从事提供准公共产品经营活动的社会基本组织形式。正是由于政府将自身的社会管理职能有选择地赋予市场主体行使，市场主体出于自身发展需要挤入社会公共管理的背景下，事业性社会中间层主体应运而生，一方面吸收从政府中分离出的管理社会公共事务的职能，另一方面包容从市场主体中升华而挤入社会公共管理的社会团体，不仅与政府一起共同作用以防止市场失灵的出现，而且还与市场主体一道联合协作以防范政府失灵的发生。因此，允许、鼓励和促进事业性社会中间层主体的发展，“纯化”政府职能的履行，

① 孟庆瑜，徐超．2009．论社会中间层及其在经济法中的角色定位．河北大学学报（哲学社会科学版），(1)：101.

防止政府干预行为的“缺位”、“越位”问题的产生，才是可再生能源立法的完善中需要解决的制度本源性问题。超越“政府—市场”的二元框架，做到“市场的归之于市场、政府的归之于政府、社会的归之于社会”必然是可再生能源法乃至于许多法律制度的完善中带有共通性质的一项艰巨任务。

参 考 文 献

蔡守秋. 2011. 环境与资源保护法学. 长沙：湖南大学出版社.

黄振中，赵秋雁，谭柏平. 2009. 中国能源法学. 北京：法律出版社.

叶荣泗，吴钟湖. 2006. 中国能源法律体系研究. 北京：中国电力出版社.

张勇. 2011. 能源基本法研究. 北京：法律出版社.

第 12 章　气候变化应对法

Legal Responses to Global Climate Change

> 没有什么比全球气候变化问题更能揭示环境与能源之间的紧密关联。气候变化导致的“生态环境质量下降”问题，其起因和解决方向都指向了能源，更确切地说，是人类以何种方式利用和消费何种能源的问题。

12.1　气候变化概述

12.1.1　气候变化问题

12.1.1.1　气候变化及其危害

(1) 气候变化及其人为原因[①]

所谓气候（climate），指较长一段时间（从数月到数百万年，世界气象组织使用 30 年）内的平均天气状况，包括气温、气流和降水等。

气候变化（climate change）指持续一段时期（通常为几十年或更长的时间）的气候状态的变化，这种变化可以通过其特征的平均值和变率的变化予以判别（如通过统计检验等）。

内在动力和外部影响因子共同决定了气候系统随着时间而发生的演变。太阳辐射为气候系统提供了内在动力，外部影响因子则包括诸如火山爆发、太阳变化等自然现象以及人为引起的大气成分的变化。

需要注意的是，《联合国气候变化公约》将气候变化界定为：“经过相当一段时间的观察，在自然气候变化之外由人类活动直接或间接地改变全球大气组成所导致的气候改变。”也就是说，该公约区分了人为原因和自然原因造成的气候变化，只有人为原因造成的气候变化才是该公约试图处理的主题。

政府间应对气候变化专门委员会（Intergovernmental Panel on Climate Change，IPCC）在 2007 年第四次评估报告中明确表示，虽然有许多要素不断影

---

① 本部分参考英国能源及气候变化部网站和 IPCC 2007 年发布的《报告一：自然科学基础》.

响着气候，科学家已经确定人类活动已成为一个主要的作用力，而且是过去 50 年里观测到的气候变暖的主要成因。

人类活动通过改变大气中温室气体、气溶胶（微小颗粒物）和云的量对气候变化做出贡献。其中最受关注的是温室气体的排放。所谓温室气体，指那些能够吸收和释放地球表面、大气和云射出的热红外辐射谱段特定波长辐射的气体成分。它们的作用是使地球表面变得更暖，类似于温室截留太阳辐射，并加热温室内空气的作用。二氧化碳是重要的温室气体之一。进入工业化时代后，大气中的二氧化碳含量增加了约 35%，原因公认为是人类活动造成的，主要是人类燃烧化石燃料和毁林的原因。

《京都议定书》明确规定人类应当削减六种温室气体的排放，包括：二氧化碳（CO_2）、甲烷（CH_4）、氧化亚氮（N_2O）、氢氟碳化物（HFCs）、全氟碳化物（PFCs）及六氟化硫（SF_6）。各种温室气体的排放现在都被称为碳排放。

（2）气候变化的危害

气候变化会带来哪些负面影响？科学家们反复强调的，包括冰川和积雪融化加速，水资源分布失衡；极端气候事件频发，气象灾害增加；海平面上升，对岛屿和沿海地区的自然资源以及生态环境造成严重破坏，低洼地带面临被淹没的威胁；生物栖息地受损，大量物种灭绝；农、林、牧、渔等人类的社会经济活动亦会受到相应影响。

需要指出的是，气候变化危害影响虽然是全球性的，但具体后果在全球范围内分布并不均衡。海平面的上升，首当其冲的显然是小岛国家和邻海国家而不是内陆国家。而受影响的国家中，有一些国家受损而另一些国家得益，比如有些海滨胜地会被淹没，而另一些原本无法旅行的地方变得可以通航或原本没有海景的地方可以被开发为度假胜地。地表平均温度上升，在原本高温湿热的低纬度地区，会使主要农作物减产，从而增加饥荒的风险；但在高纬度地区，一定幅度的升温反而会使一些作物的产量提高。所以，在一定时期内，气候变化的区域影响并非纯粹负面的，某些行业和地区也会受益。不过，IPCC 第四次报告强调，长期而言，“如果温度升高超过约 2～3℃，很可能所有区域都将会遭受净效益的降低或者净损失的增高”，而且“发展中国家预期会承受大部分损失”①。

12.1.1.2　气候变化应对措施及其影响

《联合国气候变化框架公约》明确了气候变化的两大类应对措施，一是减缓

① 原因是多种情况的混合，包括：处于易受影响的地理位置，贫困以至于无力采取有效的预防和适应措施，公共管理低效，交通和通讯困难等等。

(mitigation)，二是适应（adaptation）。所谓减缓，主要指减少人为排放到气候循环系统中温室气体的量，例如通过改变能源结构、发展清洁能源技术等从源头上减少碳排放，发展应用碳捕获碳封存技术从“末端”减少碳排放等努力。所谓适应，则指“调整自然界或人类系统来适应现实和预期的气候变迁的影响，以减少损害或利用有益机会”①，主要是增强人类适应气候变化的能力，如建立气象灾害的预警和应急处理系统，采取修堤筑坝等风险预防措施，建立灾害防救的社会支持网络等。

其中减缓措施的影响，就积极方面而言，可从源头上扼制全球气候变化趋势；就消极方面而言，它要求大幅度减少碳排放量，在当前经济生产结构和技术条件下，这意味着大幅度削减高碳能源的使用，提高生产成本，影响经济发展速度。至于适应性措施的影响，从有利的一面来看，可以有效地减少气候变化带来的自然灾害等的不利影响，不利的一面则是这些措施需要大量人财物的直接投入。

就理论而言，这些影响是清晰的。但是，就认知而言，人们往往更重视实施应对气候变化措施所需的代价而倾向于忽略气候变化的危害。因为认知心理学显示，人们倾向于高估即时确定的损失而低估长期、不确定性的损失②。气候变化的危害是一个长期积累的效应，应对气候变化的积极效果也需要较长时间才能显现出来，但应对气候变化的行动，却需要行动者即时的巨额资金支出，并可能立即对一国一地的经济发展（GDP）产生负面影响。而且，如《联合国气候变化框架公约》所言，“在气候变化的预测中，特别是在其时间、幅度和区域格局方面，有许多不确定性”。这就意味着气候变化的影响还存在不确定性，相对而言，碳减排对经济发展的不利影响却是相对确定的。

使问题更为复杂的是，面对气候变化应对行动的负面影响，各国承受能力因经济发展水平不同而各不相同，贫困国家和地区面临的问题更为严峻。就适应措施而言，许多贫困国家缺乏采取适应措施所需的技术和资金。就减缓措施而言，立即限制经济增长以达到减少污染、减少碳排放的目标，将是对贫困人口苦难生活的公然漠视。而且，同样的减缓措施行动，对一国经济发展的实际影响，随一国资源禀赋和能源结构的不同而不同。具体而言，那些经济发展对石油煤炭天然气依赖更多的国家，比那些更少依赖这些化石燃料的国家，显然会受到更多影响。

只是，就长远来看，化石能源的不可再生性决定了其迟早有被耗尽的一天，

---

① 参见 *Climate change 2007：Impact，Adaptation and Vulnerability*，第 869 页，亦可参见《2009 年菲律宾气候变化法》第 3 条的界定。

② Dana. 2012. 风险预防原则，一个行为经济学的辩护，见金自宁编译．风险规制与行政法．北京：法律出版社．

而研究者不断指出这一天并不遥远①。二十世纪七十年代的石油危机在工业化国家引发了经济萧条，这使得许多国家都意识到了在能源方面自力更生、减少对进口依赖的重要性。那些受本国资源条件限制而较早感受到能源危机压力的国家，最早采取行动，积极研究开发传统化石燃料的替代能源。如法国投入巨资发展核能；丹麦着力发展风力发电。这样一些努力本意是为了本国能源安全，在客观上却起到了碳减排的效果。结果是，在应对气候变化的国际舞台上，这些国家更有能力和动力去扮演更积极主动的角色。当全球都转向低碳发展时，他们也将因在相关技术和经验方面领先一步而在未来竞争中占据优势地位。

12.1.2 气候变化之法律应对的必要性

如上所述，气候变化问题本身是综合性问题，广泛涉及科学、政治、经济和环境伦理以及文化价值等领域，其应对措施亦涉及复杂的利益关系并具有复杂的后果，特别是温室气体排放空间与经济发展空间之间的内在紧张关系，使得放任各类主体的自利行为的话，难以避免“公地悲剧”的发生。因此，有必要通过法律制度在综合权衡各方因素的基础上，对有限的公共资源作出整体安排，运用法律手段来规制人类利用和消费能源的活动，扼制温室气体的人为排放。

12.2 气候变化的国际法律应对

碳排放引起的气候变化，其影响遍及全球，没有任何一个国家、任何一个地区、任何一个地球人可以幸免；实现低碳发展以应对气候变化的任务，作为全球性问题，也没有任何一个人、一个地区、一个国家，可以独力完成。也就是说，应对气候变化需要全球范围内的广泛参与和多种形式的国际合作。1992 年的《联合国气候变化公约》及其后的《京都议定书》等经由激烈国际谈判而形成的法律文件为国际社会应对气候变化的行动提供了法律基础。

12.2.1 联合国气候变化国际公约及其实施

12.2.1.1 联合国气候变化框架公约（1992）

早在 1988 年，世界气象组织与联合国环境规划署便共同成立了政府间气候

---

① 由于勘探问题，我们实际上并不知道地球上的石油天然气的总储量究竟有多少，因而所谓“耗尽”，一般指在可用勘探以及开采技术的局限下，预计的“可采量”或“可用量”不能满足不断增加的能源使用需求。

变化专门委员会（IPCC）。IPCC 在 1990 年发表了气候变化评估报告，指出人类正面临着气候变化的威胁。同年 12 月，联合国大会成立政府间谈判委员会，制定了《联合国气候变化框架公约》（*United Nations Framework Convention on Climate Change*，以下简称《公约》），1992 年 6 月 4 日在巴西里约热内卢举行的联合国环境与发展大会（地球首脑会议）上通过，于 1994 年 3 月 21 日正式生效。

《公约》是世界上第一个通过全面控制二氧化碳等温室气体排放以应对全球变暖的国际公约。作为框架公约，其内容是宣言性的，旨在凝聚“人类温室气体排放活动导致气候异常变化”这一共识，而并没有确立具体的权利与义务关系，从而在法律上被视为“软法”，不具有强制约束力。但是，正是这样的“软法”，为像《京都议定书》这样的“硬法”开辟了道路。

《公约》确立了五项原则。一、各缔约方应当在公平的基础上，根据他们共同但有区别的责任和各自的能力，为人类当代和后代的利益保护气候系统。这意味着，所有国家都应承担责任，但发达国家应当率先采取措施应对气候变化及其不利影响。二、应当充分考虑到发展中国家缔约方尤其是特别易受气候变化不利影响的那些发展中国家缔约方的具体需要和特殊情况。三、各缔约国应当采取必要的预防措施，预测、防止和减少引起气候变化的因素并缓解其不利影响；当存在造成严重或不可逆转的损害的威胁时，不应当以科学上没有完全的确定性为理由推迟采取这类措施，同时考虑到应对气候变化的政策和措施应当讲求成本效益，尽可能以最低的费用获得全球效益。这一条原则性规定，与在法学界引起广泛争议的“谨慎原则”和成本—收益衡量原则并列①。四、尊重各缔约方可持续发展权。这一原则反映了公约对“经济发展”与“温室气体控制”两大目标的兼顾态度。五、加强国际合作，应对气候变化的措施不能成为国际贸易的壁垒。

这五项原则中，特别得到强调的是共同而有区别的原则。它在气候变化相关的国际谈判中始终处于争论的焦点。作为此原则的体现，《公约》最终区别了发达国家和发展中国家应对气候变化的义务以及履行义务的程序。《公约》要求所有缔约国（包括发达国家与发展中国家）提供温室气体源与温室气体汇的国家清单，制订并执行含有关于温室气体源与汇方面措施的方案；但发达国家缔约方要额外向发展中国家缔约方提供资金以支付他们履行公约义务所需的费用，并且还要采取具体措施限制温室气体的排放。正是依据这一原则，《京都议定书》才专门为发达国家设立了有法律约束力的量化减排指标。

① 事实上，这两个原则之间的关系还远没有弄清楚。

12.2.1.2　京都议定书 1997 年

1997 年在日本京都召开的气候变化公约第三次会议上通过了《京都议定书》（全称为《〈联合国气候变化框架公约〉京都议定书》），于 2005 年 2 月生效。

《京都议定书》最引人注目的是为发达国家规定了量化的温室气体减排目标，使《公约》中发达国家缔约方的碳减排义务具体化了。即：从 2008～2012 年第一个承诺期内，主要工业发达国家的温室气体排放量要在 1990 年的基础上减少至少 5%①。

《京都议定书》规定了三种具体实施机制。①联合履行机制（JI）。指一个发达国家可向另一个发达国家以技术和资金投入的方式实现减排的项目，由此实现的减排额度可以转让给投入技术和资金的缔约方。②排放贸易机制（ET）。一个发达国家可将自己超额完成的减排指标转让给另一个未能完成减排指标的发达国家，出让方要从其排放额度中扣除卖出去的额度。③清洁发展机制（CDM）。指发达国家向发展中国家技术转让和提供资金，通过项目提高发展中国家能源利用率，减少碳排放，或通过造林增加二氧化碳吸收，减少的碳排放量和吸收的碳量计入发达国家的减排量。这是一种典型的“双赢”机制：发达国家可以灵活选择低成本方式履行其减排的法定义务，同时发展中国家也有机会获得清洁生产的先进技术和资助，实现碳减排。

《京都议定书》载明的生效条件是：不少于 55 个缔约方，包括其合计的二氧化碳排放量至少占附件一所列缔约方 1990 年二氧化碳排放总量的 55%的附件一所列缔约方，已经交存其批准、接受、核准或加入的文书。2001 年 6 月，温室气体排放量占附件一所列国家总排放量的 36.1%的美国，宣布将不批准《京都议定书》。澳大利亚也宣布退出（2007 年又重新加入）。迟至 2004 年 11 月，占附件一所列国家总排放量 17.4%的俄罗斯批准了《京都议定书》，上述生效条件才得到满足。这一迟延极大地影响了其既定目标的实施，即使限排最积极的推动者欧盟，碳减排的进展也十分缓慢。而退出《京都议定书》的美国，在此期间的碳排放量不减反增，即使欧盟达到其预定的减排目标，实际上美国也已经抵消了所能取得的进步②。

然而，预定目标无法完全实现并不能改变《京都议定书》所具有的重大历史和现实意义，这不仅仅是因为其在人类历史上首次以有法律约束力的方式为发达国家设立了限制温室气体排放的义务，还因为其规定的三种具体实施机制，创造性地在全球实质性碳减排领域引入了市场机制，促进了全球“碳交易”市场的形

① 研究者指出，这一目标设定过低，即使完全实现，也不足以减缓全球变暖。

② 吉登斯．2009．气候变化的政治．曹荣湘译．北京：社会科学文献出版社．211.

成和发展，在国际范围内产生了广泛而深入的法律和社会影响。

12.2.1.3 哥本哈根会议（2009 年）

哥本哈根世界气候大会全称是《联合国气候变化框架公约》第 15 次缔约方会议暨《京都议定书》第 5 次缔约方会议，于 2009 年 12 月 7 日～18 日在丹麦首都哥本哈根召开。主题是商讨《京都议定书》一期承诺到期后的后续方案，就未来应对气候变化的全球行动签署新的协议。

然而，尽管哥本哈根会议召开之前以及会议进行期间，不少发达国家发表了承诺减排的量化指标，包括中国在内的没有法定减排义务的一些发展中国家也发布了自愿减缓排放的目标①。但是，会议最终并未达成预期中的有明确权利义务从而具有法律约束力的协议，而只是发表了一个宣示性的“软法”：《哥本哈根协议》。

《哥本哈根协议》维护了《公约》及其《京都议定书》确立的“共同但有区别的责任”原则，明确发达国家应当实行强制性减排行动，发展中国家应当采取自主减排行动，将全球平均温度的升幅不超过 2℃作为共识写入协议，明确了发达国家将在未来三年每年向发展中国家提供三百亿美元的援助金，在实际减排行动和实施减排透明背景下，发达国家承诺到 2020 年前每年筹集 1000 亿美元用于发展中国家的减排需要，规定建立“哥本哈根气候基金”以支持发展中国家减缓和适应气候变化行动。但并未明确发达国家分别的资金援助数额和提供方式。发达国家的具体碳减排指标也被推迟到在 2010 年 1 月 31 日之前提交。

总之，在哥本哈根达成像《京都议定书》那样有具体义务规定的法律协议的希望落空了。目前看来，《哥本哈根协议》只是一个通向未来更激烈谈判的阶段性成果。

12.2.2 中国在气候变化应对之国际法律框架中的地位

中国于 1992 年 6 月 11 日签署《公约》，1993 年 1 月 5 日交存加入书。根据《公约》、《京都议定书》和《哥本哈根协议》中的“共同但有区别的责任”原则，中国一方面负有此法律框架下所有缔约国共同的责任，另一方面具体权利义务与其他缔约的发展中国家相同，而与同为缔约国的发达国家有所不同。具体而言，

① 欧盟宣布在 2020 年之前将碳排放量较 1990 年的水平减少 20%～30%。美国发布（但未正式承诺）将在 2020 年将碳排放量较 2005 年减少 14%～17%。具体可参考 http：//www.ccvic.com/guoji/huanqiuzixun/20091221/76975_2.shtml. 中国提出在 2020 年前将碳强度（即每单位国内生产总值能耗）较 2005 年削减 40%～45%（研究显示，这意味着在 2020 年我国碳排放量将比 2005 年增约 75%）。可参考 http：//www.ccvic.com/guoji/huanqiuzixun/20091221/76975_3.shtml.

这意味着以下四个方面内容。

第一，中国与其他缔约国一样，有责任采取减缓气候变化的行动，这是“共同”责任的体现。按照《公约》的规定，这种共同的责任体现在“承认气候变化的全球性”、根据各自责任、能力和条件“展开合作”、参与“有效和适当的国际应对行动”、向缔约方会议报告“排放量”以及履约情况等。这些共同责任在后续的法律文件中一再得到确认。

第二，中国作为发展中国家，与已经实现工业化的发达国家不同，并不负有强制性绝对碳减排的法律义务。这种区别对待的理由在上述法律文件中均有涉及如《公约》中明确提到“注意到历史上和目前全球温室气体排放的最大部分源自发达国家，发展中国家人均排放仍相对较低”；并且申明“应当以统筹兼顾的方式把应对气候变化的行动与社会和经济发展协调起来，以免后者受到不利影响，同时充分考虑到发展中国家实现持续经济增长和消除贫困的正当的优先需要”（序言）；甚至承认“经济和社会发展及消除贫困是发展中国家缔约方的首要和压倒一切的优先事项”（第 4 条第 7 项）。在环境标准方面，提出“有些国家所实行的标准对其他国家特别是发展中国家可能是不恰当的，并可能会使之承担不应有的经济和社会代价”（序言）。

第三，中国作为发展中国家，与其他缔约的发展中国家一样，依据上述法律文件的相关规定可以从发达国家缔约方获得资金支持和技术帮助[①]。按照上述法律文件规定，这种资金和技术支持的范围相当广泛并且形式也相当灵活。如《公约》规定，发达国家缔约方“应提供新的和额外的资金”，以支付发展中国家缔约方为履行公约而支付的费用和所需要的资金（第 3 条第 3 项），还应“帮助特别易受气候变化不利影响的发展中国家缔约方支付适应这些不利影响的费用”（第 4 条第 4 项）。相形之下，有关技术转让部分，措辞则相对不那么明确和强硬：发达国家“应采取一切实际可行的步骤，酌情促进、便利和资助向其他缔约方特别是发展中国家缔约方转让或使它们有机会得到无害环境的技术和专有技术，以使它们能够履行本公约的各项规定。在此过程中，发达国家缔约方应支持开发和增强发展中国家缔约方的自生能力和技术。”（第 4 条第 5 项）。

第四，中国作为发展中国家，应对气候变化的相关承诺是有附加条件的，即以发达国家切实提供资金和技术支持为前提。具体依据是《公约》第 4 条第 7 项规定：“发展中国家缔约方能在多大程度上有效履行其在本公约下的承诺，将取决于发达国家缔约方对其在本公约下所承担的有关资金和技术转让的承诺的有效履行。”

---

① 在哥本哈根会议上，这一点受到美国挑战，美国认为其资助会流向“最需要的国家”，而不是中国。

需要注意的是，仅就规则条文而言，上述第 2、3、4 条的区别对待，均以中国属于“发展中国家”为前提，若中国实现“工业化”而跻身“发达国家”之列，当然就不能再享受“发展中国家”才能享受的区别“待遇”。

同样需要注意的另一点是，在既往的气候变化谈判中，中国的上述法律地位一再受到挑战（虽然迄今为止挑战尚未成功）。一些研究者不赞成经济已经有了一定程度发展的国家在应对气候变化方面只承担与世界上最不发达国家相同的责任①。美国从《公约》的谈判开始，在历次谈判中都将矛头对准中国，主张中国应承担强制性的减排义务。事实上，不能接受中国和印度这样的温室气体排放量不断上升的主要碳排放国在量化减排义务上享受“豁免”，正是美国退出《京都议定书》的理由之一②。欧盟则一直试图将中国减排行动纳入“国际协议”。在哥本哈根会议上，一些因海平面上升而面临被大海吞没危险的小岛国家，也主张包括中国在内的主要经济体应负起和发达国家一样的绝对强制性减排义务。可以预见，在不远的将来，随着中国经济不断发展和碳排放量的不断上升，在国际谈判中坚持上述发展中国家“有区别”的法律地位会越来越艰难。

12.3 气候变化之国内法应对

全球气候变化显示出，就长期后果而言，当前高碳发展模式简直可以称之为“自杀式”的发展模式。随着各国公众越来越多、越来越深入地意识到这一点，各国国内气候变化应对立法也逐渐发展起来。

12.3.1 各国家和地区应对气候变化立法经验

12.3.1.1 欧盟的气候变化应对立法发展

按照《公约》和《京都议定书》的规定，欧盟成员国统一减排 8%。为达成此目标，欧盟在 2000 年 6 月启动了欧盟气候变化计划（ECCP），通过了一系列关于提高能效和可再生能源开发利用、降低温室气体排放的指令，包括 2001/77/EC 指令（关于可再生能源）、2003/30/EC 指令（关于生物柴油）、2003/96/EC 指令（关于能源税收）、2003/54/EC 指令（关于电力市场自由化）和 2003/

---

① 有研究者提出以区别工业化国家、发展中国家和贫困国家的“三轨制”代替《公约》规定的发达国家和发展中国家的两分法。可参见：Meyer. A. *Contraction and Convergence*.

② 在《京都议定书》的谈判之前，1997 年 6 月 25 日美国参议院就以 95 票对零票通过了“伯德·哈格尔决议”（S. Res. 98），要求美国政府不得签署同意任何“不同等对待发展中国家和工业化国家的，有具体目标和时间限制的条约”，因为这会“对美国经济产生严重的危害”。

87/EC 指令（关于温室气体排放交易）等。这些指令已经构成了一个温室气体减排的政策体系。欧盟气候变化计划最重要的成果是于 2005 年开始启动的欧盟排放交易体系（EU ETS），目前已经将 10500 个能源密集企业纳入其中，这些企业排放的温室气体约占欧盟排放总量的一半。

2007 年 1 月，欧盟出台了欧洲新能源政策，决定单方面执行温室气体减排目标：到 2020 年，温室气体排放总量将比 1990 年至少减少 20％；若其他发达国家也能承担这一挑战性责任，则欧盟承诺在 1990 年的基础上减少温室气体排放 30％。为实现此目标，欧盟成员国达成了一系列约束性能源指标，包括到 2020 年，可再生能源应占欧盟能源供应量的 20％、能源消费总量减少 20％等。

2008 年 1 月，欧盟公布“能源气候一揽子计划”。该项一揽子计划在哥本哈根会议前由欧盟最高立法机关欧盟议会于 2009 年 11 月 17 日最终通过。该“计划”包括了“欧盟排放权交易机制修正案”、“欧盟成员国配套措施任务分配的决定”、“碳捕捉与封存的法律框架”、“可再生能源指令”、“汽车二氧化碳排放法”、“燃料质量指令”等六项内容，扩大了欧盟排放交易体系，增加了可再生能源使用量以及能效要求，并鼓励发展碳捕获和封存（CSS）技术。

欧盟现有气候变化应对指令和政策在整体减排 8％的目标之下，允许欧盟每个成员国有自己的不同的减排承诺，并且采取各有特色的减排行动。以下简要说明英国和德国的减排行动。

1）英国。2001 年，英国开始征收气候变化税；2002 年，英国建立起了世界上第一个国家碳排放交易体系；2003 年，英国政府发布了能源白皮书《我们能源的未来：创建低碳经济》，在全世界范围内领先提出了“低碳经济”的概念；2008 年 11 月 26 日，英国通过了《气候变化法》；2009 年 7 月 15 日，英国又通过了《英国低碳转换计划》。到目前为止，英国是欧盟成员国中唯一制定了专门的《气候变化法》的国家。

英国《气候变化法》的主要内容有：第一，为 2050 年温室气体减排确立了目标，即规定 2050 年英国碳排放总量应当在 1990 年的基础上减少 80％；第二，建立专门应对气候变化的机构——气候变化委员会，其职能是就实施减排目标和碳预算并向政府提出专项建议；第三，建立碳预算体系，确定 2008～2012 年为第一个预算期，此后每四年为一个碳预算期，以求确保每个预算期的碳排放量不超过碳预算；第四，授权建立减少温室气体或限制排放的贸易计划；第五，规定适应气候变化的措施；第六，对国内废物的减量化和再循环利用实施财政刺激计划；第七，关于生活垃圾的收集；第八，修改《2004 年能源法》中有关可再生能源运输燃料义务。

2）德国。德国应对气候变化立法的特色在于通过分散的能源立法促进能源节约和可再生能源的发展。德国于 2000 年通过了《可再生能源法》，通过强制入网、固定电价、政府补贴等一系列措施鼓励可再生能源的发展。德国还制定了《热电联产法》(2002 年生效)，该法规定对利用热电联产技术发电的企业给予补贴。2005 年，德国颁行《能源节约法》，规定建筑能耗要比 2002 年前的能耗水平下降 30%左右。2008 年，德国制定了《可再生能源供热法》，力求提高可再生能源供热在供热能源消费中的份额。目前，德国可再生能源发展居世界领先地位，大大降低了其温室气体的排放量。

12.3.1.2 美国的气候变化应对立法发展

《京都议定书》给美国规定的减排目标是 7%，但美国虽然于 1999 签署了《京都议定书》却未提交国会批准，并于 2001 年宣布退出该协定，同时提出了自己的新的气候变化战略。该战略鼓励美国企业自愿报告和减少温室气体排放，增加对进行气候变化科学研究和技术开发的资金支持。国际评论一般认为，此举反映了美国在气候变化应对方面的消极态度。

奥巴马政府执政以来，美国对气候变化问题表现较为积极。2007 年 4 月，美国联邦最高法院就马萨诸塞州等诉环境保护局一案作出最终判决，认为二氧化碳等温室气体应受美国《清洁空气法》的规范，美国环境保护局对二氧化碳排放应当予以管制。这对于具有判例法传统的美国来说，意义深远。2009 年 10 月 30 日，美国环境保护局发布了《温室气体强制报告规则》，要求企业对温室气体的年排放量进行报告。

更为引人注目的是，2009 年 6 月美国众议院以 219 比 212 票的微弱优势通过了《清洁能源与安全法》。这一法案主要包括 8 个方面的规定：①清洁能源；②能源效率；③全球变暖减缓；④排放贸易；⑤温室气体的标准；⑥向清洁能源经济的转换；⑦气候变化的适应；⑧农业和森林的相关抵消。此法案长达千余页，将发展绿色能源、应对气候变化与实现经济转型、保障能源安全、提高国家竞争力相结合，特别突出了清洁能源与能源效率在应对气候变化中的作用，明确规定了清洁能源发电在电力需求中应占的比例，确定了国家对清洁能源技术和能源效率技术的投资规模。有关温室气体的减排目标，则规定以 2005 年的温室气体排放量为基准，到 2012 年时温室气体的排放减少 3%，2020 年减少 17%，2030 年减少 42%，2050 年减少 83%。此法案另一特色是关注到了《京都议定书》在很大程度上忽略了的气候变化适应问题。

阅读材料 马萨诸塞州诉美国环保署案

1999 年 10 月 20 日，19 个私人团体对美国联邦环保署提起一个要求其进行法律规制的请愿，要求联邦环保署按照美国《清洁空气法》的规定，制定规章规制新机动车辆的二氧化碳和其他温室气体排放。此请愿被拒绝后，2003 年 10 月，马萨诸塞州等原告对美国环保署提起诉讼。原告称，环保署未对包括二氧化碳在内的四种温室气体进行管理而导致了全球变暖，并且由此造成了包括马萨诸塞州的海平面升高等不利影响，主张环保署应当行使《清洁大气法》所规定的监管职责，制定机动车污染物排放标准。环保署则提出了如下抗辩理由：①此案中的原告，即马萨诸塞州等没有诉讼主体资格；②根据美国《清洁空气法》的规定，环保署并未被授予监管二氧化碳和其他温室气体的权力；③即使环保署被授予了监管二氧化碳等温室气体的权力，此时行使也是不明智的，因为它可能与现任政府针对气候变化问题所采取的措施（如鼓励以技术革新方式奖励研发低污染汽车引擎）相冲突。

2007 年 4 月 2 号美国最高法院以 5∶4 的票数判决撤销了哥伦比亚特区法院有关支持联邦环保署前述行政决定的判决。该判决认为：原告对联邦环保署拒绝其立法规制请愿的决定享有起诉资格；环保署有权对机动车辆的温室气体排放进行法律规制，因为二氧化碳属于《清洁空气法》中规定的“空气污染物”。并且判决书中还明确，无论是哪一个国家，其国内排放量的降低都将减缓全球排放增长的步伐，责令环保署重新审视其决定不对温室气体排放实施规制的理由。

此案明显与美国温室气体减排的国际谈判立场相互影响。美国对待关于温室效应的国际谈判的抵制态度由来已久。美国是当今世界上温室气体排放总量数一数二的国家，也是迄今为止唯一没有加入《京都议定书》的发达国家（虽签署但未获批准，所以对之不生效）。在美国最高法院判决此案后，在巴厘岛联合国气候变化大会上，美国代表在最后时刻改变了立场，签署了“巴厘岛路线图”。在 2008 年的“八国峰会”上，包括美国在内的八国集团正式提出了到 2050 年温室气体减排 50％的长期目标。这是美国首次统一为全球温室气体减排设立具体目标，标志着拒绝批准《京都议定书》之后的美国首次正式表态同意参与应对气候变化的国际合作。

资料来源：Massachusetts et al. v. Environmental Protection Agency et al. 549 U. S. (2007).

12.3.1.3 发展中国家之气候变化应对立法发展

在发展中国家中，韩国（2010 年《绿色增长基本法》）和菲律宾（《2009 年气候变化法》）出台了专门的气候变化应对法，其他国家尚未制定专门的气候变化法。

菲律宾是岛国，受气候变化的影响相对显著。菲律宾于 2009 年生效的《2009 年气候变化法》只有 26 条，主要内容包括：①国家应对气候变化的政策，即降低气候变化的负面影响，并将气候政策与其他政策进行整合，增强对气候变化的适应能力；②成立气候变化委员会，委员会由各部部长组成，委员会在总统办公室下设，负责协调、监督、评估与气候变化有关的规划和行政计划；③气候变化的框架战略与计划；④国家气候变化行动计划；⑤政府机构的角色；⑥气候变化基金的分配。从整体上看，菲律宾《2009 年气候变化法》的规定主要是原则性的，致力于建立应对气候变化的高层次决策机构和国家应对气候变化战略与计划的制订。

12.3.1.4 小结

《公约》和《京都议定书》区分了发达国家与发展中国家的减排责任，未要求发展中国家承担量化的减排义务，只要求其在“共同责任”下承担采取应对气候变化的措施，编制温室气体的国家清单和应对气候变化的国家方案以及进行技术开发、教育与培训等义务。受此影响，发达国家和发展中国家在应对气候变化相关政策和立法方面内容上有明显差异，主要表现在发展中国家应对气候变化法通常并不规定量化的减排目标。但实际上，在应对气候变化路径（减缓和适应）、方向（低碳发展或绿色发展）和具体节能减排机制（如碳交易、碳税）上，发展中国家与发达国家具有颇多共性与相通之处。

12.3.2 中国应对气候变化的国内立法

12.3.2.1 中国面临的挑战

（1）外来压力

在气候变化国际谈判中，中国反复强调中国仍是发展中国家，中国碳排放总量虽大，但历史贡献量和人均碳放量低于经济发达国家（见图 12-1）。另一方面，中国能源技术落后，能源使用效率低下（见表 12-1），在这样的条件下实行绝对减排必将严重影响中国的经济发展速度与规模。因此，中国仍然坚持“发展中国家碳减排努力将取决于发达国家履行其义务以及提供资金和技术转让的情况”、“发展中国家不应承担强制性量化减排义务”等立场。

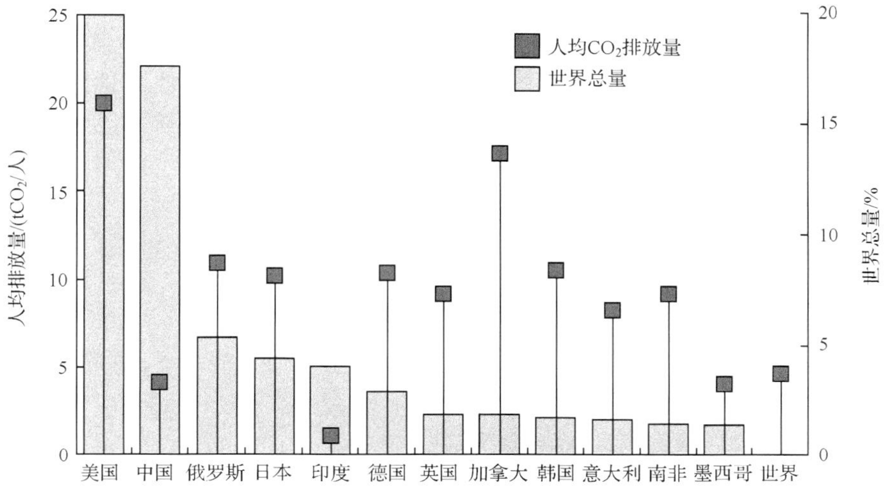

图 12-1　中国及其他碳排放大国的排放总量及人均量比较

表 12-1　几种高能耗产品能耗的国际比较[①]

指标＼年份	2000		2005		2007	
	中国	国际先进水平	中国	国际先进水平	中国	国际先进水平
火电供电煤耗(gce/(kW·h))	392	316	370	314	356	312
钢可比能耗(kgce/t)	784	646	714	610	668	610
水泥综合能耗(kgce/t)	181	126	167	127	158	127
乙烯综合能耗(kgce/t)	1125	714	1073	629	984	629

但是，中国的这种气候谈判立场面临越来越大的国际压力。原因在于：中国是世界上人口最多的国家，是世界上最大的煤消费国，经济持续高速增长，同时碳排放绝对量已经位居世界前茅并仍在上升中[②]。这些因素加在一起，使中国成为国际气候谈判中引人注目的角色。据国际能源机构的统计，2008 年我国仅化石能源的二氧化碳排放量就达到 65 亿 t，位居世界第一；1990～2008 年，我国化石能源二氧化碳排放量增长了 194％，远高于全球排放总量 40％的增幅，排放

① 国家发展和改革委员会能源研究所课题组．中国 2050 年低碳发展之路：能源需求暨碳排放情景分析．北京：科学出版社：24.

② 国际能源署在 2009 年估计，在未来 20 年中，几乎所有温室气体的排放增长都将来自发展中国家，其中一半来自中国。可参考 http：//shuli. sysu. edu. cn/2009-12-15/100019342. html.

量占世界排放量的比重也从 10.5%上升至 22%。1990～2008 年，我国一次能源消费二氧化碳排放强度上升了 20%，而同期美国则下降了 2%[①]。在这样的事实面前，一个简单直接的说法就是：虽然单靠任何一个国家的努力都无法扭转全球气候变化趋势，但是，如果中国不控制其温室气体排放，地球上其他国家再怎么努力都很难实现使温室气体排放控制在“防止气候系统受到危险的人为干扰的水平上”这一《公约》所确定的目标。

(2) 内在驱动

由于能源消费剧增，进入 21 世纪以来，中国能源供应频频告急，保障能源安全成为国家最优先的事项之一，以煤和石油等高碳能源为主的经济增长模式难以为继。而且，中国生态环境脆弱，易受全球气候变化的不利影响。中国 2006 年发布的《气候变化国家评估报告》预测，未来二十至一百年，中国地表气温将明显增加，总体上北方水资源短缺情况将进一步加剧，未来中国极端天气气候事件将呈增加趋势。如果不采取措施减缓气候变化，中国将要为之支付巨额资金来解决这类气候变化带来的不利后果。

12.3.2.2 中国应对气候变化的相关行动

中国从一开始就积极主动参与国际气候谈判，并在国内采取了一些切实有效的减排措施。

1988 年我国即成立部门间小组，以帮助国家为即将举行的国际气候谈判确定相关立场。国家气候变化协调小组成立于 1990 年，并随后建立工作组。1992 年中国批准《公约》，成为世界上第 5 个批准该协议的国家。

2006 年年底，国家科技部、国家气象局、国家发改委、国家环保总局等六部委联合发布了我国第一部《气候变化国家评估报告》。2007 年，国务院正式发布了《中国应对气候变化国家方案》，国家“十二五”规划设置了气候变化应对篇章，有关部门和省级政府也发布了应对气候变化的计划。

2008 年，我国发表《中国应对气候变化的政策与行动白皮书》。2009 年哥本哈根大会议期间，中国政府宣布承诺自愿减排（到 2020 年把中国单位国内生产总值二氧化碳排放量降低 40%），并不附任何条件。

2009 年 8 月 27 日，全国人大常委会更通过了《全国人民代表大会常务委员会关于积极应对气候变化的决议》，提出“要把加强应对气候变化的相关立法作为形成和完善中国特色社会主义法律体系的一项重要任务，纳入立法工作议程。适时修改完善与应对气候变化、环境保护相关的法律，及时出台配套法规，并根据实际情况制定新的法律法规，为应对气候变化提供更加有力的法制保障。”事

---

① 徐华清，郭元等著. 2012. 中国能源发展的环境约束问题研究. 北京：中国环境科学出版社：18.

实上，目前，我国已经先后出台或修订了《可再生能源法》（2005 年颁布）、《节约能源法》（2007 年修订）、《循环经济促进法》（2008 年颁布）、《清洁生产促进法》（2002 年颁布）、《森林法》（1998 年修订）、《草原法》（2002 年修订）、《大气污染防治法》（2000 年修订）等有利于减缓气候变化的能源立法与环境立法，特别是《可再生能源法》和《节约能源法》与发展可再生能源等清洁能源和降低温室气体排放量直接相关。

只是，我国已有的上述与气候变化有关的立法，立法宗旨各异且多样化，没有直接将应对气候变化作为立法的主要目的，而且在内容上也基本没有涉及有关气候变化的适应问题。因此，近年来，不断有学者提出，我国应当制定专门的气候变化应对法。

12.3.2.3 中国气候变化应对立法中的焦点问题

（1）共同但有区别的责任

在气候变化领域，很少有人争论“共同的责任”，主要焦点都集中在“有区别的责任”，而对“有区别的责任”的争论焦点，也不在于“该不该区别”，而在于如何区别，也即区别责任的依据和标准。

根据 IPCC 第三次评估报告的归纳，对气候保护国际法律框架公正性的不同要求包括以下几种路径[①]。①基于权利的路径，该观点主张所有个体都拥有平等利用大气公共空间的权利，无论其处于何种国度。此观点支持按人均排放量来分配碳减排责任。②基于（历史）责任的路径。该观点基于一个前提条件，即任何人都享有不被他人损害的权利，当其遭受损害时有获得相应赔偿的权利。因此，温室气体排放的主要责任方，即率先进入工业化进程的发达国家，应对其历史排放造成的气候变暖而引发的损害承担赔偿责任。③保护贫困者的路径。该观点主张保护贫困者和弱者免受气候变化及气候政策的不利影响。④机会平等的路径。该观点主张所有人都享有获得一定标准的生活质量的权利，因而，发展中国家的发展权及其人民追求高质量生活的机会不应当被剥夺。

正是基于对“共同但有区别的责任”的认同，我国许多学者认为，在我国气候变化立法中，不宜像发达国家一样将减排总量目标和相关量化指标确立为强制性的国内法义务，而应将重点放在通过激励性政策鼓励自愿性的碳减排。但这种主张显然会引发的疑虑是：如果不通过立法确立污染者碳减排的法定义务，我国政府意图达成的碳减排总量目标就将从根本上失去法律保障。

（2）碳排放计算标准和碳排放监测、统计、报告和信息公开制度

作为气候变化应对立法中焦点之一的碳排放计算标准，绝不单纯是技术标

① IPCC. 2001. Third Assessment Report. Cambridge: Cambridge University Press.

准，而同时涉及应对气候变化的责任分配依据。不同方法带来的责任分配后果是不同的。如采取美国等国坚持的“国家碳排放总量指标”，我国就高居世界前列，但采用《公约》中的“人均碳排放量”指标，我国的排名就会远远落后于发达国家。我们应该认真分析这些标准本身的科学性和合理性，探讨支持这些标准的理由并评估其说服力。

国家碳排放总量指标的说服力源于气候变化的因果关系客观上是整体汇合而成的，只有总量控制才能取得实际效果。而人均碳排放量指标，不仅仅因《公约》的承认而具有法律效力，而且因符合“人人平等”这一主流价值观而获得道义支持。至于“历史累计排放量”和“单位 GDP 排放量”等指标，则能体现出经济发展的机会均等，因而可被发展中国家用来论证“有区别的责任”。

但无论采取何种计算标准，应对气候变化的立法均应建立起温室气体排放的监测、统计、报告和信息公开制度。特别是包括温室气体排放情况在内的大气状况之监测和信息公开问题，近年来美国大使馆发布空气质量监测报告引发热议这一公众事件的推动下，已经成为各界广泛关注的焦点问题之一。

（3）节能减排和促进清洁能源发展的具体机制

已有经验表明，排放权交易、碳税等具体机制在促进“低碳”发展方面可以发挥积极作用。我们需要深入研究这些新机制的运作原理，明确其适用条件和适用范围，对其在具体情况下的可行性作尽可能详尽的风险评估。例如，征收碳税虽然可以对减排起到明显效果，但可能导致一定的 GDP 损失①。这种复杂的影响使得在我国气候变化立法中确立碳税制度成为争议较大的问题之一。

我们必须认识到：气候变化应对的关键在能源，也就是说，关键在于摆脱对高碳能源的依赖，成功地转向低碳发展之路。而这一转型的关键在于技术，风能、太阳能、生物质能具有清洁和可再生的优点，只是在现有技术水平下其经济竞争力还不能与传统能源相比。因此，需要国家法律政策的支持，才有可能得到发展。目前我国对促进清洁能源发展的支持性政策的研究和实施都还远远不够。

（4）气候变化的适应

早期的气候变化立法，关注焦点在于减缓，但随着气候变化的不利影响在世界各地显露出来，气候变化的适应立法也引起了越来越多的重视。在我国气候变化立法相关讨论中，有关适应问题，主要集中在扶贫、防灾减灾避灾和生态补偿等相关制度机制的探讨上。整体而言，我国关于气候变化的适应立法仍在摸索起步阶段。

---

① 高鹏飞，陈文颖．2002．碳税与碳排放．清华大学学报（自然科学版），(10)：1335-1338.

参 考 文 献

曹明德. 2009. 气候变化的法律应对. 政法论坛，(7)：158-167.

国家发展和改革委员会能源研究所课题组. 2009. 中国 2050 年低碳发展之路：能源需求暨碳排放情景分析. 北京：科学出版社.

吉登斯. 2009. 气候变化的政治. 曹荣湘译. 北京：社会科学文献出版社.

刘艳芳. 2010. 各国应对气候变化立法比较及其对中国的启示. 中国人民大学学报，(4)：58-66.

杨兴，刘最跃. 2006. 我国气候变化立法的缺陷及其对策分析. 时代法学，4 (2)：68.

张梓太. 2010. 中国气候变化应对法框架体系初探. 南京大学学报，2010 (5)：37-43.

第 13 章　环境能源法律责任与纠纷解决途径

Remedies for Breach of Environment and Energy Law

> 人们可以设想一个没有立法机关、法院或任何官员的社会。其实，有许多对原始社会的研究不仅声称这种可能是真实的，而且详细地描绘了这种社会的生活：在那里，社会控制的唯一手段就是群体对自己标准行为模式的一般态度。……此种简单的社会控制体系一定会被证明是有缺陷的，需要从不同方面加以补充。……
>
> 法律的历史其实已经强有力地显示：确定违规事实之权威性官方组织的缺乏是一个比较而言更为严重的缺陷，因为任何社会都先于其他缺陷而对此缺陷作出了补救。
>
> ——*The concept of law* 第 89 页、第 95 页

13.1　环境能源法律责任

13.1.1　环境能源法律责任的涵义

“责任”一词，在日常用语中，一般指的是“分内应做之事”，与“义务”相近。法律责任指的则是因违反义务或其他法定事实出现而应承担的不利法律后果。对法律责任的追究，是法律上规定的权利义务得以实现的必要保障，也是法律制度得以顺利运作的必要保障。

环境与能源法律责任，是指行为人违反环境能源法所规定的义务时应承担的不利的法律后果。我国的《环境保护法》、《能源法（征求意见稿）》都设专章规定了法律责任。其他单行的环境与能源法也大多有法律责任的相关规定。

根据所应承担法律责任的性质及对责任人而言的不利后果之严重程度，可以将法律责任分为民事法律责任、行政法律责任、刑事法律责任三大类。其中刑事法律责任更强调惩戒，是最为严厉的责任形式；而民事法律责任相对温和，主要不以惩罚为目的，而旨在修复受损的社会关系，填平受害方的损失；行政法律责

任的严厉程度居于民事法律责任和刑事法律责任之间。

根据责任主体不同，可以将法律责任分为政府机关及其工作人员的法律责任、企业的法律责任、用户或消费者的法律责任和其他社会主体的法律责任等。其中政府机关及其工作人员受托从事公务，理当担负比其他社会主体更为严格的法律责任。在环境能源法领域，能源企业和从事污染环境之生产经营活动的其他企业，因为在造成环境污染的相关信息、知识以及控制环境能源风险的能力方面居优势地位，通常也被要求承担比消费者或用户更多的法律责任。

13.1.2　环境能源法律责任的内容

环境能源法上，不同的行为主体应承担的法律责任内容各不相同。

13.1.2.1　行政机关及其工作人员的法律责任内容

法治国家的基本要求是：公共权力的运用应当依据法律（法律保留原则）并服从法律（法律优先原则）。因为从根本上说，民主国家的一切权力均源自人民的授权，授权的形式就是立法。人民通过立法授予政府公共权力，是附有条件的，即公共权力只能为公共利益目的而行使，违背这一目的，就属于公共权力的滥用。为了保障公共权力不被滥用，宪法和行政法上发展出了许多规范，在赋予行政机关及其工作人员权力的同时，也为其设置了相应的责任。环境保护和能源管理领域亦是如此。为了履行环境保护和能源管理的职能，国家环境行政机关及其工作人员理当享有相应的公共权力，同时承担与相应的法律责任。

作为环境能源主管部门的行政机关及其工作人员，在履行国家环境能源行政管理职责的过程中，违反相关法律规定的，所应承担的法律责任主要包括以下四点。

(1) 行政诉讼败诉责任

行政诉讼是公民、法人和其他组织（行政相对人）认为行政机关及法律、法规授权行使行政权力的组织（行政主体）的公共行政管理活动侵犯了其合法权益，依法向法院提起诉讼，法院受理后依法定程序审查行政主体行政行为的合法性，并作出裁决的活动。行政诉讼活动的主要内容是审查被告行为的合法性。因此，行政诉讼又被称为“司法审查”，是对行政行为的一种法律监督制度。

行政行为的合法条件包括：行为主体合法、行为权限合法、行为内容合法、行为程序和形式合法。在行政诉讼中，由被告对被诉具体行政行为的合法性负举证责任，即被告应举证证明自己作出的具体行政行为具有法律依据和事实根据，否则，将承担败诉责任。

一旦被诉行政行为被法院认定为不合法，作为被告的行政主体就要承担败诉责任。依据我国《中华人民共和国行政诉讼法》（以下简称《行政诉讼法》）及相关司法解释，行政机关的败诉责任包括：行政行为被撤销、行政行为被撤销并责令重作、未及时履行职责时被责令履行职责、显失公正的行政行为被改变、行政行为被确认为违法（原告依据此确认可启动求偿程序）等。

（2）行政赔偿责任

行政赔偿是指国家行政机关及其工作人员违法行政职权，侵犯公民、法人或其他组织的合法权益并造成损害，由国家承担赔偿责任的制度。

行政赔偿是国家赔偿的一种。按照《中华人民共和国国家赔偿法》（以下简称《国家赔偿法》）的规定，行政赔偿范围比一般民事赔偿狭窄得多：只赔偿直接损失，不赔偿间接损失；只赔偿人身和财产损失，不赔偿精神损害。

值得注意的是，包括行政赔偿在内的国家赔偿并不会完全取代国家机关工作人员个人应负之法律责任。我国《国家赔偿法》第 14 条规定："赔偿义务机关（代表国家向赔偿请求人）赔偿损失后，应当责令有故意或重大过失的工作人员或受委托的组织或个人承担部分或全部赔偿费用，对有故意或重大过失的责任人员，有关机关应当依法给予行政处分；构成犯罪的，应当依法追究刑事责任。"

（3）行政处分

行政处分是指行政机关对所属工作人员、上级行政机关对下级行政机关、监察机关对受监察的行政机关的违法违纪行为依法给予的惩戒。

根据《中华人民共和国公务员法》的规定，针对公务员的行政处分种类有：警告、记过、记大过、降级、撤职、开除，这是最主要的六种行政处分。除此之外，还有一些法律法规和其他规范性文件规定了其他一些行政处分形式，如留用察看、责令改正、通报批评这样的行政处分形式。

我国《能源法（征求意见稿）》第 124 条规定："能源管理有关行政机关及其工作人员违反本法规定，有下列情形之一的，由其上级行政机关或者监察机关责令改正；情节严重的，对直接负责的主管人员和其他责任人员依法给予处分：不依法编制、评估和实施能源战略和能源规划的；不依法发布能源统计信息的；对不符合法定条件的能源项目予以准入的；不履行能源储备管理职责的；不制定能源应急预案的；未建立节能工作责任制的；不依法履行能源监督检查职责的；不履行法律规定的其他义务的。"我国《环境保护法》第 45 条规定：" 环境保护监督管理人员滥用职权、玩忽职守、徇私舞弊的，由其所在单位或者上级主管机关给予行政处分……"。

（4）刑事责任

刑事责任是公民、法人和其他组织严重违法行为构成犯罪时所应承担的法律责任。环境能源行政管理机关工作人员因职务违法行为情节严重构成犯罪的，属于特殊主体的犯罪，触犯的主要是《刑法》第 8 章贪污贿赂和第 9 章渎职罪相关条款。

刑事责任的承担方式是刑罚。依据我国《刑法》规定，刑罚包括主刑和附加刑两种。主刑有：管制、拘役、有期徒刑、无期徒刑和死刑；附加刑有：罚金、剥夺政治权利和没收财产；附加刑也可独立适用。

在环境能源法领域，对刑事责任的规定，大多并不描述具体犯罪构成，而只是一般地规定，当行为人行为构成犯罪时，依法承担刑事责任。如我国《环境保护法》第 45 条规定："环境保护监督管理人员滥用职权、玩忽职守、徇私舞弊的，……；构成犯罪的，依法追究刑事责任。"《节约能源法》第 86 条规定："国家工作人员在节能管理工作中滥用职权、玩忽职守、徇私违反本法规定，构成犯罪的，依法追究刑事责任；……"《能源法（征求意见稿）》第 125 条规定："行政机关工作人员在履行能源管理职责过程中，滥用职权玩忽职守、徇私舞弊，构成犯罪的，依法追究刑事责任。"

在这种情况下，要了解具体的犯罪构成要件，需要查询法律相关规定。如《刑法》第 408 条规定的"环境监管失职罪"，"负有环境保护监督管理职责的国家机关工作人员严重不负责任，导致发生重大环境污染事故，致使公私财产遭受重大损失或者造成人身伤亡的严重后果的，处三年以下有期徒刑或者拘役"。

13.1.2.2 公民、法人和其他组织的法律责任

公民、法人和其他组织是环境能源法律关系的重要主体，在享有环境能源法上的自然资源和能源开发利用、供应服务等方面的营业自由的同时，也承担如保护环境、节约能源等法律责任。在环境能源法领域，公民、法人和其他组织的法律责任也包括了民事、行政和刑事法律责任三大类。

行政法律责任指公民、法人和其他组织以作为或不作为方式违反有关环境能源行政法律规范所应承受的行政制裁。诸如企业破坏性开采能源资源的、超标排污的、未按规定安装和使用环保设施的、未经批准擅自从事能源开发的、重点用能企业未实现节能目标的，均由行政机关以行政手段查处，由企业承担行政法律责任。行政法律责任承担方式主要是行政处罚，可分为申诫罚、财产罚和自由罚三类，具体包括了警告、罚款、没收违法所得、没收非法财物、责令停产停业、暂扣或吊销许可证或执照、行政拘留等形式。

公民、法人和其他组织从事的环境能源法相关活动，如果触犯民事法律规范，侵害了他人合法权益的，也应承担民事责任。例如，某造纸企业超标排污，污染了湖水导致邻近渔场减产，则该企业除了就超标排污而承担行政法律责任外，同时还应就所造成的他人财产损失而承担民事侵权责任。《中华人民共和国民法通则》134 条规定了 10 种承担民事责任的方式，其中"消除影响、恢复名誉、赔礼道歉"均适用于侵害人身权的情况，但又侧重于人格权；"支付违约金"

与“修理、重作、更换”的责任形式主要是违反合同应承担的民事责任；“返还财产”虽是普遍适用于侵权责任、合同责任和返还不当得利责任的责任方式，但此种责任是因不法行为人非法占有财产而产生的。我国《环境保护法》第 41 条规定“造成环境污染危害的，有责任排除危害，并对直接受到损害的单位或者个人赔偿损失”，规定了两种民事责任承担方式，这两种方式既可以单独适用，也可合并适用。对于破坏土地、森林、草原、水、矿产、渔业、野生动植物等自然资源的侵权行为，依照有关法律规定，原则上由有关行政主管部门责令加害人承担停止侵害、恢复原状、赔偿损失等民事责任。根据一般的理解，此类行政处理不以当事人的申请为前提，有关行政机关得依职权主动进行处理，呈现出明显的“民事责任行政化”的倾向。

公民、法人和其他组织从事环境能源法相关活动时，如果触犯刑律，则应承担刑事责任。罪刑法定原则要求犯罪行为的界定、种类、构成条件和刑罚处罚的种类、幅度，均应事先由法律加以规定，对于法律没有明文规定为犯罪的行为，不得定罪处罚。因此，刑事责任只能由法律设定，法规、规章以及其他规范性文件不得设定犯罪和刑罚。1997 年修订的《刑法》专设了一节破坏环境资源保护罪（《刑法》分则第 6 章“妨害社会管理秩序罪”的第 6 节 338～346 款），主要针对的是公民、法人和其他组织破坏环境资源的行为。除刑法外，一些单项法也会对刑事责任做出规定。如《节约能源法》第 85 条规定：“违反本法规定，构成犯罪的，依法追究刑事责任。”但是，法律有关犯罪和刑罚的规定，有时需要结合具体部门法实施细则或司法解释来进一步明确化。如《刑法》第 119 条规定：“破坏交通工具、交通设施、电力设备、燃气设备、易燃易爆设备，造成严重后果的，处十年以上有期徒刑、无期徒刑或者死刑。过失犯前款罪的，处三年以上七年以下有期徒刑；情节较轻的，处三年以下有期徒刑或者拘役。”但是，这里并没有明确，何谓“造成严重后果”，相应地，亦不明确何谓“情节较轻”。《最高人民法院关于审理破坏电力设备刑事案件具体应用法律若干问题的解释》第 8 条对此作出了界定：“破坏电力设备，具有下列情形之一的，属于刑法第一百一十九条第一款规定的‘造成严重后果’，以破坏电力设备罪判处十年以上有期徒刑、无期徒刑或者死刑：（一）造成一人以上死亡、三人以上重伤或者十人以上轻伤的；（二）造成一万以上用户电力供应中断六小时以上，致使生产、生活受到严重影响的；（三）造成直接经济损失一百万元以上的；（四）造成其他危害公共安全严重后果的。”

13.1.2.3 具体例证

在环境能源法上，公民、法人和其他组织承担行政法律责任的情形中，有两项内容比较特殊：一是能源企业作为公用事业单位的特殊法律责任；二是独具特色的“限期改正”和“限期治理”制度。

（1）普遍服务义务及相应的法律责任

普遍服务[①]（universal service）一词在立法上出现，最早是美国 1934 年的《联邦电信法》，该法提出“尽可能为所有美国公民提供合理的价格、充足的设施，以享受快速、有效的国际国内有线与无线通信服务”。现在，公民通过方便途径，以可承受价格获得非歧视性的公共服务，特别是获得包括电力、燃气等在内的，基本生活所必需的公用事业服务，开始广泛地被各国法律确立为一种合法的权益，国家对此负有保障责任，即所谓“基本生存保障义务”；相应的，公用事业法人负有提供此种普遍服务的法律义务。

《世界人权宣言》第 25 条和《经济社会和文化权利国际公约》第 11 条规定，公民具有享受适当生活水准权，包括持久地取得“烹调、取暖、照明能源、卫生设备”等获得食物、住房、服务与基础设施的权利。许多国家将获得基本能源作为一项人权，确立了让小型或贫困消费者获得能源服务的法律义务。法国 2000 年《公共电力服务现代化和发展法》第 1 条规定，“公共电力事业通过保证全体国民使用电力的权利，增强社会的凝聚力，并有助于减少争论，实现各方的平衡发展”。《美国能源法案》（2005 年）对 1981 年《低收入家庭能源资助法》做出了修订，大幅度提高低收入和过冬维护资助年度金额；开展低收入社区节能示范方案；关于“印第安部落能源开发与自决法”的篇节规定了向印第安部落提供资金和技术援助，扶持部落获得能源供应、能源服务，促进电气化等内容。

所谓能源普遍服务即国家制定政策、采取措施，确保一国国民均能以合理的价格获得可靠的、持续的基本能源服务[②]。1986 年世界环境发展委员会发布的报告中，首次承认了能源普遍服务的重要性，并呼吁全世界行动起来为所有人提供能源服务。在现代社会，能源行业提供的产品和服务已经成为普通人日常生活的必需品，如在现代都市中，无论是高收入还是低收入的家庭，都很难想象在没有电力供应的情况下如何生活。能源服务既是一种商品，也是一种公共服务。在当今世界青睐市场超过政府的潮流之下，强调能源服务作为公共服务的特性殊为必要。

对能源行业的此种公益性，我国现行立法也已有所体现，如 1995 年《电力法》第 8 条就规定，“国家帮助和扶持少数民族地区、边远地区和贫困地区发展电力事业”。2003 年《行政许可法》第 67 条规定，“取得直接关系公共利益的特定行业的市场准入行政许可的被许可人，应当按照规定，向用户提供安全、方便、稳定和价格合理的服务，并履行普遍服务的义务”。另外，我国能源服务实

---

① 马俊驹，龚向前．2007．论能源法的变革．中国法学，(3)．

② 苏苗罕．2007．能源普遍服务的法理学与制度研究．法治研究，(10)：13-18．

践中的许多政策和做法实际上体现了“普遍服务”的精神，如我国北方地区对低收入人群的供热补贴、广大农村地区“村村通电”工程等。但我国现行法律中并未明确能源公用企业的“普遍服务”义务。《能源法（征求意见稿）》第7条规定了国家保障能源普遍服务的责任：“国家建立和完善能源普遍服务机制，保障公民获得基本的能源供应与服务。”第128条规定了承担能源普遍服务的企业违背能源普遍服务义务时所应承担的法律责任：“承担能源普遍服务义务的企业未经批准，擅自停业、歇业或者停止按法定条件履行普遍服务义务的，由能源主管部门责令改正，并处其相应营业额二倍以上五倍以下罚款；构成犯罪的，依法追究刑事责任。”

就国际立法惯例而言，国家依法给提供能源普遍服务的企业一定的财政补贴。《能源法（征求意见稿）》第50条还规定了：“从事民用燃气、热力和电力等供应业务的企业应当依法履行普遍服务义务，保障公民获得无歧视、价格合理的基本能源供应服务，接受能源主管部门和有关部门及社会公众监督。国家建立能源普遍服务补偿机制，对因承担普遍服务义务造成亏损的企业给予合理补偿或者政策优惠。具体办法由国务院制定。”需要指出的是，这一规定的前提假定是政企分开。只有在政企分开的前提下，能源服务企业作为与其他企业平等的市场主体，在提供公共服务中作出了特别牺牲，就有权利从公共财政获得正当的补偿。而目前，我国能源行业朝向政企分开的改革仍处在起步阶段。

（2）限期改正制度

限期改正指的是行政机关依法责令公民、法人和其他组织在一定期限内纠正其违背行政法义务的行为，以恢复被破坏的法律秩序。在具体立法中，限期改正有时也被表述为“限期改进”、“限期整改”、“限期治理”等，是我国所特有的一种行政法律责任形式。

限期改正被广泛地应用于税务、治安、交通、教育行政、食药品监管、城乡规划、环境与能源等等行政管理领域。如我国《核材料管理条例》第19条规定：“凡违反本条例的规定，有下列行为之一的，国家核安全局可依其情节轻重，给予警告、限期改进、罚款和吊销许可证的处罚，……（一）未经批准或违章从事核材料生产、使用、贮存和处置的；（二）不按照规定报告或谎报有关事实和资料的；（三）拒绝监督检查的；（四）不按照规定管理，造成事故的。”《固体废物法》第55条规定：“产生危险废物的单位，必须按照国家有关规定处置危险废物，不得擅自倾倒、堆放；不处置的，由所在地县级以上地方人民政府环境保护行政主管部门责令限期改正。”第81条规定：“违反本法规定，造成固体废物严重污染环境的，由县级以上人民政府环境保护行政主管部门按照国务院规定的权限决定限期治理；逾期未完成治理任务的，由本级人民政府决定停业或者关闭。”

限期改正既可以单独适用，也可以和行政处罚合并适用。我国《行政处罚法》第 23 条规定："行政机关实施行政处罚时，应当责令当事人改正或者限期改正违法行为。" 2010 年环保部修订《环境行政处罚办法》亦明确要求环保机关在实施处罚时应同时责令当事人改正违法行为。

环境与能源法上的限期治理，作为限期改正制度中的一种，是一种独具特色的制度，特指对造成严重环境污染的企事业单位以及在特殊保护的区域内超标排污的已有设施，由环保部门监督其在一定的期限内完成治理任务的法律制度。

依据我国相关规定，限期治理的责任主体有两类。一是在需要特别保护区域内，已经建成的设施，其污染物排放超过排放标准的，主要依据《环境保护法》第 18 条的规定①。这里所指的特别保护区是指风景名胜区、自然保护区和其他需要特别保护的区域。二是在其他环境中造成严重污染的企业事业单位。主要依据《环境保护法》第 29 条的规定②。对于这类污染源造成严重污染的，要求限期治理。《环境保护法》还规定，对于经限期治理逾期未完成治理任务的企事业单位，除依照国家规定加收超标排污费以外，可以根据所造成的危害后果处以罚款，或责令停业、关闭。以此而言，限期治理伴随着相当严重的制裁手段。

最早的限期治理决定，需由县以上省以下人民政府决定。但在随后的实践中，限期治理制度有了进一步的发展：1996 年修订的《噪声污染防治法》第 17 条对于小型企事业单位的限期治理决定权做出了变通规定，允许政府将限期治理的决定权授权给其下属的环保部门，既"对小型企业事业单位的限期治理，可以由县级以上人民政府在国务院规定的权限内授权其环境保护行政主管部门决定"。1996 年 8 月 3 日国务院发布的《关于环境保护若干问题的决定》确认县级以上人民政府可将限期治理的决定权委托给环境部门："自本决定发布之日起，现有排污单位超标排放污染物的，由县级以上人民政府或其委托的环境保护行政主管部门依法责令限期治理。"③ 2008 年修订后《水污染防治法》第 74 条则直接规定："违反本法规定，排放水污染物超过国家或者地方规定的水污染物排放标准，或者超过重点水污染物排放总量控制指标的，由县级以上人民政府环境保护主管部门按照权限责令限期治理，……。限期治理期间，由环境保护主管部门责令限

---

① 《环境保护法》第 18 条规定："在国务院、国务院有关主管部门和省、自治区、直辖市人民政府划定的风景名胜区、自然保护区和其他需要特别保护的区域内，不得建设污染环境的工业生产设施；建设其他设施，其污染物排放不得超过规定的排放标准。已经建成的设施，其污染物排放超过规定的排放标准的，限期治理。"

② 《环境保护法》第 29 条规定："对造成环境严重污染的企业事业单位，限期治理。中央或者省、自治区、直辖市人民政府直接管辖的企业事业单位的限期治理，由省、自治区、直辖市人民政府决定。市、县或者市、县以下人民政府管辖的企业事业单位的限期治理，由市、县人民政府决定。被限期治理的企业事业单位必须如期完成治理任务。"

③ 该决定还同时明确："限期治理的期限可视不同情况定为 1～3 年；对逾期未完成治理任务的，由县级以上人民政府依法责令其关闭、停业或转产"。

制生产、限制排放或者停产整治。限期治理的期限最长不超过一年；逾期未完成治理任务的，报经有批准权的人民政府批准，责令关闭。”

据此看来，限期治理作为一种责任形式，执行渐趋严格。就执法主体而言，以往限期治理决定权属于县级以上人民政府，而按新的《水污染防治法》规定，环保部门可直接按照权限责令限期治理；就责任主体而言，以前适用只限于《环境保护法》所规定的前述两类主体，其中在特别保护区以外只有造成“严重污染”的企业才需承担“限期治理”的责任，现在则（至少在水污染物排放领域）只要排污“超标”即可能被要求限期治理；而且，限期治理期间即可责令限制生产或停产，也比传统规定严厉。这种趋势反映出立法者试图改变以往限期治理在实践中演变为“无期治理”或“不断限期”的状态的努力。

13.2 环境能源纠纷解决途径

出于无知无畏、心存侥幸或者胆大妄为，环境能源责任人往往不能自愿地承担其应承担的法律责任，纠纷的发生由此不可避免。因此需要通过纠纷解决途径来辨明并追究责任以定纷止争，实现正义。

根据各国法律和实践，一般的纠纷解决途径主要包括协商、调解、仲裁、行政裁决（行政处理）、行政复议和诉讼等。这些方式各有特色，长短互见，初看在功能上有竞争关系，但实际上，不同纠纷解决机制能够满足不同当事人对纠纷解决成本、时效、公平等价值的不同期望和要求，完全可以也应当并存互补。

我国现行法律上有明确规定的环境能源纠纷解决途径主要可分为司法途径、行政途径和社会途径三类。

13.2.1 司法途径

司法途径包括了民事诉讼、行政诉讼和刑事诉讼三类，分别依据《中华人民共和国民事诉讼法》、《中华人民共和国行政诉讼法》、《刑事诉讼法》所规定的程序规则进行。就原则而言，不论何种权利受到侵害，受害者都应有权诉诸司法机关，请求司法救济，这被视为法治社会的一项基本要求。但是就具体操作而言，原告寻求司法救济应当满足包括原告资格、受案范围、诉讼时效等法定起诉要求。

环境能源民事诉讼指民事主体认为其环境能源法上的权利受到其他民事主体的侵害，依法对侵害行为人提起民事诉讼，法院受理起诉、审理并做出裁决的活动。我国一般民事诉讼的起诉时效是从受害方知道或应当知道自己的权益被侵害之日起算两年之内，环境民事诉讼的起诉时效为特殊时效，受害方知道或应当知道自己的权益被侵害之日起算三年之内。

环境能源行政诉讼指公民、法人和其他组织认为环境能源行政机关或法律、法规授权行使环境能源行政职能的组织所作出的具体行政行为侵犯了自己的合法权益时，向法院提起诉讼，法院对该具体行政行为的合法性予以审查并作出裁决的活动。按照我国《行政诉讼法》有关起诉时效的规定，公民、法人或者其他组织申请行政复议的，如不服复议决定，可以在收到复议决定书之日起十五日内向人民法院提起诉讼；公民、法人或者其他组织直接向人民法院提起诉讼的，应当在知道作出具体行政行为之日起三个月内提出；法律另有规定的除外。行政机关作出具体行政行为时，未告知公民、法人或者其他组织起诉权或者起诉期限的，起诉期限从公民、法人或者其他组织知道或者应当知道起诉权或者起诉期限之日起计算，但从知道或者应当知道具体行政行为内容之日起最长不得超过 2 年。按照我国最高法院有关行政诉讼的司法解释，行政诉讼的原告必须与被诉行政行为具有“法律上的利害关系”，否则属于原告不适格。目前我国行政诉讼受案范围限于行政处罚、行政强制、行政许可等具体行政行为，不包括发布规范性文件等抽象行政行为。在最高人民法院发布的《关于贯彻执行〈中华人民共和国行政诉讼法〉若干问题的意见（试行）》中，行政机关对资源的确权行为属于可以被提起行政诉讼的具体行政行为，而对行政机关处理资源使用权、所有权侵权纠纷的行为却不得提起行政诉讼。

环境能源刑事诉讼是行为人违反环境能源法上相关规定情节严重构成犯罪时，依法由侦查机关侦查、检察机关提起公诉，法院在检察机关、诉讼当事人以及诉讼参与人的参加下，依照法定程序予以审理的诉讼活动。刑事诉讼是行使国家刑罚权的活动，刑事诉讼的中心内容是解决被追诉者（即犯罪嫌疑人、被告人）的刑事责任问题。

据不完全统计，我国近十年来各级法院所作的 954 份环境民事、行政和刑事案件判决文书中，诉讼胜负比例表现出明显差异，如表 13-1 所示。

表 13-1 我国近十年来环境民事、行政和刑事案件判决结果比较①

（单位：%）

诉讼类型	原告胜诉	原告败诉②
一审环境民事诉讼	50.27	49.73
一审环境行政诉讼	26.53	73.47
一审环境刑事诉讼	97.5	2.5

① 吕忠梅等. 2011. 理想与现实：中国环境侵权纠纷现状及救济机制构建. 北京：法律出版社：31.

② 指驳回原诉、维持被告合法行为或确认被告无罪。

在这些文书中，法院采用的责任形式显示出统计上明显的偏好：一审环境民事案件判决文书中出现频繁的责任形式中前三种是赔偿损失、排除妨碍和消除危险，只有极个别文书涉及恢复原状，2 例涉及精神损害抚慰金，没有文书表明有原告主张赔礼道歉。一审环境行政判决中，47%判决维持被告合法行为，被告败诉的则大多是判决撤销或部分撤销。一审环境刑事诉讼中，罚金适用最多，超过了有期徒刑，如表 13-2 所示。

表 13-2　三大诉讼中排名前三之被告败诉责任形式一览表①

诉讼类型	民事诉讼			行政诉讼			刑事诉讼		
	赔偿损失	排除妨碍	消除危险	撤销或部分撤销	责令履行职责	变更行政处罚	有期徒刑	缓刑	罚金（单处或并处）
判决比例（%）	43	10.6	5.9	31	1	2	75	17.5	77.5

阅读思考：公民环境诉讼的必要性、可行性和障碍

2005 年 11 月 13 日，中国石油天然气集团公司所属中国石油天然气股份有限公司吉林分公司双苯厂（101 厂）的苯胺车间因操作错误发生剧烈爆炸并引起大火，导致 100 吨苯类污染物（含苯和硝基苯，属难溶于水的剧毒、致癌化学品）进入松花江水体，导致江水硝基苯和苯严重超标，造成整个松花江流域严重生态环境破坏。

2005 年 12 月 7 日，北京大学法学院三位教授及三位研究生向黑龙江省高级人民法院提起了国内第一起以自然物（鲟鳇鱼、松花江、太阳岛）作为共同原告的环境民事公益诉讼，要求法院判决被告赔偿 100 亿元人民币用于设立松花江流域污染治理基金，以恢复松花江流域的生态平衡，保障鲟鳇鱼的生存权利、松花江和太阳岛的环境清洁的权利以及自然人原告旅游、欣赏美景和美好想象的权利。同时，鉴于本案标的额巨大，且涉及环境公益诉讼，原告方同时提出了减免诉讼费用的申请。

然而，黑龙江省高级人民法院立案庭在得知诉讼情况后并未接受原告代表向法院递交的诉状及其相关证据。原告代表向立案庭提出了应当依法接受诉状、如果审查不符合起诉条件可以再裁定不予受理的建议，也被法官婉言拒绝。

资料来源：雅虎财经新闻. 北大法学院教授、研究生代表松花江起诉中石油. http：//biz. cn. yahoo. com/051219/16/eqft _ 1. html [2012-6-30].

① 吕忠梅等. 2011. 理想与现实：中国环境侵权纠纷现状及救济机制构建. 北京：法律出版社：32.

13.2.2　行政途径

纠纷解决的行政途径包括了行政复议、行政调解、行政裁决等不同形式。

行政复议是公民、法人和其他组织对认为行政机关的具体行政行为侵犯了其合法权益时，依法向复议机关提出申请，由复议机关对该具体行政行为依法进行审查并作出复议决定的活动。这里的复议机关通常是作出被复议具体行政行为的行政机关的上一级行政机关，特定情况下作为例外才由原行政机关复议。依据《中华人民共和国行政复议法》（以下简称《行政复议法》）规定，复议机关一般为作出具体行政行为的行政机关所属的上一级人民政府或上一级主管行政部门，但对国务院部门或省级政府的具体行政行为不服的，应向作出具体行政行为的原机关申请复议。行政复议解决的是公民、法人和其他组织与行政机关之间因具体行政行为而产生的纠纷。就此而言，行政复议既是一种纠纷解决途径，也是一种监督行政的机制。这一点与行政诉讼相同，而不同于行政调解和行政裁决。

有关行政复议与其他并行的纠纷处理途径的关系，我国《行政复议法》规定，不服行政机关作出的行政处分或其他人事处理决定的，可以依照有关法律、行政法规的规定提出申诉；不服行政机关对民事纠纷作出的调解或其他处理的，可以依法申请仲裁或向人民法院起诉。也就是说，这两类情形被排除在行政复议的范围之外。另外，关于行政复议与行政诉讼的关系，根据“司法最终原则”，行政复议不得排除当事人请求司法救济的权利。认为具体行政行为侵犯自己合法权益的公民、法人和其他组织，可选择提起行政复议或直接到法院提起行政诉讼；选择提起行政复议的，如对行政复议决定不服，仍然有权依法向人民法院提起行政诉讼。我国《行政复议法》上规定了两种例外，一种是复议前置，一种是行政终局。所谓复议前置，指对于特定案件，公民、法人和其他组织应当先申请复议，对复议决定不服的，可以依法提起行政诉讼。这类特殊的案件，依据我国现行法律规定，指土地等自然资源的确权争议案件。所谓“行政终局”，指行政决定排除司法救济的情况。如我国《行政复议法》规定，对国务院部门或省级政府的具体行政行为提起复议的，如对复议决定不服，可以向法院提起行政诉讼，也可以向国务院申请裁决，国务院作出的裁决为终局裁决。也就是说，公民、法人和其他组织若在此阶段选择向国务院申请裁决，则不能再就同一争议寻求司法解决。另外，我国《行政复议法》还规定，根据国务院或省级政府对行政区划的勘定、调整或征用土地的决定，省级政府确认土地、矿藏、水流、森林、山岭、草原、荒地、滩涂、海域等自然资源的所有权或使用权的行政复议决定为最终裁决。

行政调解指行政机关主持的、以自愿为原则、通过说服教育的方法，促使纠纷当事人友好协商达成协议，从而解决争议的活动。行政调解的对象一般是与行政管理活动密切相关的民事纠纷，但也包括一些行政争议，如行政赔偿争议、行政补偿争议和行政合同争议等。

行政裁决指行政机关依法在其职权范围内以中间人身份来处理和解决平等主体之间特定民事纠纷的活动。行政裁决的对象一般也是与管理活动密切相关的民事纠纷，但通常将与有关合同的民事纠纷（经济纠纷）排除在外，因为这类纠纷一般而言更适合通过程序更为严格的司法途径或商事仲裁途径解决。

行政调解和行政裁决都是行政机关对当事人之间的纠纷居中进行处理的活动。环境能源行政调解和行政裁决的共通之处包括：①处理主体特定，即处理纠纷、认定责任的主体是环境能源行政机关；②适用范围特定，行政调解和行政裁决均适用于平等主体间的民事纠纷，如因环境污染引发的民事赔偿责任认定和赔偿金额纠纷。行政调解与行政裁决的区别是：①行政调解的启动以争议双方当事人自愿为前提，而行政裁决以一方当事人提出裁决申请即可启动；②行政调解程序相当灵活，而行政裁决则采取“准司法”程序，相对比较规范和严格；③行政调解的效力以双方当事人自愿为前提，行政裁决却具有一般具体行政行为的确定力、拘束力（存续力）和强制执行力。

行政裁决和行政调解均属于所谓一般行政处理。我国《环境保护法》规定，（环境污染损害）“赔偿责任和赔偿金额的纠纷，可以根据当事人的请求，由环境保护行政主管部门或者其他依照法律规定行使环境监督管理权的部门处理”。其他污染防治法律也作出了与此类似的规定。而根据 1992 年 1 月 31 日全国人大常委会法制工作委员会《关于正确理解和执行《环境保护法》第 41 条第 2 款的答复》，此处所谓的“处理”，性质上乃是行政调解。说明我国目前对环境污染侵权损害赔偿，原则上实行行政调解与民事诉讼相结合的“双轨制”。

一般而言，纠纷的行政解决程序比司法程序更为简便、迅速。并且行政机关作为一线政府部门，在了解环境能源管理的相关知识并获得各类专家专业知识的支持方面，也具有优势。

13.2.3 社会途径

司法途径和行政途径都是国家机关主持的“正式”途径。在国家机关直接管辖之外的解决方案，可称之为“社会”途径。包括当事人之间的和解，也包括民间调解和仲裁等。

所谓和解，指在争议发生后，由当事人彼此协商、共同探讨，在互谅互让的基础上达成协议解决纠纷。这种解决纠纷的方式优点是避免了对簿公堂，有利于争取双赢结局，促进了社会和谐。这种纠纷解决方式的局限性在于其不确定性，一是和解能否达成受制于纠纷内容、涉及的利益关系、当事人的主观态度等诸多因素，有些情况下很难达成令纠纷各方均能接受的解决方案；二是和解协议并无法律强制执行力，任何一方反悔都会导致和解协议无法执行，这样反而容易造成纠纷久拖不决、双方矛盾激化升级。

所谓民间调解，是指争议发生后，由非国家机关、非仲裁机关的第三方通过居中调停，在当事人互谅互让的基础上达成协议解决纠纷。民间调解与行政机关主持的行政调解、司法机关主持的司法调解、仲裁机构主持的仲裁调解一样属于非常重要的“非诉纠纷解决方式”。民间调解与当事人之间的和解一样具有避免当事人之间对抗的优点，但与和解一样不具强制执行力，任何一方反悔都会导致调解协议无法执行。

仲裁指按照双方当事人的仲裁协议或民事合同中的仲裁条款，由当事人选定的仲裁机构或仲裁员对当事人之间争议作出有约束力的裁决而解决争议。当事人同意用仲裁方式解决纠纷的仲裁协议，可以在争议发生之前达成，也可以在争议发生之后达成。当事人在仲裁协议中可以约定仲裁地点、仲裁机构和仲裁规则等事项。用仲裁方式解决纠纷的优点很明显，一是尊重当事各方的自愿选择，二是程序相对于司法程序来说较为简便、高效并且可保证私密性，三是仲裁裁决具有调解及和解协议所不具有的法律强制执行力。目前，仲裁方式在民商合同纠纷解决中应用极为广泛，在侵权纠纷中应用较为少见。立法明确规定侵权纠纷可适用仲裁的，有 1988 年《中国海洋仲裁委员会仲裁规则》规定，海洋环境污染损害的争议可以由该海事仲裁委员会通过仲裁加以解决。有关仲裁途径与其他纠纷解决途径的关系，根据国际惯例和我国有关法律的规定，在发生争议后，当事人不愿协商、调解或协商、调解不成的，可以根据当事人之间达成的仲裁条款或仲裁协议，提请仲裁；当事人没有订立仲裁条款又未达成仲裁协议的，可以向法院起诉。此即所谓的“或裁或审”。这也意味着，作为一种纠纷解决方式，仲裁可以排除司法救济。

13.2.4 信访及其他途径

13.2.4.1 信访途径

法学理论界对信访评价不高，一般法学教材也很少将信访作为一项纠纷解决途径来讨论。但在实际生活中，信访作为纠纷解决途径，显然被公民、法人和其他组织寄予厚望。根据《全国环境统计公报》，来信来访数量显然远远超过环境行政复议和环境诉讼案件的数量，如表 13-3 所示。

表 13-3　全国环境类案件与信访数量比较

年份	行政复议（件）	环境诉讼			环境信访		
		民事案件（件）	行政案件（件）	刑事案件（件）	来信（次）	来访（批）	信访总计（批/次）
2003	230	/	579	1	525 988	85 028	611 016
2004	271	/	616	2	595 852	86 414	682 266
2005	211	/	399	2	608 245	88 237	696 482
2006	208	/	353	4	616 122	71 287	687 409
2007	520	/	/	3	/	/	/
2008	528	/	/	2	/	/	/
2009	661	/	/	3	/	/	/
2010	694	/	/	11	/	/	/

注：资料来源：2003～2010 年《全国环境统计公报》。

/ 指无数据。

长期以来，信访都因为其反映了依靠“权力”而不是“法治”解决问题而备受学者轻蔑。但其吸引力是显而易见的：对于纠纷当事人而言，信访比仲裁、诉讼程序灵活而简便，无需受资格、时效等方面的审查。虽然信访实践中因下级行政机关“截访”而发生的严重侵犯人权案例时有发生，但在“权大于法”的现实背景下，信访仍是许多人不得已的选择。

根据国务院 2005 发布的《信访条例》（1995 颁布的原《信访条例》废止）第 2 条的规定，信访指公民、法人或者其他组织采用书信、电子邮件、传真、电话、走访等形式，向各级人民政府、县级以上人民政府工作部门反映情况，提出建议、意见或者投诉请求，依法由有关行政机关处理的活动。以此看来，信访是一种行政处理形式。但实际上，信访在我国人大、法院、检察院系统均存在。

《信访条例》第 14 条规定：“对依法应当通过诉讼、仲裁、行政复议等法定途径解决的投诉请求，信访人应当依照有关法律、行政法规规定的程序向有关机关提出。”由此可见，信访作为纠纷解决方式与其他纠纷解决方式的关系为：信访是穷尽其他救济之后的一种手段，在有诉讼、仲裁、行政复议等法定途径可用时，不应采用信访的方式。

关于对来信来访的处理方法，《信访条例》第 21 条第 3 款规定：“信访事项涉及下级行政机关或者其工作人员的，按照‘属地管理、分级负责，谁主管、谁负责’的原则，直接转送有权处理的行政机关，并抄送下一级人民政府信访工作机构。”同一条第 4 款规定：“对转送信访事项中的重要情况需要反馈办理结果的，可以直接交由有权处理的行政机关办理，要求其在指定办理期限内反馈结果，提交办结报告。”

特别值得注意的是，《信访条例》确立了信访的处理—复查—复核程序。即信访机关首次受理信访转交有权机关处理；信访人如对处理结果不服，可以申请原办理机关的上一级行政机关复查；对复查意见不服的，还可以向复查机关的上一级行政机关申请复核。复核意见在信访途径中具有终局效力，《信访条例》第35条规定：“信访人对复核意见不服，仍然以同一事实和理由提出投诉请求的，各级人民政府信访工作机构和其他行政机关不再受理”。

13.2.4.2　自力救济

现实中还存在其他法学上讨论得远远不够的纠纷解决途径，即在环境侵害发生或有可能发生时，受害者的自发抗争，也即受害者的自力救济。

自力救济的具体表现形式从和平地请愿宣传、游行示威到矛盾激化后的堵车堵路、直至暴力冲突的相关事例均有发生。其中引起广泛关注的，如厦门市民对PX项目的抵制，全国各地此起彼伏的垃圾场选址事件，举国关注的圆明园防渗工程事件等。

就中国环境与能源纠纷解决的实际经验来看，自力救济作为一种利益诉求方式，若要获得成功，多半是借助媒体力量。受害方通过诉诸舆论压力和政治压力，有时也能达到解决纠纷的目的，但是，这种方式解决纠纷的成效是高度不确定的，而且还会鼓励社会不信任，例如所谓“不闹不解决、小闹小解决、大闹大解决”的说法，从而增加社会管理成本。

归根结底，自力救济方式并非常规、规范的途径，而是以一定程度和范围的社会失序为代价。当形成群体性事件时局面很容易失去控制，自发抗争的“受害者”很容易因为越过法律限度而转变成为“非法侵害者”，由此使得纠纷如同滚雪球一般向更大范围和更严重程度发展。所以，若要追求国家长治久安、社会稳定繁荣，还应寄望于前述常规和规范的法定纠纷解决途径。而且，虽然通过合法方式采取自力救济一般而言是公民、法人和其他组织的正当权利，但在环境能源纠纷中，加害人往往是实力雄厚的企业，受害人通常是分散而缺乏组织的居民或消费者，因此受害人寻求行政、司法等公权力机关的支持在理论上应当是比自力救济更有利的选择。

应当看到，我国当前的现实是，环境能源纠纷当事人采取自力救济的方式，往往是因为之前通过行政、甚至司法途径向公权力机关求助而未得解决，才不得不转而依靠自身力量自力救济。此种情形下，自力救济的增加其实标志着规范和正式的公力救济途径不畅。换句话说，大量环境与能源纠纷当事人选择了正式制度以外的途径，这本身就表明现有的行政和司法等正式途径作为纠纷解决方式在制度上还有急需完善的地方。

阅读思考：行走在合法性边缘的环境抗争①

台资企业腾龙芳烃（厦门）有限公司投资的对二甲苯（PX）化工项目，早在2004年2月就获得了国家发展和改革委员会批准立项，选址于厦门市海沧区。这是福建省对外合作的重点工程，预期总投资额108亿元人民币，投产后每年工业产值可达800亿元人民币，相当于厦门当时GDP的四分之一以上。2005年7月，该项目的环境影响报告书获得原国家环保总局审批通过，此后，该项目的征地拆迁和筹备施工等工作迅速在海沧区展开。

2007年3月，全国政协委员、中国科学院院士、厦门大学教授赵玉芬发起，联合了另外104名政协委员签署了“关于厦门海沧PX项目迁址建议的提案”，该提案被政协列为“一号提案”。提案指出，离居民区仅几公里的PX项目存在泄漏或爆炸安全隐患，厦门百万人口面临威胁，该项目应当紧急叫停并迁址。

2007年5月下旬，一条手机短信开始在厦门市民中间广泛传播，称“厦门危险，海沧PX（二甲苯，属危险化学品和高致癌物，对胎儿有极高的致畸率）项目必须紧急叫停”，并号召“环保热爱者”于6月1日“自发汇集”到市政府门前宣讲“爱我厦门、抵制PX”。2007年5月30日，厦门市常务副市长丁国炎召开了一个简短的新闻发布会，正式宣布缓建PX项目。但是6月1日上午仍有大约一万厦门市民齐聚厦门市政府前广场“散步”。

2007年12月，福建省政府决定迁建PX项目。

参考文献

黄振中，赵秋雁，谭柏平．2009．中国能源法学．北京：法律出版社．

金瑞林．2002．环境法学．北京：北京大学出版社．

吕忠梅．2007．环境法原理．上海：复旦大学出版社．

吕忠梅．2011．理想与现实：中国环境侵权纠纷现状及救济机制构建．北京：法律出版社．

张勇．2011．能源基本法研究．北京：法律出版社．

① 资料来源：《南方周末》，“百亿化工项目引发剧毒传闻 厦门果断叫停应对公共危机”http：//www.infzm.com/content/trs/raw/19508；《中国新闻周刊》，“保卫厦门发起者讲述厦门PX事件始末”．http：//news.sina.com.cn/c/2007-12-28/101314622140.shtml.

附录

北京大学环境与能源学院

环境法学教学配套案例目录

（金自宁 2012年）

中国部分

1. 2006年松花江水污染事件（自然物的诉讼权利、环境公益诉讼）

2. 2004年厦门PX事件（环境决策中的公众参与问题、经济发展与环境保护的关系）

3. 2003年深圳西道通道环评事例（环境信息公开、风险信息沟通）

4. 2007年太湖蓝藻水污染事件（生态伦理、应急管理）

5. 东莞垃圾场选址纠纷（邻避症候及其治理之道）

6. 上海磁悬浮项目事件（环境标准与科学不确定性）

7. X湖污染损害赔偿案（武法经字（91）第1号判决书、鄂高法（1992）经上调字4号民事调解书）（公私结合的环境法律责任）

美国部分

1. Massachusetts v. EPA（气候变化、原告资格）

2. ATA案（大气质量标准、授权与裁量）

3. 苯案（化工污染、风险规制）

4. Sierra Club v. Morton（自然物的诉讼资格、公民诉讼）（中译见《环境正义》）

5. Brad Bennet, et al., Petitioners v. Michael Spear, et al., 520 U. S. 154 (1997)（濒危物种、环保征用补偿）